高等职业教育农业部"十二五"规划教材

羊 生 产

第2版

范 颖 刘海霞 主编

中国农业大学出版社
·北京·

内 容 简 介

本教材根据养羊业特点和岗位需求，设计了10个项目，内容涵盖了羊生产的各个方面，并结合高等职业教育的特点，淡化理论，精选内容，注重实用，讲究实效，以培养学生解决羊生产实际问题为主，重点介绍了羊生产中的关键技能，为开展项目化教学，采用行动导向教学方法提供保障。

本教材可供高职院校畜牧兽医专业师生学习，也可供广大畜牧科技工作者和羊生产经营管理者学习和参考。

图书在版编目(CIP)数据

羊生产/范颖，刘海霞主编. —2版. —北京：中国农业大学出版社，2014.12(2022.2重印)

ISBN 978-7-5655-1143-1

Ⅰ.①羊… Ⅱ.①范… ②刘… Ⅲ.①羊-饲养管理 Ⅳ.①S826

中国版本图书馆CIP数据核字(2014)第285964号

书　　名　羊生产　第2版

作　　者　范　颖　刘海霞　主编

策划编辑　康昊婷　　　**责任编辑**　冯雪梅

封面设计　郑　川　　　**责任校对**　王晓凤

出版发行　中国农业大学出版社

社　　址　北京市海淀区圆明园西路2号　　　**邮政编码**　100193

电　　话　发行部 010-62818525，8625　　　读者服务部 010-62732336

编辑部 010-62732617，2618　　　出　版　部 010-62733440

网　　址　http://www.cau.edu.cn/caup　　　**e-mail** cbsszs @ cau.edu.cn

经　　销　新华书店

印　　刷　北京溢漾印刷有限公司

版　　次　2015年2月第2版　2022年2月第2次印刷

规　　格　787×1 092　16开本　15.75印张　387千字

定　　价　42.00元

编审人员

主　编　范　颖（辽宁农业职业技术学院）

刘海霞（江苏农牧科技职业学院）

副主编　王秋梅（辽宁职业学院）

邓红雨（河南牧业经济学院）

纪守学（辽宁农业职业技术学院）

李树怀（辽宁禾丰牧业股份有限公司）

参　编　李桂伶（辽宁水利职业学院）

孙淑琴（辽宁农业职业技术学院）

吕丹娜（辽宁农业职业技术学院）

周丽荣（辽宁农业职业技术学院）

周明夏（江苏农牧科技职业学院）

审　稿　宋连喜（辽宁农业职业技术学院）

前　言

养羊业是我国畜牧业的重要组成部分。近年来，我国养羊业取得了长足的发展，养羊业生产水平不断提高，饲养量和产品产量持续快速增长，但养羊业的饲养管理和经营模式，主要以农户分散饲养为主，这种经营方式不适应我国市场经济的发展需求。因此，推广标准化、专业化和规模化养羊技术，迫切需要高素质技能型人才，高职高专畜牧兽医类学生的专业培养目标就是为养羊业第一线提供高素质技能人才。本教材针对养羊业发展状况，以突出应用性，强调科学性，加强能动性为宗旨来打造适合养羊生产岗位需求的技能人才。

本教材是按照《农业部"十二五"教材建设规划》和《农业部规划教材管理办法（试行）》的要求申报的立项教材。教材的编写与修订按照《国家中长期教育改革和发展规划纲要（2010—2020年）》的要求，把提高质量作为重点，以服务为宗旨，以就业为导向，推进教育教学改革，实行工学结合、校企合作、顶岗实习的人才培养模式。本书采用项目教学任务驱动的编写模式，结合中国农业大学出版社的要求，在"十一五"《羊生产》教材基础上进行修订并产生了这本全新的《羊生产》。

本教材在原有教材基础上进行修改和整合。将实验实训分布到各个项目中，改变传统教材先理论后实践的模式，先操作即任务实施，后理论即知识拓展、知识链接。这有利于高职教育项目化教学实施。我们调查了当前养羊生产实际，分析出典型工作任务之后，提炼、设计出贯穿整门课程的10个大项目，每个项目有具体的知识目标和技能目标。在大的项目内包含几个任务，每个任务具体设计了任务描述、任务分析、任务实施等内容，便于教、学、做一体化教学实训模式的实施。其中任务描述介绍完成任务的思路，完成任务的技能点和知识点。这一环节要注重教师的引导作用。任务实施介绍任务完成的具体步骤，充分体现"做中学"的重要性。知识拓展介绍相关的理论、新知识等，或者任务难度较大的内容。每个项目附有"学习自测、课外学习指南"有助于学生自学。本书可作为高职高专畜牧兽医专业的教材，还可作为畜牧兽医行业技术人员、羊场工作人员以及广大养殖户的参考用书。

由于时间和水平有限，书中难免存在疏漏之处，敬请读者批评指正。

编者

目　录

项目1

羊场建设

知识目标

- 了解羊场场址选择的原则和羊场规划布局的基本知识。
- 熟悉羊场建筑的条件、附属设施及主要设备。
- 学会选择羊场场址，合理规划场区和选择养羊设备。

技能目标

- 掌握羊场场址选择的技术要点和羊舍建筑设计方法。
- 能结合养殖地自然条件，正确建造羊舍。
- 了解现代养羊生产中主要设备的性能和功能，并能够做出正确的选择。

羊场是羊的重要外界环境条件，为羊创造一个符合其生理要求和生产需要的良好生活环境，是养好羊的先决条件。因此，对于羊场场址选择、羊舍建筑及其他养羊设备等，首先必须根据当地气候、水源、饲料生产以及交通条件等全面考虑，同时还要根据现在养羊数量和今后发展规模、设备的机械化和自动化程度等，进行科学合理的规划，使得羊场建筑布局和养羊设施既符合家畜卫生要求，又经济实用，有利于提高劳动生产效率，降低生产成本等要求。

任务1　场址选择与规划布局

【任务描述】

羊场是养羊的场所，选择合适的场址，按照养羊的基本要求合理规划设计场区，是养羊的必备条件。羊场场址选择应从地势地形、水源、土质、饲料、能源电信、社会联系等方面考虑，规划布局应考虑各个功能区的联系方便和满足防疫要求。

【任务分析】

羊场场址选择和场区规划布局，应符合《农产品安全质量无公害畜禽肉产地环境要求》

GB/T 18407.3、《畜禽场环境质量标准》(NY 388—1999)的要求。选择合适的场址是合理规划布局的前提，也是无公害养羊的关键。

【任务实施】

一、选择羊场场址

养殖场是养羊生产的直接场所，在羊引种之前应根据羊的经济类型和发展建设目标等来规划选择场址。

1. 地势地形

羊场场地应地势高燥，背风向阳，空气流通，土质坚实，地下水位低，排水良好，防止积水和泥泞。地面坡度以1%～3%较为理想，最大坡度不得超过25%。地形要求开阔整齐，有一定的发展余地。

2. 水源

羊场的水源要清洁、充足，水质良好，取用方便。水量必须满足场内的人、羊饮用和其他生产、生活用水，并应考虑消防、灌溉和未来发展的需要。人员用水可按每人每天24～40 L，成年母羊每天需水量5～10 L。水质必须符合饮用水水质卫生标准，地下水位2 m以下。

3. 土质

最适合建羊场的土质为沙壤土，黏土最不适合。沙壤土土质透气、透水性良好，持水性小，雨后不会泥泞，易于保持适当的干燥，有利于羊舍及运动场的清洁与卫生，也利于防止蹄病的发生。

4. 饲料

羊场附近要有可种植牧草的优质土地，种植高产牧草，以补充天然饲草不足。农区以舍饲为主，更要有足够的饲料饲草基地或饲料饲草来源。若利用草山、草坡放牧羊只，也应有充足的放牧场地及大面积人工草地。

5. 能源电信

羊场场地要电源充足，通信条件方便，这是现代化、规模化养殖场对外交流、合作的必备条件，便于产品交换与流通。

6. 社会联系

羊场建设应遵循社会公共卫生准则，建在居民点的下风处，地势低于居民点。羊场周围地区应为无疫病区，场与场之间要有一定的距离，更要远离化工厂、屠宰厂、制革厂等。一般离居民区500 m以上，距主干公路、铁路至少应1 000 m以上，且周围要有绿化隔离带。同时也要考虑到饲料供给、鲜奶的运出及工作人员的往来交通便利等因素。

二、规划布局羊场场区

羊场的布局与规划应本着因地制宜和科学管理的原则，以养殖场的饲养规模、饲养工艺、机械化程度、气候条件、地形、交通、水、电等为依据，要整齐紧凑，布局得当，提高土地的利用率和节约基本建设投资，符合卫生防疫及防火要求，还要兼顾长远规划。

一般把羊场分为生活和管理区、生产辅助区、生产和饲养区、粪便堆贮区和病畜隔离区。考虑地势和主风方向，从人畜保健的角度出发，各区间建立最佳生产联系和环境卫生防疫条件，各区的配置见图 1-1-1。

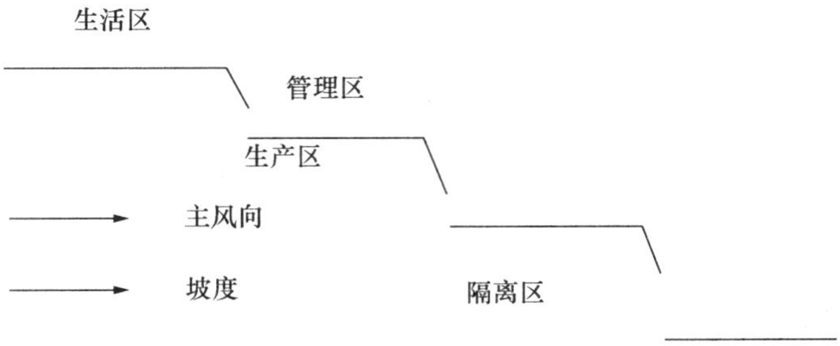

图 1-1-1 羊场各区按地势、风向布局示意图

1. 生活和管理区

包括与经营管理、产品加工销售有关的建筑物（办公室、宿舍、浴室、食堂、车库、配电房、集中供水间、锅炉房、运动场等）。工作人员的办公与生活区应与生产区严格分开。应设在羊场上风头和地势较高地段，并与生产区保持至少 50 m 的距离，外来人员只能在管理区活动，场外运输车辆牲畜严禁进入生产区，宜设在全场的上风向。生活区是职工住宅区，包括住房、水塔、锅炉房等。管理区是羊场经营活动与社会联系的场所，生产资料的配置和产品的销售等都集中在管理区内。生活和管理区在全场上风向和地势较高的地段，与生产区严格分开，并与生产区保持 100 m 以上的距离，保证良好卫生环境，防止人畜共患疫病的相互传播。

2. 生产区

生产区是羊场的防疫重地，本区域入口应设有消毒池和防疫设施，严禁非生产人员和场外运输车辆进入，防止疾病的传播，以保证生产区的安全和安静。生产区建在生活和管理区的下风向位置，包括门卫、消毒间，各种羊舍（母羊舍、断奶羔羊舍、育成羊舍、公羊舍）运动场、牧草地、药浴鉴定栏、人工授精室、饲料贮藏与加工调制车间、兽医化验诊断室、病羊隔离室等。

生产区羊舍布局要合理，分阶段分群饲养。各羊舍之间要保持 10 m 以上的距离，布局整齐，以便防疫和防火。但也要适当集中，以节约水电线管道，缩短饲草饲料及粪便运输距离。生产区内与饲料有关的建筑物，如饲料调制、贮存间和青贮塔，原则上应设在生产区上风处和地势较高处，同时要与各羊舍保持方便的联系，还要考虑与饲料加工车间保持最方便的联系。

羊舍的种类、数量和面积的规划参考羊场的羊群结构参数进行规划，一般羊场的畜群结构参数见表 1-1-1。

表 1-1-1 600 只基础母羊场羊群结构

种类	比例/%	数量/头	每只羊需要面积/(m^2/头)	羊舍面积/m^2
种公羊与后备公羊	10	60	1.5～2.0	60～120
经产母羊	80	480	1.5～2.0	720～960
后备母羊	20	120	0.8～1.0	96～120
羔羊育肥		923	0.6～0.8	553～738

每批羔羊育肥数量为基础母羊数量的 90%，初配母羊（产羔率 100%～150%）占母羊群 20%，经产母羊（产羔率 150%～200%）占母羊群 80%，配种分娩率为 80%～90%，断乳成活

数 90%。产羔舍按基础母羊占地面积的 20%～25%计算。运动场面积一般为羊舍面积的 1.5～3 倍。

3. 隔离区

在生产区的下风向，建有诊疗室、药房、病羊隔离室和粪尿堆贮池。该区与其他区相对独立，与羊舍相距 300 m 以上，并有隔离屏障，设有单独的通道和入口，便于消毒和隔离。病羊区的污水和废弃物要进行严格的消毒处理，防止疫病传播和污染环境。

4. 粪尿堆贮区

设在生产区下风向地势低处，与羊舍至少有 200～300 m 的间距。贮粪场的位置既要便于把粪便由羊舍、运动场运出，又要便于运到田间施用。同时，应使粪便在堆放期间不致造成环境污染和蚊蝇的滋生。

【知识拓展】

一、标准化羊场的设计原则

1. 严格卫生防疫，防止疫病传播

流行性疾病对羊场会形成威胁，造成经济损失。通过修建规范羊舍，为羊只创造良好的环境，将会防止和减少疾病的发生。此外修建羊舍的时候还要根据防疫要求合理进行场地规划和建筑物的布局，确定畜舍的朝向和间距，设置消毒设施，合理安排污物处理设施。

2. 创造适应的环境

一个适宜的环境可以充分发挥羊的生产潜力，提高饲料利用率。一般来说，羊的生产力 50%～60%取决于饲料，20%～30%取决于生产环境，不适宜的生产环境可以使羊只的生产力下降 10%～20%。由此可见，修建羊舍的时候必须符合羊只对各种环境条件的要求，包括温度、湿度、通风、光照、空气中的二氧化碳、硫化氢，为羊只创造适宜的环境。

3. 做到经济合理，技术可行

在满足以上两项的情况下，羊舍建设还应该尽量降低工程造价和设施投资，为降低生产成本，加快资金周转。因此，栏舍的修建应尽量利用自然界的有利条件，包括自然通风和自然光照，尽量就地取材，采用当地施工建设习惯，适当减少附属用房面积。羊舍设计方案必须是通过施工能够实现的，否则方案再好而施工技术上不可行，也只能是空想的设计。

4. 要符合生产工艺要求

保证生产的顺利进行和畜牧兽医技术措施的实施，规划布局羊舍必须与本场生产工艺相结合。否则，必将给生产造成不便，甚至使生产无法进行。

5. 环保要求

2001 年 5 月我国开始实施《畜禽养殖污染防治理管办法》，羊场建设需要《环境影响评价报告书》审批，申报《排污申报登记》，领取《排污许可证》。2003 年 1 月我国开始实施《畜禽养殖业污染物排放标准》。

二、羊场饲养规模确定

养殖场规模的确定，必须根据市场需求、技术水平、投资能力等各方面条件。羊场的规模尚无规范的描述方法，有的按存栏头(只)数计。羊场的养殖规模大小是场区规划设计的重要依据，规模大小的确定应考虑以下几个方面：

1. 自然资源

特别是饲草饲料资源，需要多大面积的饲料地来保证饲草供给，是影响饲养规模的主要制约因素。生态环境对饲养规模也有很大影响，最后还要考虑周边土地消纳养殖场粪便的能力，如果土地承载不了这么多的粪便，就要考虑到其他地方去或者用其他粪便处理方式避免环境污染。

2. 资金情况

要建多大规模的羊场，首先要根据资金投入情况，确定要达到什么经营目标，在什么阶段达到，达到预期的经营目标需要饲养羊群头数。

3. 经营管理水平

社会经济条件的好坏，社会化服务程度的高低，价格体系的健全与否，以及价格政策的稳定性等，对饲养规模有一定的制约作用。在确定饲养规模时，应予以考虑。

4. 场地面积

生产、管理、职工生活及其他附属建筑等需要一定场地空间，羊场大小可根据每只羊所需面积、结合长远规划计算出来。

任务2 羊舍建筑

【任务描述】

建造羊舍的目的是保暖防寒，便于南方区降温防暑，北方区防冻免受风寒侵害，同时利于各类羊群管理。专业性强的规模羊场，羊舍建造应考虑不同生产类型绵山羊的特殊生理需求，以保证羊群有良好的生活环境。

【任务分析】

羊舍建筑应按照设计的基本参数和建造的基本要求，选用适当的材料，建造适合羊只生活习性的羊舍。按照墙体封闭程度，羊舍可划分为封闭式、开放式和半开放式三类。封闭式羊舍保温性能强，适合寒冷北方地区采用；半开放式羊舍采光和通风好，但保温性能差，我国南北方普遍应用；全开放式棚舍防太阳辐射力强，但保温性能很差，适合炎热地区，温带地区在放牧草地也有，兼有凉棚作用。

【任务实施】

一、设计羊舍的基本参数

1. 羊舍面积

羊舍面积大小，根据饲养羊的数量、品种和饲养方式及当地的气候条件而定。原则上要保证舍内空气新鲜、干爽，冬春季能防寒保温，夏秋季不致过热。羊舍应有足够的面积，使羊在舍内能自由运动。面积过大，浪费土地和建筑材料；面积过小，羊在舍内过于拥挤，环境质量差，有碍于羊体健康。表 1-2-1 列出了各类羊只羊舍所需面积,供参考。产羔室可按基础母羊数的 20%～25%计算面积。

运动场面积一般为羊舍面积的 2～2.5 倍。成年羊运动场面积可按 4 m^2/只计算。

表 1-2-1 各类羊只羊舍所需面积 m^2/只

羊别	面积	羊别	面积
春季产羔母羊	1.1～1.6	成年羯羊和育成公羊	0.7～0.9
冬季产羔母羊	1.4～2.0	一岁育成母羊	0.7～0.8
群羊公羊	1.8～2.25	去势羔羊	0.6～0.8
种公羊(独栏)	4～6	3～4 个月的羔羊	占母羊面积的 20%

2. 运动场

运动是羊只健康的重要保证,羊场需建有运动场,供羊活动,运动场的面积一般为羊舍面积的 2～3 倍,成年羊运动场面积按 4 m^2/只计算,运动场一般在羊舍南边,低于羊舍地面 15～30 cm,高于运动场外 15～30 cm。为方便生产管理,运动场一般和羊舍一样分为多个独立的单元或小栏。运动场周围设围栏,公羊围栏高度为 1.5 m,母羊为 1.2～1.3 m,围栏门宽 1.5～2.5 m。

3. 羊舍温度和湿度

冬季产羔舍最低温度应保持在 10℃以上,一般羊舍 0℃以上,夏季舍温不应超过 30℃。羊舍应保持干燥,地面不能太潮湿,空气相对湿度应低于 70%。

4. 通风与换气

对于封闭式羊舍,必须具备良好的通风换气性能,能及时排出舍内污浊空气,保持空气新鲜。

5. 采光

采光面积通常是由羊舍的高度、跨度和窗户的大小决定的。在气温较低的地区,采光面积大有利于通过吸收阳光来提高舍内温度,而在气温较高的地区,过大的采光面积又不利于避暑降温。实际设计时,应按照既利于保温又便于通风的原则灵活掌握。

6. 羊舍的长度和跨度

羊舍的长度和跨度根据每只羊所占面积和生产管理方式等情况综合确定,长度一般以 50～80 m 为宜,跨度不宜过宽,有窗自然通风的羊舍跨度以 6～9 m 为宜,这样舍内空气流通较好。规模化羊场的羊舍跨度可依据机械化程度适当加大。

7. 羊舍高度

羊舍高度根据本地区气候条件选择,在气候炎热地区,羊舍高度可 3 m 左右,从地面到天棚为 2.5 m 左右;在寒冷地区羊舍高度可适当降低到 2 m 左右。

二、羊舍建造的基本要求

1. 地面

羊舍地面的保暖性与清洁性很重要。羊舍地面要求干燥平整,易于清除粪便和更换垫土和垫料。

羊舍地面有实地面和漏缝地面两种类型，实地面又以建筑材料不同有夯实黏土、三合土(石灰：碎石：黏土为1：2：4)、石地、混凝土、砖地、水泥地、木质地面等。其中，黏土地面易于去表换新，造价低廉，但易潮湿和不便消毒，干燥地区可采用。三合土地面较黏土地面好。石地面和水泥地面不保温、太硬，但便于清扫和消毒。砖地百和木质地面，保暖，也便于清扫与消毒，但成本较高，适合于寒冷地区。饲料间、人工输精室、产羔室可用水泥或砖铺地面，以便消毒。漏缝地面能给羊提供干燥的卧地，用软木(竹)条或镀锌钢丝网等材料做成，是羊床的主要地面，木(竹)条宽 32 mm，厚 36 mm，缝隙宽 15 mm，适宜于成年绵羊和 10 周龄以上羔羊使用。镀锌钢丝网眼，要略小于羊蹄的面积，以免羊蹄漏下伤及羊身。

2. 墙

墙体对羊舍的保温与隔热起着重要作用，一般多采用土、砖和石等材料。土墙造价低，导热小，保温好，但易湿，不易消毒，小规模简易羊舍可采用。砖墙是最常用的一种，其厚度有半砖墙、一砖墙、一砖半墙等，墙越厚，保暖性能越强。石墙，坚固耐久，但导热性大，寒冷地区效果差。近年来建筑材料科学发展很快，许多新型建筑材料如金属铝板、钢构件和隔热材料等，已经用于各类畜舍建筑中。用这些材料建造的畜舍，不仅外形美观，性能好，而且造价也不比传统的砖瓦结构建筑高多少，是大型集约化羊场建筑的发展方向。

3. 屋顶与天棚

屋顶具有防雨水和保温隔热的作用。其材料的陶瓦、石棉瓦、木板、塑料薄膜、油毡等，现代化羊场多采用彩钢瓦的。屋顶的种类繁多，在羊舍建筑中常采用双坡式，也可以根据羊舍实际情况和当地的气候条件采用单坡式、双坡对称式、半钟楼式、钟楼式和弧形式，见图 1-2-1。

图 1-2-1　羊舍屋顶形状

单坡式羊舍一般前高 2.2～2.5 m，后高 1.7～2.0 m。屋顶斜面呈 45°。这种采光、通风较好，缺点是舍内的温湿度较难控制，跨度不宜过大，适合小规模羊群和简易羊舍。双坡对称式羊舍跨度大，保暖性能好，但自然采光、通风差，是寒冷地区常采用的一种类型羊舍。

在寒冷地区羊舍屋顶下可加天棚，其上可贮冬草，能增强羊舍保温性能。

4. 门、窗

羊舍一般门宽 2.5～3.0 m，高 1.8～2.0 m，可设为双扉门，便于大车进出运送草料和清扫羊粪。按 200 只羊设一大门。寒冷地区在保证采光和通风的前提下少设门，也可在大门外添设套门。一般窗宽 1.0～1.2 m，高 0.7～0.9 m，窗台距地面高 1.3～1.5 m。

5. 围栏

羊舍内羊床四周均设有围栏，其功能是将不同大小、不同性别和不同类型的羊相互隔离开，并限制在一定的活动范围之内，以利于提高生产效率和便于科学管理。围栏高度 1.5 m 较为合适，材料可以是木栅栏、铁丝网、钢管等。围栏必须有足够的强度和牢度。

6. 食槽、水槽

食槽和水槽尽可能设计在羊舍内部，以防雨水和冰冻。食槽可用水泥、铁皮等材料建造，深度一般为 15 cm，不宜太深，应光滑方便清洁打扫。水槽可用成品陶瓷水池或其他材料或自动饮水器。

三、选择羊舍建造的类型

由于各地的气候条件不同，羊舍的类型也有很大差异，各地在建造羊舍时应根据当地的自然条件、饲养品种、方式、规模大小和经济情况而定。

1. 封闭式羊舍

封闭式羊舍有严密的外围结构，屋顶和四周的墙壁把舍内外完全分开，墙壁上开有门窗。夏季可打开门窗通风降温，冬季关闭门窗保暖。封闭式羊舍保温性能好，但建筑成本要比同样规模的其他形式的羊舍高。我国的规模羊场普遍采用的羊舍形式多为长方形，长方形羊舍一般都属于有窗封闭式羊舍，屋顶多为双坡式，四周墙壁上设窗，南侧墙留窗多，面积大，门一般设在南墙或东面山墙。羊舍前面设 2～3 倍于羊舍建筑面积的运动场，见图 1-2-2。

2. 棚式羊舍

棚式羊舍上有屋顶，四面有立柱支撑。建筑结构有多种类型：有木柱草木平顶式、水泥钢筋混凝土柱平拱式、钢柱彩钢瓦双坡式等。木柱草木平顶式舍在夏季可作为凉棚，但应注意其牢固性，增加抗压性；钢筋混凝土柱平拱舍，一般饲料通道在羊舍中间，呈双列式，比较结实；钢柱彩钢瓦双坡式舍，饲料通道也在羊舍中间，比较牢固，但夏季的隔热性能差，见图 1-2-3。

图 1-2-2 封闭式羊舍

图 1-2-3 棚式羊舍

3. 棚、舍结合羊舍

这种羊舍有 2 种类型：一种是三面有墙，前面是敞开的羊棚，温暖季节羊只在棚内过夜，寒冷季节进羊舍过夜。另一种是三面有墙，向阳面为 1.0～1.2 m 的矮墙，矮墙外为羊棚，温暖季节在棚内过夜，冬春季节在舍内过夜。

4. 农家简易羊舍

这种羊舍多利用农家闲置房舍改建而成，舍内设置 50～80 cm 高的羊床，以供羊只休息，舍内靠前沿墙壁设置草架和栏门，方便羊只采食和出入，见图 1-2-4。

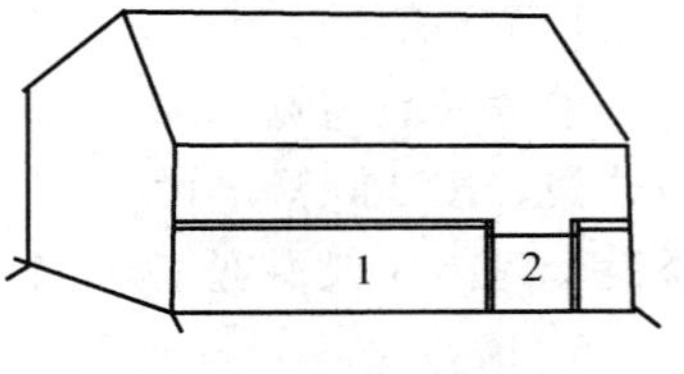

图 1-2-4 农家羊舍简图

1. 前半墙 2. 门

5. 塑料暖棚羊舍

近年来，我国北方冬季推广塑料暖棚养羊。这种羊舍，可以以原有三面墙的敞篷圈舍为基础，在距棚前檐 2～3 m 处筑一高 1.2 m 左右的矮墙。矮墙中部留约 2 m 宽的舍门，矮墙顶墙与棚檐之间用木杆或木框支撑，上面覆盖塑料薄膜，塑料薄膜常为 0.2～0.5 mm 白色透明透光好、强度大的膜。棚顶类型分为单坡式单层或双层膜棚、拱式或弧式单层或双层膜棚，以单坡式单层膜棚结构最简单，经济实用。

6. 楼式羊舍

适于长江以南多雨地区舍饲羊用。分为两种形式，一种为类似北方的长方形封闭式羊舍，但四壁均为砖垒花墙，保证通风。舍底层设隔栏小圈，上层用长竹竿搭架，用来装饲草。另一种为全部木质结构，即用木条围起，楼台距地面 1.5～1.8 m，用木条或竹竿铺设，间隙 1.0～1.5 cm，粪尿可以从间隙漏下，见图 1-2-5。

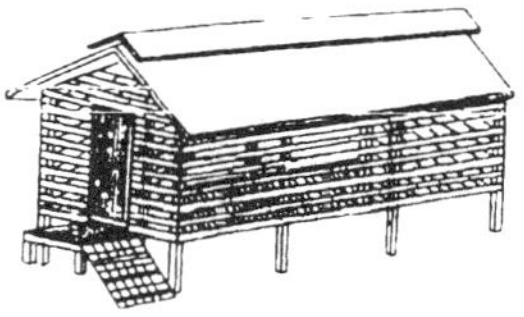

图 1-2-5　楼式羊舍简图

【知识拓展】

多胎肉羊标准化养殖技术规范（羊舍设计部分）

一、基本要求

1. 羊舍面积及运动场

羊舍及运动场面积参考值见表 1-2-2。

表 1-2-2　羊舍及运动场面积参考值　　m^2/只

类别	数量	备注
生产母羊舍建筑面积	1.2(1～2)	产羔舍按基础母羊占地面积的 20%～25%计算
生产母羊运动场面积	2.4	运动场面积一般为羊舍面积的 1.5～3 倍，或成年羊运动场面积可按 4 m^2/只计算
育肥羊舍建筑面积	1.0	
运动场面积	2.0	
育成母羊舍建筑面积	0.7～0.8	
3～4 月龄羔羊占舍面积	0.24	占母羊舍面积的 20%
种公羊	2～2.5	单饲 4～6
育成公羊	0.7～1	

2. 羊舍温度

最适宜温度：14～22℃，夏季要防暑，冬季要加温。

3. 饲草储备

每只羊的日补饲量可按干草 2.0～3.0 kg 来安排（表 1-2-3）。育成羊、羔羊分别按成年羊的 75%、25%计算。

表 1-2-3　舍饲羊主要日粮储备参考标准　　kg/(d·头)

种类	生产母羊	后备羊	育肥成年羊	育肥羔羊
混合干草	2.0	1.5	1.5	1.0
青贮玉米	1.5	1.0	3.0	2.0
各类精饲料	0.3	0.25	0.4	0.5

4. 饮水量

饮水要安全卫生，成年母羊和羔羊舍饲需水量分别为 10 L/(只·d)和 5 L/(只·d)。冬季要饮温热水。

二、布局方案

养殖一般建议生活区与养殖区分离，养殖区与风向平行一侧分别建设饲草料棚、青贮窖，下风口建设粪场。

三、主要设施建设方案

1. 羊舍

建设标准化羊舍。为有效防止疾病发生，提高羊的成活率和增重速度，羊只需养殖在舍内高床上，即在羊舍内建设高出地面 5 cm 左右处架设高架床。根据羊只生活习性和达到获得优质产品的目的，应考虑为羊群建造冬暖夏凉的圈舍。寒冷地区的羊舍宜建在避风向阳的地方，炎热多雨地区宜选在高燥通风之处。床可用钢筋、水泥或木(竹)条制作漏缝板块，板面横条宽 30 cm，厚 3.5 cm，漏缝宽 1.0～1.5 cm，以使粪尿从缝隙中漏到地面。漏缝过狭易积粪，过宽则易造成羊只踩空折断羊腿(结合当地气温、雨雪、海拔、区域特点，采取适当的建筑设计)。

羊舍是坐北朝南，墙体是砖混结构，屋架是木梁的三角结构，屋面是瓦椽结构。整个结构有利于夏天通风、冬天保暖。羊舍的长度不超过 40 m，羊舍宽有 5 m(双列式)、7.5 m(三列式)、10 m(四列式)。羊舍要有换气窗。

通道，舍内通道宽度可根据实际需要设置，一般为 1.2～2.5 m。

地面，一般为砖地地面，羊舍地面需高出舍外地面 20～30 cm。

2. 圈舍设施设备

羊床用木条钉制，本条厚 3 cm、宽 4 cm，长度根据需要确定。羊床架高离地 60 cm。

栅栏的材料多为：热镀自来水管、热镀条铁、热镀角铁、热镀钢圆。栅栏围成笼，高度 1 m，宽度 1.5 m，长 3 m。

料槽：白铁皮折制，底宽 17 cm，口宽 32 cm，高 17 cm。

水槽：乳头饮水器或塑料桶。

承粪池：在羊床下面用水泥制成深度 40 cm 蓄粪池。

3. 饲料加工设施设备

饲料库用于堆放饲料原料和加工颗粒料。

青贮窖：选择地势高、干燥、地下水位低、土质坚实、离羊舍近的地方，挖圆形土窖。通常为直径 2.5 m、深 3～4 m。长方形青贮壕，宽 3.0～3.5 m、深 10 m 左右，长度视需要而定，通常为 15～20 m。

切草机：用于切碎玉米秸秆。

粉草机：用于粉碎小麦秸秆、苜蓿、胡草等。

拌和机：用于拌和饲料原料。

制粒机：制作秸秆颗粒饲料。

任务3 主要设备

【任务描述】

设施养殖是通过采用现代化农业工程和机械技术，改变自然环境，为动物生产提供相对可控制的适宜的温度、湿度、光照等环境条件，是在一定程度上摆脱了对自然环境的依赖而进行有效生产的畜牧业，可以更加有效地保证畜产品的供应，提高畜产品质量、生产规模和经济效益，养羊业的快速发展离不开功能各异的养羊设备，设备的机械化和自动化程度与羊场发展速度和发展规模密切相关。

【任务分析】

选择养羊的适宜设备，为羊创造一个符合其生理要求和生产需要的良好生活环境，使得羊场建筑布局和养羊设施既符合家畜卫生要求，又经济实用，有利于提高劳动生产效率，降低生产成本，选择好的设备是养羊的重要生产环节。

【任务实施】

一、选择饲草贮藏设施

(一)青贮设施

1. 青贮塔

青贮塔分为全塔式和半塔式两种。全塔式直径通常为4～6 m，高6～16 m，容量75～200 t。半塔式埋在地下深度3.0～3.5 m，地上部分高4～6 m。塔身用木材、砖或石块砌成。塔基必须坚实。半塔式地下部分必须用石块砌成。塔壁有足够的强度，表面光滑，不透水、不透气。最好在外表上涂抹上绝缘材料。塔侧壁开有取料口，塔顶用不透水、不透气的绝缘材料制成，其上有一个可密闭的装料口。这种塔由于取料口较小，深度较大，饲料自重压紧程度大，空气含量少。因此，青贮料损失较少，但建筑费用昂贵。目前，我国只在大型养殖场使用。

2. 地下青贮窖或壕

青贮窖壁要光滑、坚实、不透水、上下垂直，窖底呈锅底状。直径一般为2.5～3.5 m，深3～4 m。青贮壕为长方形，宽3～3.5 m，深3～4 m，长度不一，一般为15～20 m，可长达30 m以上。结构简单，成本低，易推广，但窖中易积水而引起青贮料霉烂，故必须注意周围排水，见图1-3-1。

3. 青贮袋

近年来，我国大力推广袋装调制青贮料。此袋为一种特制的塑料大袋，袋长可达36 m，直径2.7 m，塑料薄膜用两层帘子线增加强度，非常结实。袋式青贮损失少，成本低，适应性强，可推广使用，见图1-3-2。

图 1-3-1　地下青贮壕

图 1-3-2　青贮袋

(二)贮草棚

羊舍周围应设贮草棚。草棚应设在地势高燥处或在地面垫一定高度的砖或土,并设排水沟,以防水防潮。草棚可用砖或土坯砌成,也可用栅栏、围栏围成,上面要盖以遮雨雪的材料。

二、饲槽和饮水设备

1. 饲槽

为了节省饲料,讲究卫生,通常给羊设置饲槽,据建造方式主要可分为固定式和移动式两种。

固定式饲槽依墙或在场中央用砖、石、水泥等砌成的一行或几行固定式饲槽。一般槽体高 23～25 cm,槽内宽 23～25 cm,深 14～15 cm,槽壁应用水泥抹光。槽长根据羊只数而定,一般按每只成年羊 30 cm、羔羊 20 cm 计算。可以在饲槽上设隔栏分隔,宽度为 20～30 cm,保证每只羊都能均匀地采食到饲草,见图 1-3-3。

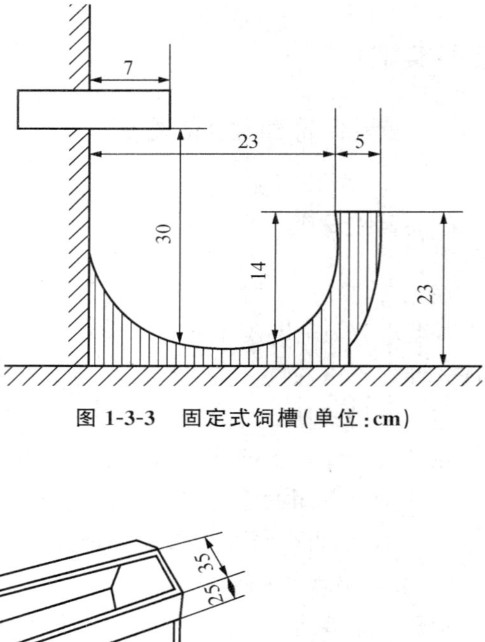

图 1-3-3　固定式饲槽(单位:cm)

移动式饲槽多用木料或铁皮制作。具有移动方便、存放灵活的特点。常见的几种移动式饲槽,见图 1-3-4、图 1-3-5。

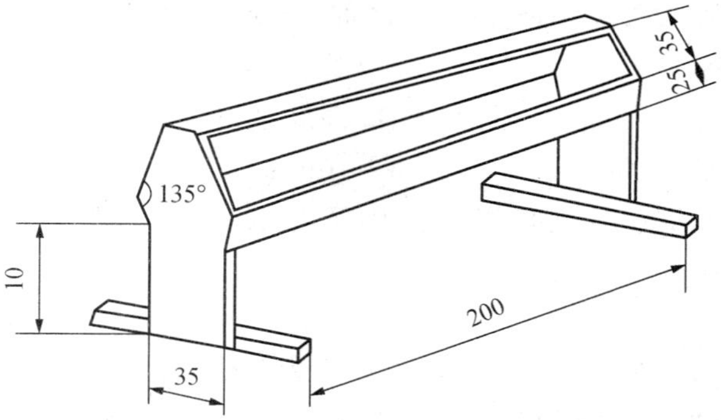

图 1-3-4　移动式轻便料槽(单位:cm)

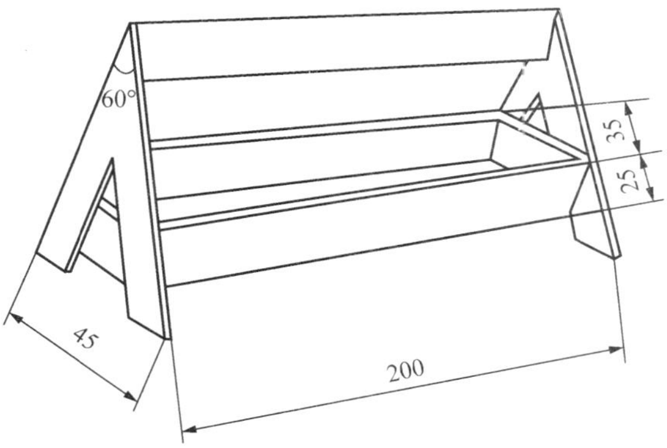

图 1-3-5 移动式三脚架料槽(单位:cm)

2. 草架

草架是喂粗饲料、青绿饲草的专用设备。它可以减少饲草浪费,减少疾病。各地草架的形状及尺寸不尽相同,见图 1-3-6。

靠墙固定单面兼用草料架

长方形两面草架

“U”形两面联合草架

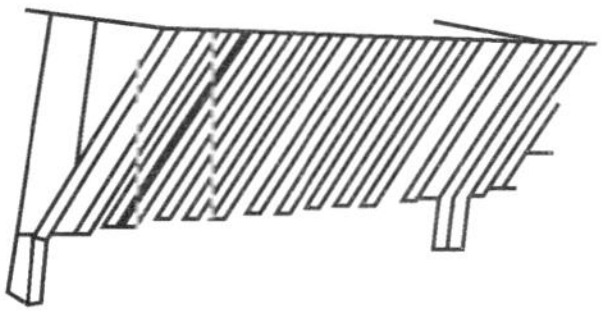

靠墙固定草面草架

图 1-3-6 羊用各种草架示意图

靠墙固定单面草架:草架设置长度,成年羊每只按 30～50 cm,羔羊 20～30 cm 为宜,两竖棍间的间距,一般为 10～15 cm。

“U”形两面联合草架:先制作一个高 1.5 m,长 2～3 m 的长方形立体框,再用 1.5 m 的木条制成间隔 10～15 cm 的“V”字形草架,然后将草架固定在立体框之间即成。

简易木棍草架:用木棍或木板做成“V”形的栅栏,间隙距离 10～15 cm。

草料双用草架:用石块砌槽,水泥勾缝,钢筋做隔栏。

3. 盐槽

给羊群供给盐和其他矿物质时,如果不在室内或混在饲料中饲喂,可设计一个有顶盐槽,任羊自由舐食,以防雨淋潮化。

4. 水井及供水设施

如果羊场无自来水,应自打水井,或修建水塔、贮水池等,并通过管道引入羊舍或运动场。为保护水源不受污染,水井应离羊舍 50 m 以上,设在羊场污染源的上坡上风向。井口应加盖并高出地平面，周围修建井台和护栏。运动场或羊舍内应设可移动的木制、铁制水槽或用砖、水泥砌成的固定水槽，水槽应有护栏，防止羊只踏入污染水质。

三、其他设备

1. 分羊栏

分羊栏可供羊分群、鉴定、防疫、驱虫、称重、打号等生产技术性活动中用。分羊栏由许多栅板连接而成。在羊群的入口处为喇叭形，中部为一小通道，可容许绵羊单行前进，不准转身。沿通道一侧或两侧，可根据需要设置 3～4 个可以向两边开门的小圈，利用这一设备就可以把羊群分成所需要的若干小群，见图 1-3-7。

2. 活动围栏

活动围栏可供随时分隔羊群之用。在产羔时，可以用活动围栏临时间隔为母子小圈、中圈等。在进行羔羊补饲时，可利用多个栅栏、栅板或网栏，在羊舍或补饲场靠墙围成足够面积的围栏，并在栏间插入一个能使羔羊自由进出、成年羊不能进入的采食栏门，即围成羔羊补饲栏，见图 1-3-8。活动围栏通常有重叠围栏（图 1-3-9）、折叠围栏（图 1-3-10）和三脚架围栏几种类型。

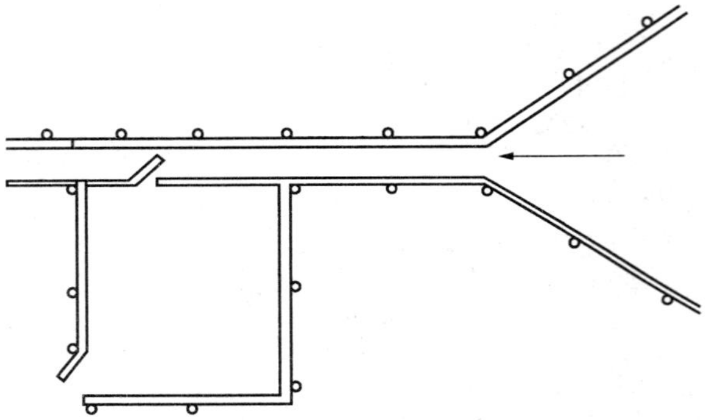

图 1-3-7　分羊栏示意图

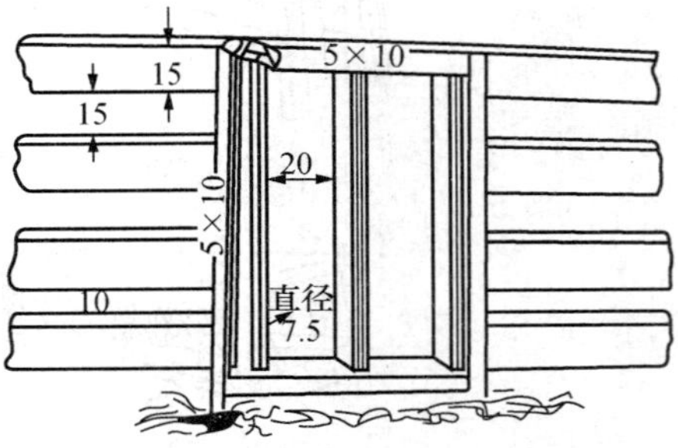

图 1-3-8　羔羊补饲栅栏（单位：cm）

图 1-3-9　重叠围栏

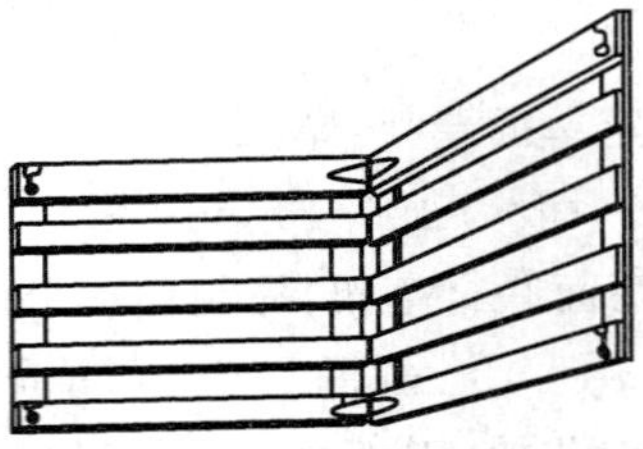

图 1-3-10　折叠围栏

3. 药浴设备

（1）大型药浴池　可供大型羊场或养羊较集中的乡村药浴用。药浴池可用水泥、砖、石等材料砌成长方形，似狭长而深的水沟，见图 1-3-11。长 10～12 m，池顶宽 0.6～0.8 m，池底宽 0.4～0.6 m，以羊能通过而不能转身为准，深 1.0～1.2 m。入口处设漏斗形围栏，使羊依顺序进入药浴池。药浴池入口呈陡坡，羊走入时可迅速没入池中，出口有一定倾斜坡度，斜坡上有小台阶或横木条，其作用一是不使羊滑倒；二是羊在斜坡上停留一些时间，使身上余存的药液流回药浴池。

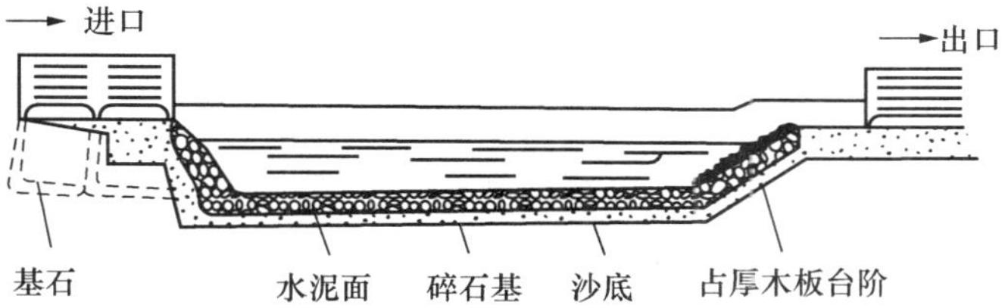

图 1-3-11 大型药浴池纵剖面

(2)小型药浴槽、浴桶或浴缸 小型药浴槽液量约为 1 400 L,可同时将两只成年羊(或 3～4 只小羊)一起药浴,并可用门的开闭来调节入浴时间,这种类型适宜小型羊场使用,见图 1-3-12。

(3)帆布药浴池 用防水性能良好的帆布加工制作。药浴池为直角梯形,上边长 3.0 m,下边长 2.0 m,深 1.2 m,宽 0.7 m,外侧固定套环,安装前按浴池的大小形状挖一土坑,然后放入帆布药浴池,四边的套环用铁钉固定,加入药液即可进行药浴。用后洗净,晒干,以后再用。这种设备体积小轻便,可以巡回使用。

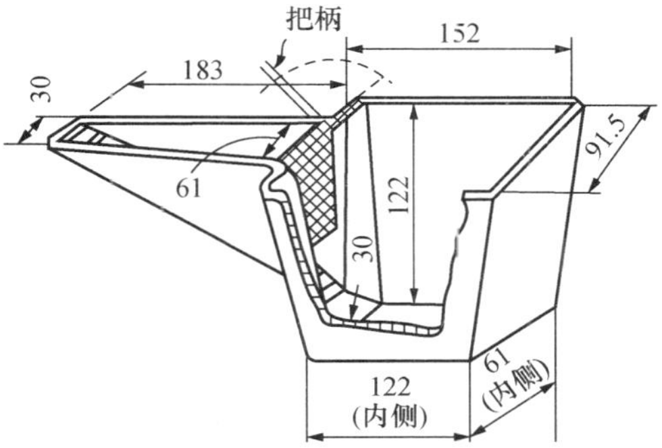

图 1-3-12 小型药浴槽示意图(单位:cm)

【知识拓展】

一、羊场的环境要求

规模化养羊生产不但需要优质、全价的日粮和科学的管理,还需要适宜的环境条件。环境条件中,影响最大的是空气温度、空气湿度、气流速度、光照以及有害气体等。

1. 舍内温度

羊舍适宜温度范围 5～21℃,最适温度范围 10～15℃;一般冬季产羔舍温度不低于 8℃,其他羊舍不低于 0℃;夏季舍温不超过 30℃。

2. 舍内湿度

羊舍应保持干燥,地面不能过于潮湿,舍内的适宜相对湿度为 50%～70%。

3. 通风换气

羊舍内应保持适当的气流,冬季以 0.1～0.2 m/s 为宜,最高不超过 0.25 m/s。夏季则应尽量使气流不低于 0.25～1 m/s。另外,冬季应能及时排除舍内过多的水汽和有害气体,使舍内氨含量不超过 26 cm^3/m^3,硫化氢含量不超过 10 cm^3/m^3。

4. 舍内光照

畜舍采光系数是指窗户受光面积与舍地面积之比。采光系数成年羊舍 1∶15,高产绵羊舍 1∶(10～12),羔羊舍 1∶(15～20)。入射角不少于 25°,透光角不少于 5°,应保证冬季羊床上有 6 h 的阳光照射。

二、羊场环境控制措施

(一)羊场污染的危害

随着养羊业规模化生产的迅速发展,在提供大量优质产品的同时,羊场也产生大量的粪、尿、污水、废弃物、二氧化碳、甲烷等,造成环境的污染。

1. 对土壤及水源的污染

在粪尿存放期间,有机质及矿物质都将随粪水渗入到土壤内,并进入地下水或随雨水进入地表水。一方面在微生物的作用下,大量消耗水中的溶解氧,严重时有机物进行厌氧分解,产生各种有恶臭物质;另一方面粪尿中大量的有机氮磷营养物质,在分解过程中被矿化为无机态的氮磷物质,造成植物根系的损伤或徒长,或使水中的藻类大量繁殖而造成水质腐败,导致水生生物死亡。

2. 对空气的污染

粪尿中含有大量的有机物,排出体外会迅速发酵腐败,产生硫化氢、氨、苯酸等有害物质,污染大气环境。

3. 病原菌及寄生虫污染

羊场的粪污中含有大量的致病菌和寄生虫,如不作适当处理则成为畜禽传染病、寄生虫病和人畜共患病的传染源,致使人畜共患病及寄生虫卵的蔓延,对畜牧场附近的居民生活造成不良影响,影响居民健康。

(二)羊场环境污染控制

1. 粪污的净化与利用

(1)生产沼气　利用厌氧细菌(主要是甲烷菌),对羊粪等有机物进行厌氧发酵产生沼气,沼气生产过程中,厌氧发酵可杀死病原微生物和寄生虫卵,发酵的残渣又可作肥料,因而生产沼气既能合理利用羊粪,又能防止环境污染。其工艺流程见图 1-3-13。

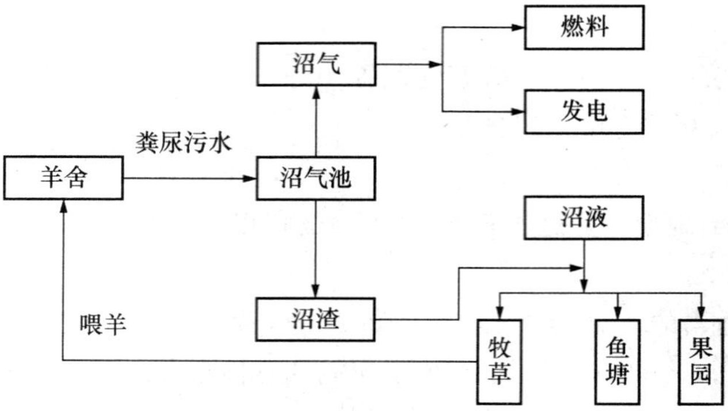

图 1-3-13　羊场厌氧发酵示意图

(2)堆肥发酵处理　羊粪污的发酵处理是利用各种微生物的活动来分解粪中的有机成分,可以有效地提高这些有机物质的利用率。在发酵过程中形成的特殊理化环境也可基本杀灭粪中的病原体,主要方法有厌氧动态发酵、堆肥处理、堆肥药物处理等,其中堆肥处理方法简单,无需专用设备，处理费用低。

(3)人工湿地处理 几乎任何一种水生植物都适合于湿地系统，最常见的有芦苇、香蒲属和草属。水生植物、微生物和基质(土壤或沙砾)是人工湿地的三个关键组成部分。通过微生物与水生植物的共生互利作用，使污水得以净化。人工湿地处理方法，具有投资少、维护保养简单的优点，见图 1-3-14。

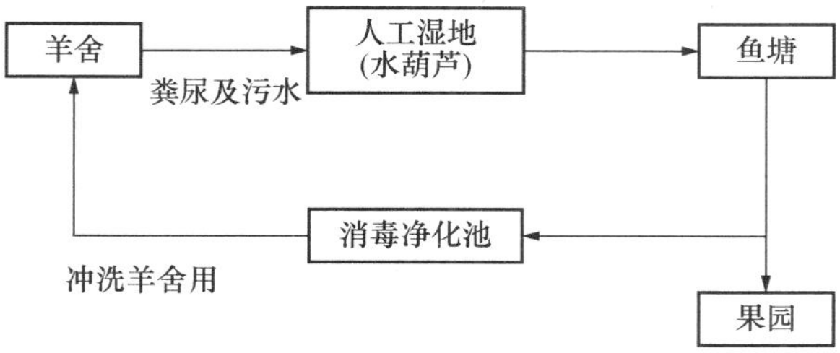

图 1-3-14 羊场粪尿人工湿地处理示意图

(4)综合生态工程处理 通过分离器或沉淀池，将羊粪尿污水进行固体与液体分离，其中，固体作为有机肥还田或作为食用菌(如蘑菇等)的培养基，液体进入活气厌氧发酵池。通过微生物—植物—动物—菌藻的多层生态净化系统，使污水污物得以净化。净化的水达到国家排放标准，可排放到江河，回归自然或直接回收用于冲刷羊舍等。

2. 有害气体的净化与利用

羊的排泄物、皮肤分泌物、黏附于皮肤的污物、呼出气体等，以及粪污在堆放过程中有机物腐败分解，会产生大量难闻的气体，造成了羊场特有的臭味。生产中必须采取措施防止粪便产生臭气或防止臭气散发，降低环境污染。常见的减少或防止臭气的方法如下：

(1)吸附或吸收法 通过向粪便或羊舍内投放吸附剂，来减少臭味的散发。常见的吸附剂有沸石、膨润土、海泡石、凹凸棒石、蛭石、硅藻土、锯末、薄荷油、蒿属植物、腐植酸钠、硫酸亚铁、活性炭、泥炭等。其中，沸石类能很好地吸附氨和水分，抑制氨的产生和挥发，降低畜舍臭味。

(2)化学除臭法 向羊舍内喷洒一些化学除臭剂，通过化学反应把有味的化合物转化成无味或较少气味的化合物。一些氧化剂除可以减少气味外，还能起到杀菌消毒的作用。常用的化学氧化剂有高锰酸钾、重铬酸钾、硝酸钾、双氧水、次氯酸盐和臭氧等，其中高锰酸钾的除臭效果相对较好。

(3)生物除臭法 利用生物除臭剂，控制(抑制或促使)微生物的生长，减少有味气体的产生。常见的生物除臭剂包括生物助长剂和生物抑制剂。生物助长剂利用活的细菌培养基、酶或其他微生物等，加快动物粪便降解过程中有味气体的生物降解过程，减少有味气体的产生。生物抑制剂是通过抑制某些微生物的生长，以控制或阻止有机物质的降解，进而控制气味的产生。

(4)洗涤法 使污染气体与含有化学试剂的溶液接触，通过化学反应或吸附作用去除有味气体的方法。洗涤实际上是一种化学氧化方法，洗涤效果取决于氧化剂的浓度、种类、气体的黏度和可溶性、雾滴大小和速度等。常见的洗涤方式有喷雾洗涤和叠板式洗涤两种。前者的洗涤液被雾化成许多微小的雾滴，雾滴喷洒到被污染的空气中，将带有气味的化合物氧化而除去；后者是一个叠放在一起的铝(钢)板，洗涤液流过铝(钢)板表面时，会形成薄薄的一层水膜，有味气体从底部向上流过水膜表面时即被氧化和吸收。洗涤法特别适用于水溶性高、浓度低、流量大的带有气味的气体的去除，不适于高浓度的气体，因为高浓度的气体需要更多的洗涤液,会增加处理成本。此外,特定的洗涤剂只能去除特定的气体,而臭气一般是由多种有味气体组成的混合物。因此,要取得较好的除臭效果,常需要多个洗涤器串联使用。

(5)场界植林带　在羊场的周围种植绿色植被,可以降低风速,防止气味传播到更远的距离,减少臭气污染的范围。防护林还可降低环境温度,减少气味的产生与挥发。树叶可直接吸收、过滤含有气味的气体和尘粒,从而减轻空气中的气味。树木通过光合作用吸收空气中的二氧化碳,释放出氧气,可明显降低空气中二氧化碳浓度,改善空气质量。

【学习自测】

一、知识自测

1. 羊场场址选择应考虑的因素有________、________、________、________、________、________。

2. 请注明下图屋顶的建筑形式

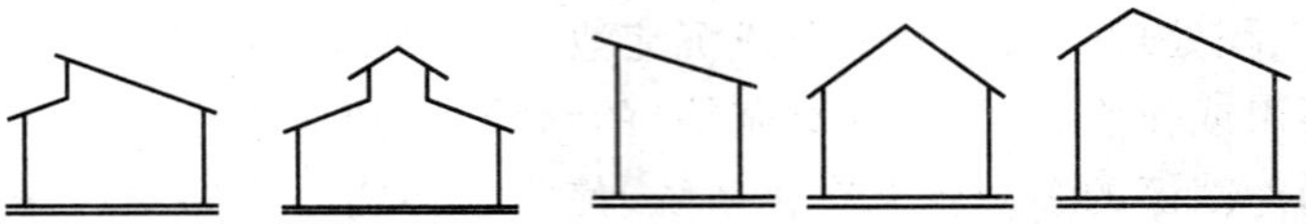

(1)　(2)　(3)　(4)　(5)

3. 羊场的核心区是________。

A. 生活区　B. 管理区　C. 生产区　D. 隔离区

4. 羊的运动场四周种植的树木以________为主。

A. 高大冠大落叶乔木　B. 松柏灌木花草

C. 桃树杏树　D. 梨树苹果树

5. 羊场的规划中生活区应设在________位置。

A. 场区的中心　B. 场区的最上风　C. 场区的最下风　D. 都可以

6. 羊舍类型中适用于北方地区的是________。

A. 楼式羊舍　B. 半开放双坡式羊舍

C. 封闭式双坡式羊舍　D. 吊楼式羊舍

二、技能自测

1. 良好的羊场环境应具备哪些条件?

2. 参观当地羊场,实地调查当地羊场的粪污处理设施,指出需要改进的地方,并给出合理化建议。

【课外学习指南】

一、学习网站

1. 爱课程网(http://www.icourses.cn/home),《牛羊生产》国家精品资源共享课程网页。

2. 牛羊生产国家精品课程网站(http://58.222.253.142/2007/niuyang/)。

3. 中国养殖网(www.chinabreed.com)。

二、规范、标准

1. 肉羊标准化规模养殖生产技术规范(试行)。
2. 羊场环境设施应符合《农产品安全质量无公害畜禽肉产地环境要求》GB/T 18407.3。
3.《畜禽场环境质量标准》(NY 388—1999)。
4.《畜禽养殖业污染物排放标准》(GB 18596—2001)。

三、参考文献

1. 范颖,宋连喜. 羊生产. 北京:中国农业大学出版社,2008.
2. 张英杰. 羊生产学. 北京:中国农业大学出版社,2010.
3. 刘海霞. 牛羊生产. 北京:中国农业出版社,2012.
4. 王利红. 养殖场环境控制与污物治理技术. 北京:中国农业出版社,2012.
5. 赵有璋. 羊生产学. 北京:中国农业出版社,2002.
6. 杨和平. 牛羊生产. 北京:中国农业出版社,2001.
7. 岳文斌. 现代养羊. 北京:中国农业出版社,2000.
8. 岳文斌,等. 生态养羊技术大全. 北京:中国农业出版社,2006.

【资料卡】

规模化养羊生产工艺参数

项目	参数	项目	参数
配种年龄		年平均产羔	2.25
公羊/月龄	12	成活率/%	
母羊/月龄	6～8	哺乳期/d	90
配种时间	一年四季均可	保育期/d	98
		育肥期/d	99
母羊发情期/d	17	羔羊初生重/kg	2.5～3
母羊产羔周期/月	8	羔羊断奶重/kg	15
妊娠期/d	147～152	肉羊出栏体重/kg	30～40
哺乳期/d	56	公母比(人工授精)	1∶500
保育期/d	60	母羊年更新率/%	15
育肥期/d	60	情期受胎率/%	90～95
断奶至受胎/d	17～34	成年羊利用年限	
年产胎次	1.5	公羊/年	6～10
双羔率/%	150	母羊/年	6

项目2

品种识别

知识目标

- 了解羊的品种分类，掌握不同品种羊的产地、外貌特征及生产性能。
- 了解我国养羊业发展现状。

技能目标

- 能准确识别不同品种的羊，初步具备根据外貌正确选择羊的技能。
- 能结合当地羊品种资源，进行科学的杂交改良工作。

科学地选择品种，是实现养羊生产良好经济效益的前提条件。选择优秀的品种主要通过品种的经济类型、外貌特征和生产性能来进行，引进品种时要考虑疫病情况，进行相关检疫。

任务1　品种分类

【任务描述】

羊主要有绵羊、山羊两大类型，世界各地的绵、山羊品种和类型繁多，目前有绵羊品种 600 多个，山羊品种 150 多个。为了便于研究和利用，必须对品种进行科学分类，以有助于我们正确认识、评价和有效利用品种资源。

【任务分析】

绵、山羊的品种分类方法不同，绵羊主要根据动物学分类法、生产方向和选育程度进行分类；山羊要主要根据生产方向进行分类。

【任务实施】

一、绵羊品种分类

1. 动物学分类法

动物学分类法是以绵羊尾形的差异和大小为特征来进行分类的。尾形的差异是指尾椎上脂肪沉积的程度和沉积的外形;尾的大小是指尾的长短,即尾尖是否达到或超过飞节。据此可将绵羊分为5类。

短瘦尾羊:尾部不沉积脂肪或脂肪较少,尾尖达不到飞节。如西藏羊。

长瘦尾羊:尾部不沉积脂肪或脂肪较少,尾尖达到或超过飞节。如新疆细毛羊。

短脂尾羊:尾部沉积脂肪较多,尾尖在飞节以上。如蒙古羊、小尾寒羊、湖羊等。

长脂尾羊:尾部沉积脂肪较多,尾尖达到或超过飞节。如大尾寒羊、同羊等。

肥臀羊:脂肪沉积在尾根部,形成肥大椭圆的脂臀。如哈萨克羊、阿勒泰羊等。

2. 生产性能分类法

生产性能分类法是根据绵羊的主要产品及经济用途划分的,据此可将绵羊分为毛用羊、肉用羊、皮用羊、乳用羊。

(1)毛用羊　毛用羊根据羊毛品质可分为细毛羊、半细毛羊、粗毛羊。

细毛羊:被毛白色、同质,细度在60支以上,12月龄体侧部毛长在7 cm以上。多数公羊有发达的螺旋形角,母羊无角,公羊颈部有1～2个横皱褶,母羊有1个横皱褶或发达的纵皱褶,头毛着生至两眼连线,四肢盖毛前肢到腕关节,后肢到飞节或飞节以下,腹毛着生良好,被毛的细度与长度基本一致并具有一定的弯曲。

根据生产毛、肉的主次不同,细毛羊又分为毛用细毛羊、毛肉兼用细毛羊和肉毛兼用细毛羊3个类型。毛用细毛羊体格略小,以生产细毛为主,一般每千克体重能产净毛60～70 g,如澳洲美利奴羊、中国美利奴羊;毛肉兼用细毛羊体格较大,有较好的产肉性能,仍以产细毛为主,一般每千克体重能产净毛40～50 g,如新疆毛肉兼用细毛羊、东北毛肉兼用细毛羊;肉毛兼用细毛羊体格大,产肉性能好,但也有一定的产毛性能,一般每千克体重能产净毛30～40 g,如德国美利奴羊、泊列考斯羊。

半细毛羊:这类羊的共同特点是,生产同质半细毛,毛纤维细度为32～58支,长度不一,愈粗则愈长。半细毛羊以被毛的长度可分为长毛种和短毛种。如林肯羊属于长毛种,毛纤维长度在8 cm以上。短毛种羊如萨福克、南丘、道赛特等,羊毛长度为5～8 cm,依体型结构和产品的侧重点可分为毛肉兼用和肉毛兼用两大类。

粗毛羊:粗毛羊是指生产粗毛的羊,是我国主要的羊种资源。其被毛由粗毛、细毛和两型毛组成,为异质毛。产毛量低、毛品质差,纺织价值低,只能做地毯、擀毡和粗呢之用。此类羊因其生产性能无特殊点,故又称为普通羊,如蒙古羊、藏羊和哈萨克羊等。

(2)肉用羊　我国尚无专门的肉用羊品种,但有产肉性能较好的绵羊品种,暂且列入肉用羊之列。以产肉性能的高低及专门化程度,将此类羊分为肉脂羊和肉羊。

肉脂羊:具有肥大的尾部(脂尾和肥臀),善于贮存脂肪,产肉性能较好。我国粗毛羊皆属于肉脂羊类。生产性能较好的品种有:大尾寒羊、小尾寒羊、阿勒泰羊、乌珠穆沁羊、同羊、兰州大尾羊及广灵大尾羊(山西)等。

肉羊：具有独特产肉性能的羊。生长发育快、早熟、饲料报酬高、产肉性能好、肉质佳、繁殖率高、适应性强。体型外貌上具有体躯长、肩宽而厚、胸宽而深、背腰平直、后躯臀部宽大、肌肉丰满、体躯呈圆桶状、长瘦尾等特征。肉用羊品种主要产于英国、法国等，我国现有引进的品种有：夏洛来、萨福克、道赛特、南丘羊等。

(3)皮用羊　主要分为裘皮羊和羔皮羊。

裘皮羊：我国商业收购上将其分为两类：一类是裘皮绵羊品种所产的裘皮称为“二毛皮”。如滩羊的裘皮称为“滩羊二毛皮”，是我国裘皮羊的典型品种。另一类是非裘皮羊所产的裘皮叫作“绵羊二毛皮”，其品质和价格不及前者。

羔皮羊：我国羔皮羊绵羊品种有湖羊和卡拉库尔羊。

(4)乳用羊　乳用羊具有优良的产奶性能，但高产品种不多，著名品种有东佛里生绵羊。

3. 其他分类

依羊是否经改良将羊品种分为改良品种和本地品种。依品种的来源和形成历史，可将我国现有的品种分为本地品种、培育品种、引入品种 3 类。

二、山羊品种分类

全世界现有主要的山羊品种和品种群 150 多个，在分类上各国略有差异，但主要还是根据生产方向进行分类，一般分为六大类：

(1)绒用山羊　如辽宁绒山羊、内蒙古绒山羊、河西绒山羊。

(2)毛用山羊　如安哥拉山羊，苏维埃毛用山羊等。

(3)毛皮山羊　如济宁青山羊、中卫山羊、埃塞俄比亚羔皮山羊等。

(4)肉用山羊　如马头山羊、波尔山羊等。

(5)奶用山羊　如萨能奶山羊、关中奶山羊、崂山奶山羊等。

(6)普通山羊　在羊毛、羊肉、羊皮三大产品方面没有特殊优势，生产性能一般，又称为兼用品种。如西藏山羊、新疆山羊、太行山羊、建昌山羊等。

【知识拓展】

一、发展养羊业的意义

1. 发展养羊业是节粮型畜牧业发展的客观需要

我国人口众多，耕地逐年减少，粮食生产不足，饲料短缺，人畜争粮的矛盾日益突出。决定了发展畜牧业必须走节粮养殖的道路。羊是反刍家畜，具有特殊结构的消化系统和生理机能，能够有效地利用粗饲料，将农作物的秸秆等农副产品，转化为人类所需的奶、肉、毛、皮、骨等畜产品。

2. 发展养羊产业是农业产业化结构调整的需要

畜牧业发展程度是农业现代化的标志，农业产业结构调整的核心问题是发展畜牧业，提高畜牧业产值在农业总产值中的比例，而畜牧业产业结构调整的核心是大力发展草食家畜，走节粮型畜牧业道路，养羊业则是节粮型畜牧业的重要组成部分。我国的畜牧业结构历来是以耗粮型生猪为主的，2005 年全国肉类总产量达到 7 743.1 万 t，羊肉仅占 5.62%，结构极不合理，为此必须大力发展养羊产业，开发利用农作物秸秆和草山草坡，结合退耕还林，种草养羊，使我国的畜牧业结构更优化、更合理。

3. 发展养羊业可实现农村经济可持续发展

"高效、生态、安全"是当今社会对现代畜牧业提出的基本要求。退耕还林、植树还林、荒山荒坡绿化，为发展养羊业提供良好的饲料来源。养羊业的发展为人类提供丰富的畜产品，带动加工工业的发展，为农户带来丰厚收入，同时提供了大量的有机肥料，进而又有效推动了高效种植业发展，实现"林草—养羊—高效种植业"的良性循环和农村经济的可持续发展。

4. 发展羊生产有利于解决"三农"问题

农村发展、农业增效、农民增收一直是备受关注的重要问题。特别是我国的老、少、边远地区还比较贫困，由于交通不便，环境恶劣，山高坡陡，土地贫瘠，粮食产量低，经济收入低。但土地面积大，荒山、荒坡多，饲草资源丰富，劳动力充足，环境污染少，在这些地区结合荒山治理，退耕还林、种草养羊，走产业化道路，不但可以解决养殖生产中的技术实施问题，而且还可以解决农村剩余劳动力安置问题，促进农民增收和农村经济发展。

5. 发展羊生产有利于对外贸易

我国的羊毛、山羊绒、羊皮、羊肠衣等产品，是传统的出口物质，在对外贸易商品占有一定地位。地毯远销美国、日本及欧洲国家，在国际市场上享有很高的声誉。山羊板皮、青猾子皮、湖羊羔皮、滩羊二毛皮等也受国际市场的欢迎。我国的山羊绒细软洁白，手感滑爽，质地优良，深受各国欢迎，我国每年羊绒出口量占国际贸易量的一半以上，是重要的出口创汇产品。近年来，随着我国加工业的发展，羊产品出口已不仅限于原料，经过深加工后的高档毛、皮类制品已远销国外，大大提高了羊产品的价值，增加了出口贸易量。

二、我国养羊业的发展现状

我国养羊历史悠久，早在夏商时代就有养羊文字记载。改革开放以来，我国养羊业发展迅速，已跨入世界生产大国行列。目前中国绵、山羊的饲养量、出栏量、羊肉产量、羊皮产量、山羊绒产量均居世界第一位。

据统计，我国有绵、山羊品种列入《中国羊品种志》的就有 35 个(绵羊 15 种，山羊 20 种)，加上各省《畜禽品种志》的地方绵、山羊品种达 80 多个。同时，我国已培育了不同生产方向的绵羊品种 23 个，山羊品种 8 个，引进国外优秀品种 20 多个，大大提高了我国羊群的生产性能，丰富了品种资源。

目前，我国已建设的规模种羊场 1 100 多个，每年可提供种羊 40 多万只，为我国羊群良种繁育体系建设和养羊生产发展起到重要作用。

我国细毛羊生产主要集中在新疆、内蒙古、青海、甘肃牧区和东北部分地区，生产主要以天然草场放牧辅以补饲的方式进行。肉羊生产在牧区、农区和半农半牧区均有饲养，同时，我国羊肉生产体现出如下新的特点：一是主要生产区域从牧区转向农区；二是养殖方式逐步由放牧转变为舍饲和半舍饲；三是千家万户分散饲养正在向相对集中方向转变。

三、我国养羊业存在的主要问题

1. 绵羊和山羊的良种化程度低，生产力水平不高

我国绵羊和山羊良种化程度依然不高，全国绵羊良种率仅占绵羊总数的38%；而在山羊业中，良种化程度则更低，这就大大影响了我国养羊业的总体生产水平和产品质量的提高，使我国养羊业水平与发达国家相比差距较大。生产水平高的专门化肉羊品种只是近几年少量从国外引进，杂交利用也仅限于小范围的试验阶段，羊肉生产仍以地方品种或细毛杂种羊为主。细毛羊和半细毛羊的良种覆盖率则更低。

2. 经营方式分散，管理粗放

现今我国羊肉市场供应的羊肉大多是老、弱、残淘汰羊，优质的羔羊肉甚少，饲养者缺乏肉羊生产相关的科学知识和技术，尚未改变传统的饲养观念和方法，导致生产周期长，出栏率低，经济效益低，而且增加草原载畜量和冬、春季节饲草短缺的矛盾，抵御自然灾害的能力差。养羊业产品在质量、安全卫生等方面难以控制。产品在国际市场上的竞争能力差，严重制约了我国养羊业生产健康、持续发展。

3. 天然草场严重退化，资金投入严重不足

天然草场和草山草坡仍然是我国饲养绵羊和山羊的主要放牧地。然而，多年来，许多地区单纯盲目地发展牲畜数量，掠夺式地利用天然草原，对草原重用轻养，放牧过度，长期超载，加上滥垦、乱挖和鼠、虫害的严重破坏，加之，长期以来，由于全球气候变暖，持续干旱，以及由于长期受粮食问题困扰，重粮轻草，毁草种粮，新中国成立以来曾4次大规模开垦草原，从而使天然草场退化、沙化和盐碱化严重。

我国有可利用草原面积3.1亿hm^2，每年提供的畜产品产值约39亿元，而国家每年投入草原建设的资金仅1亿元左右，平均每公顷几角钱。另外，我国养羊业多处于落后山区，这些地区经济欠发达，因此，天然草原的围栏、引水灌溉工程、退化草原的改良更新、人工草场的建设以及养羊业的配套设施等基础建设缺乏资金投入。

4. 国内羊毛价格低迷，羊毛生产受到严重冲击

我国绵羊业虽然经历了50多年的品种改良，毛用羊的数量、质量得到了很大发展，但生产方式滞后，优质细毛羊群体小，产量低，与国外优秀细毛羊之间的差距较大，细毛羊的质量、产量远远不能满足国内毛纺工业的需要，造成羊毛进口量年年增长，国内羊毛价格偏低，挫伤了农牧民养毛用羊的积极性，加之毛用新品种培育与选育提高不能持之以恒，致使已经育成的品种退化，混杂现象严重，从而也更加削弱了其在国内及国际市场上的竞争力。

5. 引种缺乏宏观调控，保种意识不强

引入的种羊品种参差不齐，种羊场出场的种羊有相当数量质量差，价格高，有的甚至弄虚作假，以杂种、特别是低代杂交种羊当作纯种出售，坑害用户。引进的种羊缺乏适时选育，出场羊没有质量标准。被引入品种，多以炒种、倒种形式出现，如何与国内相关品种形成优良配套组合，并推广杂交组合，以提高我国羊产品质量和效益方面做得很不够。例如，当前肉用波尔山羊在我国已被推广到20多个省(区)市，数量已达5万只，而在这些地区内有我国地方优良山羊品种15个，占目前我国地方优良品种的3/4，波尔山羊正在大规模、快速地对这些品种进行改良，在对肉用山羊进行改良的同时，也冲击了绒山羊和奶山羊，这种盲目性和短期行为应引起政府职能部门的高度重视。

四、我国养羊业发展的重点和策略

1. 加快养羊业生产基地建设

按照农牧区的实际生态条件，发展适合本区域的羊品种以及羊产品，以形成合理的牧业生产布局，是实现现代化的重要措施。即在现有的基础上建立一批大的生产基地，使基地的生产优先达到现代化的水平。

建立专用的饲料作物基地，实现粮、经、饲“三元”结构。开发工厂化安全、专用的饲料添加剂与补充饲料。按照国家无规定疫病示范区建设的标准，建设种羊、饲料、产品监测中心，提高羊肉的屠宰加工水平，完善肉羊交易市场。

2. 加速提高我国羊品种的良种化水平

鉴于我国目前羊品种良种覆盖率较低的实际，必须加快育种工作的步伐，大力推广人工授精，以克服优秀种公羊不足的困难。合理布局和加强种羊场、中心育种场的功能，建立我国独特的繁育体系，同时，对地方良种加强本品种选育，尽快提高品种质量。

3. 加强草场改良建设

加快草场改良的投入和人工草地的建设，是世界上养羊业发达国家成功的经验。我们对草场的建设、培育、管理及合理的利用要给予高度的重视，要研究牧草生长的客观规律，实现以草定畜，草畜平衡，要采取杀虫、灭鼠、施肥、灌溉等多种有效方法，确保草地生产力的持续发展。

4. 根据养羊业的发展趋势，因地制宜积极发展不同用途的羊品种

(1)加快发展肉羊或肉毛兼用羊　在我国多数地区，应顺应世界养羊业的发展趋势和国内外市场对羊肉日益增长的要求，大力发展肉用羊或肉毛兼用羊。

可引用国内外优良的肉羊品种公羊(绵、山羊)与当地绵羊和山羊进行经济杂交或轮回杂交，利用杂种优势生产肉羊，特别是肉用肥羔。在大面积杂交的基础上，通过有目的、有计划的选育，培育出我国的、新的若干个各具特色的、早熟、高产、多胎的专门化肉羊新品种。

(2)引入高产优质细毛种公羊，大范围改造和提高现有细毛羊的净毛产量和羊毛品质，突出发展超细型绵羊　我国目前生产的羊毛无论在数量上或是在质量上，在若干年内是无法与质优价廉的澳毛相抗衡的。因此，应当继续从澳大利亚引入优良的澳洲美利奴种公羊，特别是羊毛细度在 19 μm 以下的超细型澳洲美利奴公羊，或用中国美利奴品种的超细型优秀公羊，继续对各地的毛用或毛肉兼用细毛羊和细毛杂种羊进行杂交，一般可级进杂交到 3～4 代，然后通过严格的选择，再进行自群繁育。但是，在对杂种后代注意选择羊毛综合品质极高的净毛产量的同时，尽可能注意不降低体重及生活力。

(3)不断选育和提高我国的绒山羊　我国的绒山羊分布地域辽阔，产区生态环境除少数地区外都比较差，生态经济条件和饲养管理水平也比较低，在全国范围内，不同的绒山羊品种、不同个体的生长发育和生产性能差异很大。因此，在生态经济条件适宜发展绒山羊的地区，应有计划地采取积极有效的措施，以草定畜，控制数量，提高质量，以本品种选育为主，必要时可导入其他高产优质绒山羊品种的基因，努力提高本地绒山羊的产绒量和羊绒品质。

(4)加快发展奶山羊业　饲养奶山羊，以优质青粗饲料或青干草为主，只需补饲少量混合精料，投资小，易饲养，可以不占主要劳动力，见效快。我国现有奶山羊约 400 万只，主要分布在山东、陕西、河南、河北、山西、黑龙江和辽宁等省。为了满足广大农民群众和城镇居民对奶

及奶制品的需求，应当积极提倡和支持在生态经济条件较好的农村牧区、城镇郊区及工矿区，积极饲养和发展奶山羊。

(5)积极发展马海毛山羊业　在我国西北、华北等气候干旱、半干旱地区，可以积极引入安哥拉山羊与当地山羊杂交，提高当地山羊经济效益，开发当地资源，建立我国马海毛生产基地，积极发展我国的马海毛山羊业。

5. 积极推行标准化、规模化和集约化养羊

在条件较好的农村牧区，在千家万户分散饲养的基础上，积极引导和支持农牧户走专业化、规模化、集约化、标准化发展养羊业，特别是走集约化、标准化发展肉羊业的道路，实现小生产与大市场接轨。对规模化、集约化和标准化养羊，在不同生态经济条件地区，应立足当地资源和市场需求出发，制订出发展政策、规划和实施方案。在整个进程中，要紧紧抓住基地、龙头、流通等关键环节，积极探索和建立规模化、集约化、产业化组织新的运行机制。

任务2　绵羊品种

【任务描述】

羊生产中，品种对生产的影响很大，科学的选择品种，是实现羊生产良好经济效益的前提条件。全世界有629个绵羊品种。这些品种各具特点，适应不同的自然生态条件。选择品种主要依据经济类型，固有的外貌特征和生产性能进行，在实际生产中能结合实际情况选择出优良的羊品种，能够充分发挥羊品种的特性。

【任务分析】

本任务学习利用绵羊的图片、照片、影像资料，了解不同品种绵羊的主要外貌特征、生产性能及其优缺点。识别不同品种绵羊及外貌部位名称。

【任务实施】

一、肉用绵羊品种

1. 小尾寒羊

小尾寒羊是我国古老的地方优良品种之一，主要分布在气候温和、雨量充足、饲料丰富的黄河中下游农区，其中以山东省西南部和河南省台前县的小尾寒羊品质最好。2000年，被农业部列入《国家级畜禽品种资源保护名录》，属肉脂兼用型短脂尾羊。

外貌特征：头略长，鼻梁隆起，耳大下垂，公羊有螺旋形角，母羊有小角或无角。公羊前胸较深，鬐甲高，背腰平直，体格高大，四肢较高、健壮。母羊体躯略呈扁形，乳房较大。被毛多为白色，少数个体头、四肢部有黑、褐色斑。被毛异质，主要由绒毛、两型毛组成，死毛少，见图2-2-1。

生产性能：生长发育快，肉用性能好，早熟，多胎，繁殖率高。周岁公羊平均体重60.83 kg，母羊41.33 kg；成年公羊体重94.15 kg，母羊48.75 kg，6月龄公羔体重38.17 kg，母羔

37.75 kg。成年公羊剪毛量 3.5 kg，母羊 2 kg，毛长 11～13 cm，净毛率 63%。母羊 5～6 月龄开始发情，经产母羊产羔率达 270%，居我国绵羊品种之首，是世界上著名的高繁殖力绵羊品种之一。20 世纪 80 年代以来，小尾寒羊被推广到许多省、区，用于肉羊品种培育。

2. 夏洛来羊

原产于法国夏洛来地区，1974 年由法国农业部命名。

图 2-2-1 小尾寒羊

图 2-2-2 夏洛来羊

外貌特征：公、母羊均无角，耳修长并向斜前方直立，头和面部无毛，颈短粗，肩宽平，体长而圆，胸宽深，背腰宽平，全身肌肉丰满，后躯发育良好，两后肢间距宽，呈倒挂"U"字形，四肢健壮，肢势端正，肉用体型好，被毛白色同质。皮肤粉红或灰色，少数个体唇端或耳缘有黑斑，见图 2-2-2。

生产性能：夏洛来羊具有成熟早，繁殖力强，泌乳多，羔羊生长迅速，胴体品质好，瘦肉多，脂肪少，屠宰率高，适应性强等特点，是生产肥羔的理想肉羊品种。成年公羊体重 100～140 kg，母羊 75～95 kg，6 月龄公羔体重 48～53 kg，母羔达 38～43 kg。4 月龄羔羊胴体重达 20～22 kg，屠宰率 55%以上。6～7 月龄母羔可配种，公羔9～12 月龄可采精。初产母羊产羔率为 135.3%，经产母羊为 182.4%。被毛平均长度 7.0 cm，细度 50～58 支（25.5～29.5 μm），产毛量 3.0～4.0 kg。

1987 年我国从法国首次引进 500 余只夏洛来羊，分别饲养在河北省沧县、定兴县和北京的顺义及内蒙古。目前，夏洛来羊已推广到辽宁、山东、山西和新疆等省、自治区饲养并表现出良好的适应性和生产性能。该羊在我国除进行纯种繁育外，还用来杂交改良当地绵羊品种，杂交改良效果显著。

3. 无角道赛特羊

原产于澳大利亚和新西兰。

外貌特征：全身被毛白色、同质，公、母羊均无角，颈粗短，胸宽深，背腰平直，体躯呈圆桶状，四肢粗壮，后躯丰满，肉用体型明显，见图 2-2-3。

图 2-2-3 无角道赛特羊

生产性能：成熟早，羔羊生长发育快，母羊产羔率高，母性强，能常年发情配种，适应性强。成年公羊体重 85～110 kg，母羊 65～80 kg。毛长 8.0～10.0 cm，毛细度 50～56 支，剪毛量 2.3～2.7 kg，净毛率 55%～60%。产肉性能高，胴体品质好。羔羊 2 月龄平均日增重

392 g,母羔 340 g,4 月龄羔羊胴体重可达 20～24 kg,屠宰率在 50%以上。母羊产羔率为 110%～140%,高者可达 170%。

我国内蒙古畜牧科学院、新疆畜牧科学院、中国农业科学院先后从澳大利亚引进无角道赛特羊,饲养在杜南山牧场、北京市昌平区。这些羊除进行纯种繁殖外,还用来与蒙古羊、哈萨克羊和小尾寒羊杂交,杂种后代产肉性能得到显著提高。

4. 萨福克羊

原产于英国,属肉用短毛品种羊。

外貌特征:公、母羊均无角,体躯主要部位被毛白色,头、面部、耳和四肢下端黑色并无羊毛覆盖。头较长,耳大,颈短粗,胸宽深,背腰和臀部长、宽而平,肌肉丰满,后躯发育好,四肢粗壮结实,见图 2-2-4。

图 2-2-4　萨福克羊

生产性能:早熟,生长发育快,产肉性能好。母羊母性强,繁殖力强。公羊体重 100～110 kg,母羊 60～70 kg。4 月龄公羔胴体重 24.2 kg,母羔 19.7 kg。羊毛长 7.0～8.0 cm,细度 50～58 支,剪毛量 3.0～4.0 kg。产羔率 130%～140%。英、美等国在生产肥羔中用萨福克羊作为杂交终端父本。我国新疆、内蒙古和中国农业科学院畜牧研究所从 20 世纪 70 年代起从澳大利亚引入萨福克羊,适应性良好。

5. 杜泊羊

原产于南非共和国。杜泊羊是有角道赛特羊与波斯黑头羊杂交的绵羊品种,其后代继承了波斯黑头羊的强壮、高抗病力和有角道赛特羊的无脂尾胴体的特点。在干旱和半干旱的沙漠条件下,在非洲的各个国家甚至中非和东非的热带、半热带地区都有很好的适应性。

外貌特征:杜泊羊分白头和黑头两种,头上有短、暗、黑或白色的毛,体躯有短而稀的浅色毛(主要在前半部),腹部有明显的干死毛。公、母羊均无角,颈短粗,肩宽平,体长而圆,胸宽深,背腰宽平,后躯发育良好,四肢短粗,肢势端正,全身肌肉丰满,肉用体型好,见图 2-2-5。

图 2-2-5　杜泊羊

生产性能:体质结实,适应炎热、干旱、潮湿、寒冷等多种气候条件。具有成熟早,羔羊生长迅速,胴体品质好,屠宰率高,母羊繁殖力强,泌乳多,适应性强等特点,是生产肥羔的理想肉羊品种。成年公羊体重 100～110 kg,母羊体重 75～90 kg。3.5～4 月龄羔羊体重达 36 kg,胴体重 16 kg 左右,肉中脂肪分布均匀。羔羊初生重达 5.5 kg,日增重可达 300 g 以上。母羊平均产羔率达 150%。

杜泊羊已被引入到加拿大、澳大利亚、美国等国家,用作生产肉用羔羊的杂交父本。我国山东、河南等省区已引入该品种,除进行纯种繁殖外,用来与当地羊杂交,杂种后代产肉性能得到显著提高。

6. 其他肉用绵羊品种

见表 2-2-1。

表 2-2-1 其他肉用绵羊品种

品种名称	原产地及分布	外貌特征	生产性能
德国美利奴	原产于德国，1958 年引入我国	体格大，胸宽深，背腰平直，肌肉丰满，后躯发育良好；公母羊均无角，颈部及体躯均无皱褶；被毛白色，毛较长而弯曲明显	成年公羊体重 90～100 kg，母羊 60～70 kg。剪毛量成年公羊 7～10 kg，母羊 4.5～5.0 kg。羊毛细度 60～64 支，净毛率为 45%～52%。羔羊 6 月龄体重达 40～45 kg，胴体重达 19～22 kg。繁殖力强，性早熟，产羔率可达 150%～175%，羔羊成活率高
特克赛尔羊	荷兰	公、母羊均无角，耳短，头、面部和四肢下端无羊毛着生，仅有白色的发毛。全身被毛白色、同质。体格大，体质结实。体躯较长、呈圆筒状。颈粗短，前胸宽。背腰平直，肋骨开张良好，后躯丰满，四肢粗壮	产肉和产毛性能好，具有羔羊生长迅速、母羊繁殖力强等特点。成年公羊体重 110～140 kg，母羊 70～90 kg。平均产毛量 3.5～4.5 kg，毛长 10～15 cm，毛细度 46～56 支。母羊产羔率 150%～160%。4～5 月龄羔羊体重达 40～50 kg，屠宰率达 55%；3 月龄以内羔羊日增重为公羔 367 g，母羔 293 g
同羊	主要分布于陕西省渭北高原东部和中部一带	“蚕耳”、“扇尾”、“栗角”、“筋肋”四大特征。体质结实，体躯长方形。头颈较长，鼻梁微隆，耳大而薄（形如蚕壳）。公、母羊均无角，部分公羊有栗状角痕。尾部有大量脂肪沉积，尾大如扇。肋骨细如筋，开张良好。全身主要部位毛色纯白，部分个体眼圈、耳、鼻端、嘴端及面部有杂色斑点或少量杂色毛，面部和四肢下部为刺毛覆盖，腹部多为异质粗毛和少量刺毛覆盖	生长快，肉质好，公羊体重 60～65 kg，母羊体重 40～46 kg。屠宰率为 50%。全年剪毛量 1.3～1.6 kg。母羊基本为全年发情，仅在酷热和严寒时短期内不发情。母羊 5～6 月龄即可发情配种，公羊 8 月龄即可使用。平均产羔率 190%以上
乌珠穆沁羊	主要分布在内蒙古锡林郭勒盟东乌珠穆沁旗和西乌珠穆沁旗以及周边地区	头中等大小，鼻梁微隆起，耳稍大。公羊多数有螺旋形角，少数无角，母羊多数无角。体格较大，体质结实，肢势端正，体躯深长。胸宽深，肋骨拱圆，背腰宽平，后躯发育良好，尾部有一纵沟，将尾分成对称的两半。头部以黑、褐色居多，体躯白色，被毛异质、死毛多	体大肉多，生长发育快，肉质鲜美，无膻味而著称。抗逆性强，遗传性稳定。成年公羊平均体重 74.4 kg，成年母羊 58.41 kg，成年羯羊屠宰率 55.9%。6 月龄公羔体重 39.6 kg，母羔 35.9 kg，平均日增重 200～250 g。母羊产羔率 100.2%

续表2-2-1

品种名称	原产地及分布	外貌特征	生产性能
阿勒泰羊	主要分布在新疆维吾尔自治区北部阿勒泰地区	体型外貌似哈萨克羊，体格高大，体质结实，公羊鼻梁明显隆起，耳大下垂，公羊有较大的螺旋形角，母羊多数有角。胸宽深，鬐甲宽平，背平直，全身肌肉发育良好，后躯略高于前躯，脂肪大量沉积于尾根基部，形成方圆形大脂尾，尾下缘有一纵沟将脂尾分成对称的两半。阿勒泰羊被毛多为棕褐色，部分个体花色，偶见全白色个体。被毛异质，干死毛多	体格大，产肉多，羔羊生长速度快，成年公羊体重 85.6 kg，成年母羊 67.4 kg；4 月龄公羔体重 38.9 kg，母羔 36.7 kg；5 月龄羯羊宰前活重 37.1 kg，胴体重 19.5 kg。屠宰率为 52.7%。母羊产羔率 110%

二、毛用绵羊品种

1. 新疆细毛羊

新疆细毛羊于 1954 年育成于新疆维吾尔自治区巩乃斯种羊场，是我国育成的第一个细毛羊品种。新疆细毛羊的培育从 1934 年开始，由从苏联引进的高加索和波列考斯细毛羊为父本，以当地的哈萨克羊和蒙古羊为母本进行杂交改良，在四代杂种羊的基础上经自群繁育、选种选配，培育而成。1954 年经国家农业部命名为“新疆毛肉兼用细毛羊”，简称“新疆细毛羊”。

外貌特征：体大结实、结构匀称、体躯深长。公羊大多数有螺旋形角，鼻梁微有隆起，颈部有一两个完全或不完全的横褶皱，体躯无褶皱。母羊无角或有小角，颈部有一个横褶皱或发达的纵褶皱，体躯无褶皱，皮肤宽松，胸宽深，背平直，后躯丰满，四肢肢势端正，少数个体眼圈、耳、唇有小色斑。被毛同质白色，头毛着生至两眼连线，后肢毛达飞节或飞节以下，腹毛着生良好。成年公羊体高 75.3 cm，体长 81.7 cm，体重 93 kg。成年母羊体高 65.9 kg，体长 72.7 cm，体重 46 kg。周岁公羊体高 64.1 cm，体长 67.7 cm，体重 45 kg。周岁母羊体高 62.7 cm，体长 66.1 cm，体重 37.6 kg，见图 2-2-6。

图 2-2-6 新疆细毛羊

生产性能：全身被毛白色，闭合性良好，毛密度中等以上，毛丛弯曲正常，无环状弯曲。每年春季剪毛一次，成年公羊剪毛量为 12.2 kg，成年母羊为 5.5 kg。周岁公、母羊的剪毛量分别为 5.4 kg、5.0 kg。羊毛长度成年公、母羊分别为 10.9 cm、8.8 cm，周岁公、母羊均为 8.9 cm。净毛率为 49.8%～54.0%。羊毛细度以 64 支为主，油汗以乳白色和淡黄色为主，含脂率为 12.57%。

经夏季放牧的 2.5 岁羯羊宰前重为 65.5 kg，屠宰率平均为 49.5%，净肉率为 40.8%。经夏季育肥的当年羔羊（9 月龄羯羊）宰前重为 40.9 kg，屠宰率可达 47.1%。8 月龄性成熟，1.5 岁公、母羊初配，季节性发情，以产冬羔和春羔为主，产羔率为 139%。

2. 中国美利奴羊

中国美利奴羊育种工作始于1972年，是以澳洲美利奴羊为父本，以波尔华斯羊、新疆细毛羊和军垦细毛羊为母本，采用复杂育成杂交方法，按照统一的育种目标，由内蒙古的嘎达苏种畜场、新疆的巩乃斯种羊场和紫泥泉种羊场、吉林的查干花种羊场联合育成。1985年12月经鉴定验收命名为“中国美利奴羊”，简称“中美羊”，是毛肉兼用细毛羊。

图 2-2-7 中国美利奴羊

外貌特征：体质结实，体型呈长方形。头毛密而长，着生至两眼连线，外形似帽状，胸宽深，背平直，尻宽平，后躯丰满。公羊有螺旋形角，母羊无角。公羊颈部有一两个横褶皱，母羊有发达的纵褶皱。公、母羊体躯均无明显的褶皱。成年公羊体高72.5 cm，体长77.5 cm，胸围105.9 cm，体重91.8 kg；成年母羊分别为66.1 cm、77.1 cm、88.2 cm、43.1 kg。育成公羊体高65.4 cm，体长68.1 cm，胸围92.8 cm，体重69.2 kg，育成母羊分别为63.6 cm、66.0 cm、82.9 cm、37.5 kg，见图2-2-7。

生产性能：全身被毛呈白色或乳白色，有明显的大、中弯由，油汗含量适中。每年春季剪毛一次，成年公羊剪毛量为16.0～18.0 kg，成年母羊为6.4～7.2 kg。育成公羊剪毛量为8.0～10.0 kg，育成母羊为4.5～6.0 kg。羊毛自然长度，成年公、母羊分别为12.0～13.0 cm、10.0～11.0 cm，育成公、母羊分别为10.0～12.0 cm、9.0～10.0 cm。羊毛细度以64支为主，净毛率在50%以上。

2.5岁羯羊宰前重为51.9 kg，胴体重22.94 kg，净肉重18.04 kg，屠宰率为44.19%，净肉率为34.78%。1.5岁为公、母羊的初配年龄，产羔率为117.0%～128.0%。

3. 澳洲美利奴羊

世界著名的细毛羊品种，原产于澳大利亚。

外貌特征：澳洲美利奴羊体型近似长方形，腿短，体宽，背部平直，后肢肌肉丰满。公羊颈部有1～3个发育完全或不完全的横褶皱，母羊有发达的纵褶皱，有角或无角。毛丛结构良好，密度大，细度均匀，油汗白色，弯曲弧度均匀整齐而明显，光泽良好。羊毛覆盖头部至两眼连线，前肢至腕关节，后肢至飞节以下，见图2-2-8。

图 2-2-8 澳洲美利奴羊

生产性能：澳洲美利奴羊是世界上最著名的细毛羊品种。根据体重、羊毛细度和长度的不同，分为四个类型，即超细型、细毛型、中毛型和强毛型。不同类型澳洲美利奴羊生产性能见表 2-2-2。

表 2-2-2　不同类型澳洲美利奴羊生产性能

类型	成年羊体重/kg		剪毛量/kg		羊毛细度/支	毛长/cm	净毛率/%
	公羊	母羊	公羊	母羊			
细毛型	60～70	32～38	7.5～8.5	4～5	64～70	7.5～8.5	58～63
中毛型	70～90	40～45	8～12	5～6.5	60～64	8.5～10.0	62～65
强毛型	80～100	43～68	8.5～14	5～8	58～60	9～13	60～65
超细型	50～60	32～38	7～8	3.4～4.5	70～80	7.0～7.5	65～70

我国从 1972 年以来，先后多次引进澳洲美利奴羊，用于新疆细毛羊、东北细毛羊、内蒙古细毛羊品种的导入杂交和中国美利奴羊的杂交育种工作，对我国细毛羊品种的培育和改良起了重要作用。

4. 其他毛用绵羊品种

见表 2-2-3。

表 2-2-3　其他毛用绵羊品种

品种名称	原产地及分布	外貌特征	生产性能
波尔华斯羊	原产于澳大利亚维多利亚州的西部地区	体质结实，结构匀称，背腰宽平，体型外貌近似美利奴羊。公、母羊均无角，全身无皱褶，羊毛覆盖头部至两眼连线，腹毛着生良好，呈毛丛结构，毛丛有大、中弯曲，油汗为白色或乳白色	成年公羊剪毛后体重 56～77 kg，母羊 45～56 kg；成年公羊剪毛量 5.5～9.5 kg，成年母羊 3.6～5.5 kg，毛长 10～15 cm，净毛率 55%～65%。母羊全年发情，泌乳性能好。产羔率为 140%～160%
高加索细毛羊	原产于俄罗斯斯塔夫洛波尔边区	体型较大，体质结实，体躯长，胸宽，背平，鬐甲略高。颈部有 1～3 个横皱褶，体躯有小而不明显的皱褶	成年公羊体重为 90～100 kg，成年母羊为 50～55 kg；成年公羊剪毛量为 12～14 kg，成年母羊为 6.0～6.5 kg。毛长 7～9 cm，细度 64 支，净毛率 40%～42%，经产母羊产羔率为 120%～140%
罗姆尼羊	原产于英国，1966 年引入我国	体质结实，无角，颈短，体宽深，背部较长，前躯丰满，后躯发达，被毛白色，品质好，蹄为黑色，鼻唇暗色，耳及四肢有斑点。分为新罗、英罗、澳罗三种类型	公羊体重 110～120 kg，母羊 60～80 kg，剪毛量公羊 6～8 kg，母羊 3～4 kg，产羔率 120%，早熟、发育快，4 月龄肥羔胴体重 20.6～22.4 kg
林肯羊	原产于英国，现分布于世界许多国家	体躯高大，体质结实，结构匀称，背腰平直，腰臀部宽广，四肢较短。公、母羊均无角，头较长，颈短，前额有丛毛下垂。毛被呈辫形结构，大弯曲，光泽强	公羊体重 120～140 kg，母羊 70～90 kg，剪毛量公羊 8～10 kg，母羊 6～6.5 kg，产羔率 120%，4 月龄公羔体重 22 kg，母羔 20.5 kg

续表2-2-3

品种名称	原产地及分布	外貌特征	生产性能
考力代羊	原产于新西兰，1949年前后引入我国东部各省	头宽而小，头毛覆盖额部。公、母羊均无角，颈短而宽，背腰宽平，后躯发育良好，肌肉丰满，四肢粗壮。全身被毛及四肢毛覆盖良好，颈部无皱褶，体型似长方形，具有肉用体况和毛用羊被毛	成年公羊体重100～115 kg，母羊60～65 kg。剪毛量成年公羊5～12 kg，母羊5～6 kg。产羔率125%～130%。早熟性好，4月龄羔羊体重可达35～40 kg，屠宰率45%～50%
茨盖羊	原产于巴尔干半岛和小亚细亚	体格较大，公羊有螺旋形角，母羊无角或仅有角痕。胸宽深，背腰宽平，成年羊皮肤无皱褶。被毛覆盖头部至两眼连线，前肢至腕关节，后肢至飞节。毛色纯白，但少数个体在脸部、耳及四肢有褐色或黑色斑点	成年公羊平均体重80～90 kg，成年母羊50～55 kg；成年公羊剪毛量6.0～8.0 kg，母羊3.5～4.0 kg。净毛率50%左右，毛长8～9 cm，细度46～56支，产羔率为115%～120%。屠宰率50%～55%
边区莱斯特羊	原产于英国北部苏格兰	体格大，体质结实，体躯长，背宽平，公、母羊均无角，鼻梁隆起，耳竖立，头、面部和四肢下端无盖毛，故面部和四肢显得白净	成年公羊体重90～140 kg，母羊60～80 kg。剪毛量公羊5～9 kg，母羊3～5 kg，净毛率65%～80%，毛长20～25 cm，细度44～48支，光泽好。产羔率120%～200%。羔羊成熟早，4～5月龄羔羊胴体重达22.4 kg，胴体品质好
内蒙古细毛羊	主要分布在内蒙古自治区锡林郭勒盟正蓝旗、太仆寺旗、多伦县、镶黄旗及正镶白旗等地	体质结实，胸部宽深，背腰平直，后躯丰满。公羊多为螺旋角，颈部有一两个完全或不完全的褶皱；母羊无角或有小角，颈部有裙形褶皱。被毛闭合良好，头毛着生至两眼连线或稍下，前肢至腕关节，后肢至飞节	成年公羊体重为82 kg，母羊为46 kg。1.5岁成年羯羊宰前平均体重49.98 kg，屠宰率为44.9%；成年公羊屠宰率为43.6%，净肉率为34%。成年公、母羊剪毛量分别为11 kg、5.5 kg；羊毛长度分别为10 cm、8.5 cm；细度为60～64支，油汗白色或浅黄色；净毛率为38%～50%
东北细毛羊	主要分布于东北三省西北部平原和部分丘陵地带	东北细毛羊体质结实，结构匀称，体躯长，后躯丰满，四肢肢势端正。公羊有螺旋形角，颈部有一两个完全或不完全的横褶皱；母羊无角，颈部有发达的纵褶皱。被毛白色，闭合性良好，头毛覆盖头至两眼连线，前肢至腕关节，后肢至飞节，腹毛呈毛丛结构	成年公羊平均体重83.66 kg，成年母羊45.36 kg；成年公、母羊平均体高分别74.3 cm、67.5 cm；成年公、母羊平均体长分别为80.6 cm、72.3 cm 成年公羊屠宰率为43.6%，净肉率为34%，当年公羔屠宰率平均为38.76%，净肉率为29.1%。成年公、母羊剪毛量分别为13.44 kg、6.10 kg；羊毛长度分别为9.33 cm、7.37 cm；细度60～64支；净毛率为35%～40%

续表2-2-3

品种名称	原产地及分布	外貌特征	生产性能
西藏羊	原产于青藏高原，是我国著名的三大粗毛羊品种之一	头小，呈三角形，鼻梁隆起，公羊和大部分母羊均有角，角长而扁平，呈螺旋状向上、向外伸展，头、四肢多为黑色或褐色，被毛白色、修长而有波浪形弯曲。尾瘦小，呈圆锥形	可分为草地型和山谷型。草地型西藏羊对高原牧区气候有较强的适应性，终年放牧。成年公羊体重50 kg，剪毛量1.3 kg，成年母羊体重43 kg左右，剪毛量0.9 kg。净毛率70%，毛辫长度18～20 cm。产羔率100%，成年羯羊屠宰率为46%
蒙古羊	主要分布在内蒙古自治区。此外，我国著名的三大粗毛羊品种之一	体质结实，骨骼健壮，背腰平直，四肢细长而强健。头狭长，鼻梁隆起。公羊大多有角，母羊多数无角或有小角。耳大下垂，短脂尾。头和四肢多为黑色和褐色，白色极少。体躯被毛分白、黑、褐和杂色四种，以白色居多	成年公羊体重45～65 kg，全年剪毛量1～2 kg；成年母羊体重35～55 kg，全年剪毛量0.8～1.5 kg。产羔率100%～105%，屠宰率47%～52%
哈萨克羊	原产于新疆，属肥臀羊，是我国著名的三大粗毛羊品种之一	羊鼻梁隆起，公羊具有粗大的角，母羊多数无角。背腰宽，体躯浅，四肢高而结实，善于行走。毛色极不一致，多为褐、灰、黑、白等杂色，全白者不多。脂尾分成两瓣高附于臀部，故称“肥臀羊”	成年公羊体重60～70 kg，最高可达95 kg，剪毛量2.63 kg；母羊体重40～60 kg，最高可达80 kg。剪毛量1.88 kg。净毛率为58%～69%。产羔率为102%。屠宰率为49%左右。脂臀尾重：成年羯羊为2.3 kg，1.5岁羯羊为1.8 kg

三、皮用绵羊品种

1. 滩羊

原产于宁夏中部，是我国独特的裘皮品种。

外貌特征：体格中等大小，体躯较窄长，公羊有螺旋形角，母羊无角或有小角。体躯被毛一般为白色，部分个体头部有黑、褐色斑。四肢较短，尾长下垂，尾根部宽，尾尖部细圆，至飞节以下，见图2-2-9。

生产性能：成年公羊体重为40～50 kg，剪毛量1.9 kg；成年母羊体重35～45 kg，剪毛量1.12 kg；产羔率110%，屠宰率45%以上。滩羊二毛裘皮为主要产品。

图 2-2-9　滩羊

2. 卡拉库尔羊

原产于中亚细亚各国贫瘠的荒漠、半荒漠草原，广泛分布于世界许多国家，其中以乌兹别克斯坦、塔吉克斯坦、土库曼斯坦、阿富汗、纳米比亚和南非等国家饲养量较大，是世界著名的羔皮羊品种。

外貌特征:卡拉库尔羊头稍长,鼻梁隆起,耳大下垂,前额有卷曲的发毛。公羊多数有螺旋形角,母羊多数无角。颈中等长,体躯较深,尾基部肥大,尾尖呈"S"形弯曲,下垂至飞节。全身毛色以黑色居多,也有部分个体为银灰色、彩色(苏尔色)和棕色。被毛颜色随年龄的增长而变化,如出生时纯黑色的羔羊,到3~4月龄时渐变褐色,到1~1.5岁时开始变白,而后又转成灰白色。但头、四肢及尾部毛色不变,见图2-2-10。

图2-2-10 卡拉库尔羊

生产性能:成年卡拉库尔羊成年公羊体重60~90 kg,剪毛量3.0~3.5 kg;成年母羊体重45~70 kg,剪毛量2.5~3.0 kg;产羔率105%~110%。卡拉库尔羊羔羊出生后3 d内宰杀剥取羔皮,羔皮光泽正常或强丝光性,毛卷图案美观、坚实,多以平轴卷、鬣形卷为主,99%为黑色,极少数为灰色,可用于制作皮衣、皮帽、披肩等制品,价值很高,在国际市场上享有很高声誉,被称为"波斯羔皮"。

3. 其他皮用绵羊品种

见表2-2-4。

表2-2-4 其他皮用绵羊品种

品种名称	原产地及分布	外貌特征	生产性能
湖羊	原产于浙江、江苏的太湖流域。是我国特有的羔皮用绵羊品种,也是国内外唯一的白色羔皮用品种	头形狭长,鼻梁隆起,耳大下垂。公、母羊均无角,颈、躯干和四肢细长,肩胸不够发达,体质趋于娇嫩。被毛全身白色	成年公羊体重40~50 kg,剪毛量2 kg;成年母羊体重35~45 kg,剪毛量1.2 kg。被毛异质,主要由髓毛和绒毛组成,两型毛少。产肉性能一般,屠宰率为40%~50%。繁殖率高,母羊四季发情,可以2年3产,每胎2羔以上,产羔率平均230%
岷县黑裘皮羊(岷县黑紫羔皮羊)	原产于甘肃岷县、渭源等地	头清秀,鼻梁隆起,公羊有角、向后向外螺旋,母羊多无角,颈长适中,四肢端正,尾小呈锥形,体格纤细,紧凑灵活,全身黑色	成年公羊体重31.1 kg,母羊体重27.5 kg,二毛裘皮,毛长7 cm以上,毛股花穗明显,尖端环形,3~5个弯曲,光泽悦目,轻薄,面积1 350 cm^2,屠宰率44.23%,1年1胎,1胎1羔
青海黑裘皮羊(贵德紫羔皮羊)	原产于青海贵南、贵德、尖扎等县	公母羊均有角,公羊角扁形扭转并向两侧伸展,鼻梁隆起,两耳下垂,体质结实,长方形,尾小呈锥形,有黑色、灰色和褐色	成年公羊体重56.0 kg,毛长19.0 cm;成年母羊体重43.0 kg,毛长18.3 cm;二毛皮毛股长4~7 cm,每厘米有1.73个弯曲;毛黑色,光泽悦目,图案美观,皮板致密,面积1 735 cm^2;屠宰率46.0%,繁殖率85%

【知识拓展】

世界主要养羊国家的概况

1. 澳大利亚

澳大利亚是世界养羊业最发达的国家之一。绵羊数量和产毛量均占世界第一位，是世界上最大的羊毛出口国，羊毛产量约占世界羊毛总产量的30%。澳大利亚以养美利奴羊为主，美利奴羊约占全国绵羊总数的75%。澳大利亚虽然以生产羊毛为主，同时对羊肉生产也很重视，羊肉生产以生产羔羊肉为主，主要是利用英国早熟肉用品种羊做父本与美利奴杂交生产羔羊肉。澳大利亚的羔羊肉主要向中东阿拉伯国家出口。

2. 新西兰

新西兰养羊历史较早，是世界生产羊肉最多的国家之一，最初是养细毛羊，后因气候不适，改养半细毛羊。由于新西兰国内对羊肉市场的需求，人们喜欢胴体肉质好、产肉量较高的品种。因此，从英国引入若干肉毛兼用的长毛型和短毛型半细毛羊品种。通过杂交改良，培育了一些半细毛羊品种。考力代羊就是新西兰培育的品种之一，我国在20世纪50年代也引进了该品种。

新西兰有近30个绵羊品种，主要是肉毛兼用的半细毛羊品种，其羊的数量占全国绵羊总数的98%，其中罗姆尼羊占78%。

3. 美国

美国养羊业以肉羊业为主，主要生产羔羊肉。生产方式主要是利用3～4月龄的断奶羔羊，育肥到6月龄出栏屠宰，活重可达40～45 kg，胴体重在22 kg以上。美国肉羊生产具有以下特点：

(1)良种化程度高　用做父系的品种有：萨福克羊、汉普夏羊、南丘羊、雪维特羊和牛津羊等。母系的品种有：兰布列羊、考力代羊、兰德瑞斯羊等。利用上述品种进行杂交，生产商品羊，其杂交后增重速度高于亲本，而且体质健壮，死亡率低。

(2)积极推广肉用羊品种　萨福克羊是美国养羊业完成从毛用转向肉用的主要品种，该品种产肉性能突出，成年羊体重和生长速度居美国20个品种之首，也是杂交效果最好的杂交父本，因此美国把萨福克羊作为肉羊生产的终端父本。

(3)羔羊肉全年供应市场　根据不同地区和不同品种繁育特点，可分为秋季产羔、冬季产羔、春季产羔和密集产羔等几种类型的生产，做到全年批量生产肥羔，满足市场供应。

4. 英国

英国养羊业的发展中，比较重视羊肉生产，羊肉是英国养羊业的主要产品，羊毛收入仅占全国养羊业收入的8%。英国还特别注重对肉羊品种的选择、羊肉品质的改进及繁殖率的提高。在英国，羔羊肉占羊肉生产的90%以上。

5. 南非

南非的主要绵羊品种有南非美利奴羊、杜泊羊、道美羊等，山羊品种有波尔山羊、努比山羊、安哥拉山羊。南非美利奴羊是肉毛兼用类型，杜泊羊使用英国引进的有角道赛特公羊与南非当地的波斯黑头品种母羊杂交选育而成，道美羊是由有角道赛特公羊与南非肉用美利奴母羊杂交选育而成。波尔山羊是世界公认的优秀肉用山羊品种之一，出口到德国、澳大利亚、新西兰、美国、中国等国家。

任务3 山羊品种

【任务描述】

全世界有150个山羊品种,不同品种各具特点,适应不同的自然生态条件。山羊天生活泼好动,生产中能结合实际情况选择出优良的山羊品种,是优质高产的关键。

【任务分析】

本任务学习利用山羊的图片、照片、影像资料,了解不同品种山羊的主要外貌特征、生产性能及其优缺点。识别不同品种的山羊及外貌部位名称。

【任务实施】

一、肉用山羊品种

1. 波尔山羊

波尔山羊产于南非,是目前世界上公认的最受欢迎的肉用山羊品种之一,有"肉羊之父"的美称。

外貌特征:波尔山羊具有良好的肉用体型,体躯呈长方形,背腰宽厚而平直,皮肤松软,有较多的褶皱,肌肉丰满。被毛短密有光泽、白色,头颈为红褐色,从额中至鼻端有一条白色毛带。头粗壮,耳大下垂,前额隆起,公羊角较宽且向上向外弯曲,母羊角小而直。颈粗厚,四肢较短,见图2-3-1。

图2-3-1 波尔山羊

生产性能:波尔山羊出生重3～4 kg,公、母羔羊3月龄断奶分别重21.9 kg和20.5 kg。羔羊生长速度快,6月龄内日增重为225～255 g。成年公羊体重90～100 kg,成年母羊体重65～75 kg。肉用性能好,屠宰率50%～60%,肉质细嫩,肌肉横断面呈大理石花纹状。此外,其板皮面积大,质地致密,富有弹性。该品种繁殖性能好,6月龄性成熟,秋季为性活动高峰期,春羔当年可配种,1年产2胎或2年产3胎。初产母羊产羔率150%,经产母羊产羔率220%。

波尔山羊抗病力强,对不同环境条件有较强的适应性,在我国进行纯繁和杂交改良本地羊,效果显著。但由于毛短、毛稀,防寒性能稍差,我国北方寒冷地区引种时,要慎重或要进行特殊饲养管理。

2. 南江黄羊

原产于四川省南江县,是我国培育的第一个肉用山羊品种,1998年4月,农业部正式命名为"南江黄羊"。

外貌特征:南江黄羊被毛黄褐色,面部多呈黑色,鼻梁两侧有一条浅黄色条纹,从头顶至尾根沿脊背有一条宽窄不等的黑色毛带，前胸、肩、颈和四肢上段着生黑而长的粗毛。体型较大，大多数公、母羊有角，头型较大，颈部较粗，背腰平直，后躯丰满，体躯近似圆筒状，四肢粗壮，见图 2-3-2。

图 2-3-2　南江黄羊

生产性能：南江黄羊，成年公羊体重 60.6 kg；母羊体重 41.2 kg。成年羊屠宰率为 55.65%。6 月龄胴体重 11.89 kg，8 月龄 14.67 kg，10 月龄 16.31 kg，12 月龄 18.70 kg，成年公羊 37.21 kg。肌肉中粗蛋白质含量高达 19.64%～20.56%。最佳适宜屠宰期为 8～10 月龄。南江黄羊性成熟早，3 月龄就有初情表现，且四季发情，但母羊最佳初配年龄为 8 月龄，公羊 12～18 月龄可配种；繁殖力强，产羔率为 187%～219%。

南江黄羊耐粗放，适应能力强，现已推广到福建、浙江、湖南、湖北等多个省(区)，不仅纯种繁育表现优秀，杂交改良其他山羊品种效果也非常明显。

3. 成都麻羊

产于四川盆地西部的成都平原及四周的丘陵和低山地区。

外貌特征：体型中等呈长方形。公、母羊多有角、有髯。公羊前躯发达，母羊后躯深广，背腰平直，尻略斜。被毛棕黄色，毛尖呈黑色，视觉略有黑麻的感觉，故称麻羊。公羊从头顶部至尾根沿背脊有一条宽窄不等的黑色毛带，前胸、颈、肩和四肢上端着生黑而长的粗毛。乳房发育良好，乳头大小适中，见图 2-3-3。

图 2-3-3　成都麻羊

生产性能：成年公羊体重 43.0 kg，母羊 32.6 kg；周岁公羊体重 36.79 kg，母羊 23.14 kg。成年羯羊屠宰率 54%，净肉率 38%。羊肉品质好，肉色红润，脂肪分布均匀。母羊产奶性能较高，泌乳期 5～8 个月，泌乳量 150～250 kg，乳脂率 6%以上。

成都麻羊性成熟早，母羊一般 4～8 月龄开始发情，可常年发情。平均产羔率为 205.91%。成都麻羊的肉、乳、皮板品质较好，若进一步加强选育，可以继续提高产肉和产乳的生产性能。

二、毛绒用山羊品种

1. 安哥拉山羊

原产于土耳其的安哥拉地区，是世界上最著名的毛用山羊品种，以生产优质“马海毛”而著名。

外貌特征：公、母羊均有角，体型中等，颜面平直，耳大下垂，颈部细短，体躯窄，骨骼细。安哥拉山羊全身白色，由波浪形毛辫组成，毛辫长可及地，见图 2-3-4。

生产性能：成年公羊体重 55～60 kg，成年母羊体重 36～42 kg。剪毛量成年公羊 3.5～5 kg，母羊 3.0～4.0 kg。羊毛长度平均为 18～25 cm，细度 35～52 μm，同质半细毛，净毛率 65%～85%，一般年剪毛 2 次。安哥拉山羊生长发育慢，性成熟晚，1.5 岁后才能发情配种，繁殖力低,多产单羔,产羔率100%~110%。

2. 辽宁绒山羊

产于辽东半岛,主要分布于辽宁省盖州、岫岩、庄河、凤城、宽甸及辽阳等地,是我国优良的地方绒用山羊品种。2000年被农业部列入《国家级畜禽品种资源保护名录》。

外貌特征:体格大,毛色纯正,结构匀称。公、母羊均有角,颌下有髯,颈宽厚,背平直,后躯发育良好,四肢较高而粗壮。被毛白色,具有丝光光泽,外层为粗毛,无弯曲,毛长,内层由纤细柔软的绒毛组成,见图2-3-5。

图2-3-4 安哥拉山羊

图2-3-5 辽宁绒山羊

生产性能:成年公羊体重51.7 kg,成母羊44.9 kg。成年公羊平均产绒量540 g,最高纪录为1 375 g;成年母羊470 g,最高为1 025 g。山羊绒自然长度5.5 cm,伸直长度8~9 cm,平均细度17 μm左右,净绒率70%以上。公、母羊7~8月龄开始发情,周岁产羔,母羊平均产羔率120%~130%。成年羯羊屠宰率50%左右。

辽宁绒山羊产绒量高,绒毛品质好,遗传性能强。不仅是我国的珍贵山羊品种,而且在世界白色绒用山羊中亦是高产品种。今后应在加强选育的基础上,进一步改善绒毛的细度,提高绒毛产量及品质。

三、乳用山羊品种

1. 萨能奶山羊

原产于瑞士,是世界著名的奶山羊品种,对我国乳用山羊品种的改良起了重要作用。

外貌特征:具有乳用家畜特有的楔形体型,体躯深宽,背长而直,四肢坚实,后躯发达。被毛白色或淡黄色,有四长的外形特点,即头长、颈长、躯干长、四肢长。公、母羊均有须,大多无角,耳长直立,部分个体颈下靠咽喉处有一对肉垂。母羊乳房发达,四肢坚实,见图2-3-6。

图2-3-6 萨能奶山羊

生产性能:成年公羊体重75~100 kg,母羊体重50~65 kg。泌乳期10个月左右,以产羔后第2~3个月产奶量最高,年平均产奶量600~1 200 kg,最高日产奶量可达10 kg以上,乳脂率为3.8%~4.0%。性成熟早,一般10~12月龄配种,秋季发情,年产羔一次,头胎多产单羔,经产母羊多为双羔或多羔，产羔率160%～220%。

2. 关中奶山羊

产于陕西省的渭河平原，是我国培育的奶山羊品种。

外貌特征：体质结实，结构匀称，乳用体型明显。头长额宽，鼻直嘴齐，眼大耳长。母羊颈长，胸宽背平，腰长尻宽，乳房大，多呈方圆形；公羊颈部粗壮，前胸开阔，腰部紧凑，外形雄伟，四肢端正，蹄质坚硬，全身毛短色白。皮肤粉红，耳、唇、鼻及乳房皮肤上偶有大小不等的黑斑，部分羊有角和肉垂。

生产性能：成年公羊体重78.6 kg，体高82 cm以上；成年母羊体重44.7 kg，体高69 cm以上。优良个体平均产奶量为，1胎450 kg，2胎520 kg，3胎600 kg，高产个体可达700 kg以上，脂乳率3.8%～4.3%。母羊4～5月龄性成熟，发情季节多集中于9～11月份，初配年龄在8～10月龄，1胎产羔率平均为130%，二胎以上平均为174%。

3. 崂山奶山羊

产于山东省青岛市崂山区一带，主要分布于胶东半岛。

外貌特征：公、母羊大多数无角，体质结实，结构紧凑而匀称。毛色纯白，毛细短，皮肤呈粉红色，富有弹性，成年羊的鼻、耳及乳房的部位多有大小不等的淡黑色皮肤斑点。头长额宽，鼻直、眼大、嘴齐，耳薄且较长，向前外方伸展。公羊颈粗壮，母羊颈薄长，胸部宽广，肋骨开张良好。背腰平直，尻略下斜，四肢端正，蹄质结实。母羊具有乳用家畜特有的楔形体型，乳房发达，上方下圆，乳头大小适中。

生产性能：成年公羊体重80.14 kg，体高80～88 cm；成年母羊体重49.58 kg，体高68～74 cm。母羊泌乳期7～8个月，1胎平均产奶量400 kg以上，2胎平均550 kg以上，3胎700 kg以上。母羊性成熟早，出生后3～4月龄、体重20 kg左右开始发情，每年的发情季节在8月下旬到翌年1月底，发情旺季在9～10月份。母羊8月龄、体重达30 kg以上时即可初配。母羊一胎产羔率为130%，2胎产羔率为160%，3胎可达200%以上，平均产羔率为180%。产双羔的占52.9%，产三羔的占13.4%。

四、羔裘皮山羊品种

1. 济宁青山羊

原产于山东省西南部的菏泽和济宁两地区。是优良的羔皮用山羊。

外貌特征：济宁青山羊体格小，俗称为“狗羊”。公、母羊均有角，两耳向前外方伸展，有髯，额部有卷毛，被毛由黑、白两色毛混生，特征是“四青一黑”，即被毛、嘴唇、角和蹄皆为青色，两前膝为黑色，毛色随年龄的增长而变深。由于黑白毛比例不同，分为正青（黑色30%～50%）、粉青（黑毛30%以下）、铁青（黑毛50%以上），由于被毛的粗细和长短不同分4个类型：细长毛型、细短毛型、粗长毛型和粗短毛型。以细长毛型的猾子皮质量最好，见图2-3-7。

图 2-3-7 济宁青山羊

生产性能：成年公羊体重30 kg，成年母羊26 kg。主要产品“青猾子皮”（羔羊出生后3 d

内屠宰剥取的皮张),毛短而细,紧密适中,皮板上有美丽的花纹,花形有波浪花、流水花、片花、隐花和平毛等多种类型,以波浪花最为美观。是制作翻毛皮和帽领等的优良原料。成年羯羊屠宰率为50%。羔羊出生后40~60 d可初次发情,一般4个月可配种,母羊一年可产2胎或2年3胎,一胎多羔,平均产羔率为293.65%。羔羊出生重1.3~1.7 kg。

2. 中卫山羊

又叫"沙毛山羊",是我国独特而珍贵的裘皮山羊品种。原产于宁夏回族自治区的中卫、中宁、同心、海源及甘肃省的景泰、靖远等县。

外貌特征:中卫山羊体质结实,体型短深近似方形。头清秀,额部有卷毛,颌下有须。公羊有向上、向后、向外伸展的捻曲状大角,母羊有镰刀状细角。被毛多为白色,少数呈现纯黑色或杂色,光泽悦目,形成美丽的花案,见图2-3-8。

图 2-3-8 中卫山羊

生产性能:成年公羊体重54.25 kg,产绒量164~200 g,粗毛产量400 g;成年母羊体重37 kg,产绒量140~190 g,粗毛产量300 g,羊绒细度12~14 μm,母羊毛长15~20 cm,光泽良好。成年羊屠宰率40%~50%,产羔率103%。

中卫山羊的代表性产品为中卫二毛皮(羔羊生后30~35日龄,当毛股长7~8 cm时,宰杀剥取的毛皮),因用手捻摸有发沙的感觉,故又称"沙毛二毛皮"。该裘皮有美丽的花穗,具有美观、轻便、结实、保暖和不擀毡等特点,中卫山羊不仅是我国独特而珍贵的裘皮山羊品种,也是世界上珍贵而独特的裘皮山羊品种。

【知识拓展】

一、我国肉羊杂交繁育体系

在养羊业生产中利用杂交优势生产羊肉最为普遍,效果也好。如果杂交组合得当,产羔成活率、增重率可各提高10%~30%。我国品种资源丰富,有很多引进优良品种和培育品种,建立我国自己的肉羊杂交体系,对于提高肉羊生产效益意义重大。

1. 品种选择

小尾寒羊是我国著名的肉用羊,体格大,生长快,产羔率高,适应性强,分布广,是我国肉羊杂交体系中最理想的母系品种,兰德瑞斯、夏洛来、边区莱斯特、德国美利奴等羊,肉用性能好,体型大,生长快,产羔率高,做第一次杂交的父系品种比较理想,能够获得肥育性能好的杂交一代公羔,而杂交一代的母羊,既能产生生长、抗逆性等方面的杂交优势,又能保持较高的繁殖力,对杂交二代的效益影响很大。道赛特、萨福克、考力代、罗姆尼、汉普夏,适作杂交利用的终端品种。

2. 杂交体系

一级场饲养小尾寒羊、夏洛来羊和无角道赛特纯种羊。严格选育提高品质,向二级场提供小尾寒羊母羊和夏洛来公羊或冷冻精液,向三级场提供道赛特公羊或冷冻精液。二级场饲养小尾寒羊基础群,用夏洛来公羊或冷冻精液,与小尾寒羊交配,生产出寒夏杂交一代。公羔组织肥育或提供给肥育场,母羔提供给三级场。三级场饲养寒夏杂交一代母羊作为繁殖群,利用无角道赛特公羊或冷冻精液与寒夏一代母羊杂交，生产出寒夏道杂交公母羔，组织肥育或提供给肥育场；肥育场从二级场和三级场，成批得到 F_1 公羔和 F_2 公、母羔，进行专业化肥育，按照市场要求和规格在体重达到标准时屠宰上市。

3. 频繁产羔体系

频繁产羔体系亦称为密集繁殖体系，是随着现代集约化养羊及肥羔生产而发展起来的高效生产体系。其含义是：打破羊只季节性繁殖特性，使羊一年四季发情配种，全年均衡产羔，使繁殖母羊每年提供最大羔羊数。其特点是：最大限度地发挥母羊的生产性能，全年均衡供应羊肉上市，资金周转期缩短，提高设备利用率和劳动生产率，降低生产成本，便于进行集约化的科学管理。频繁产羔体系有如下几种形式。

(1)两年三产体系　两年三产是 20 世纪 50 年代后期提出的一种方法，沿用至今。为达到两年三产，母羊每 8 个月产羔 1 次，这样两年正好产羔 3 次。这个体系一般被描述成固定的配种和产羔计划：如 5 月配种，10 月产羔；1 月再次配种，6 月产羔；9 月配种，2 月产羔。羔羊一般是在 2 个月断奶，母羊在羔羊断奶后 1 个月配种。为了达到全年均衡产羔、科学管理的目的，在生产中羊群可被分成 8 个月产羔间隔相互错开的 4 个组，每 2 个月安排 1 次生产。这样每隔 2 个月就有 1 批羔羊屠宰上市。如果母羊在其组内怀孕失败，2 个月后与下一组一起参加配种。用该体系进行生产，生产效率比常规体系增加 40%，且设备成本亦可减少。

(2)三年四产体系　三年四产体系的产羔间隔为 9 个月，1 年有 4 组母羊产羔。该体系由美国 Beltsville 试验站设计，该站在培育 Morlam 多胎品种羊时采用的做法是在母羊产羔后第四个月配种，以后几轮则是在第三个月配种，即 1 月、4 月、7 月和 10 月产羔，5 月、8 月、11 月、2 月配种，这样，全群母羊的产羔间隔为 6 个月和 9 个月。

(3)三年五产体系　这个体系是由美国 Cornell 大学 BrainMagee 设计的一种全年产羔方案，亦称为星式产羔体系。由于母羊妊娠期一半是 73 d，正是 1 年的 1/5。羊群可被分成 3 组，当体系开始时，第一组母羊在第一期产羔，第二期配种，第四期产羔，第五期再次配种；第二组母羊在第二期产羔，第三期配种，第五期产羔，第一期再次配种；第三组母羊在第三期产羔，第四期配种，第一期产羔，第二期再次配种。如此周而复始，产羔间隔 7 个月，对于 1 胎产 1 羔的母羊，1 年可获 1.67 个羔羊，如 1 胎产双羔，可获 3.34 个羔羊。

(4)机会产羔体系　有利条件情况下，如有利年份、有利的价格时，进行一次额外的产羔。无论采用什么方式、体系进行生产，尽量不出现空怀母羊，如果有空怀母羊，即进行一次额外配种。此方式对于个体养羊者是很有效的一种快速产羔方式。

总之，在选择特定配种、产羔体系之前，应该考虑地理、生态、品种资源、繁殖特性、管理能力、饲料资源、设备条件、投资需求和技术水平诸多因素，认真分析后，做出最佳选择。

二、羊经济杂交方法和模式及效果评价

1. 经济杂交方法和模式

目前，肉羊杂交生产已成为我国肉羊生产的主要方式。国内常用的肉羊经济杂交模式包括二元经济杂交、三元经济杂交及双杂交。采用不同肉羊品种或品系进行杂交，可生产出比原有品种、品系更能适应当地环境条件和高产的杂种肉羊，极大地提高肉羊产业的经济效益。

(1)简单杂交　简单杂交即二元杂交，是两种肉羊品种或品系间的杂交。一般是用肉用种羊作父本，用本地羊作母本，杂种一代无论公母，都不作为种用继续繁殖，而是全部用于商品生

产。二元杂交是最简单的一种杂交方式。杂种后代可吸收父本个体大、生长发育快、肉质良好和母本适应性好等优点，方法简单易行，应用广泛，但母本的杂种优势却没有得到充分发挥。

(2)回交　回交是在单杂交基础上建立的一种新的杂交模式。即用单杂交生产的 F_1 母羊再与原来亲本品种之一进行交配。比如，用杜泊公羊与小尾寒羊母羊进行杂交，杂一代母羊再与杜泊公羊进行杂交。当然，第二次使用的杜泊公羊不应是第一次使用的杜泊公羊，二者的亲缘关系要比较远，以避免近交。因此，从杂交后代群体来看，杂交后代平均含 75%杜泊血统和 25%的小尾寒羊血统。杂种后代可能含 100%杜泊羊血液，杂交后代含 100%小尾寒羊血液的几率极小。由于杂交后代基因组合的不同，一些杂种羔羊可能外表类似杜泊羊，而另外一些后代可能与杂种母羊相似。在回交时，也可使用小尾寒羊公羊再与 F_1 母羊杂交，产生含 75%小尾寒羊血液和 25%血液的杂种后代。一般应使用生长快的品种作为父本，而用繁殖力强、母性好的品种作为杂交母本。

(3)轮回杂交

①两品种轮回杂交：在回交基础上，再应用另一个亲本品种对回交 F_2 母羊进行杂交。如前例，对含 75%杜泊血液的 F_2 母羊再用小尾寒羊公羊进行交配，则杂交后代平均含 37.5%杜泊血液和 62.5% 的小尾寒羊血液。此后，可继续使用杜泊公羊与 F_3 母羊进行交配，这样可使杂种后代中杜泊血液从 37.5%升到 68.75%，而小尾寒羊血液则从 62.5%下降到 31.25%。此后，可继续交换使用杂交双亲品种公羊，杂交后代中双亲品种的平均血液组分在 2/3 和 1/3 间不断轮换。

②三品种轮回杂交：三品种轮回杂交是三个品种中两个品种先杂交，杂一代母羊再与第三品种公羊交配。此后，依次用三个品种作为父本，与各级杂种母羊进行交配。三品种轮回杂交和两品种轮回杂交一样，是一种持续性的杂交生产系统，即每代杂交都可为下代杂交生产材料。除第一次杂交外，母羊始终都是杂种，有利于利用繁殖性能的杂种优势。每代只需要引入少量纯种公羊(可使用种羊场种公羊精液配种)，不需要本场维持几个纯繁群，节省人力、物力。另外，此种杂交方式的杂种优势比较大。

(4)终端杂交　与轮回杂交不同，终端杂交是不可持续的杂交生产系统，即杂交最终产生的杂种公羊和母羊全部都用于育肥出售。

2. 羊经济杂交效果评价

(1)经济杂交效果的评价标准　经济杂交效果的优劣，是通过杂种后代主要经济性状的杂种优势来衡量的。但是，杂种优势也并不是总是存在的，所以，经济杂交的好坏也要通过不同品种杂交组合试验来确定，以发现最佳杂交组合，不能认为任何两个品种或三个品种杂交都会获得满意结果，在生产实践中，为了取得良好的杂交效果，筛选出最佳的杂交组合，需要进行配合力测定。然而配合力测定费钱费时，羊的品种又多，不可能两两之间都进行杂交试验。特别是对一个农村家庭式规模养羊场(户)来说，是难以做到的。因此，在生产实践中常需要对各种各样的杂交组合的杂交效果做出估计，才能有的放矢进行试验。一般来说，杂种是否有优势，其表现程度如何，主要取决于杂交用的亲本群体的质量及杂交组合是否恰当。不同的肉用羊品种间的杂交效果差异很大。种群间差异大，主要经济性状在种群内变异程度小的不同种群相杂交，或者主要经济性状遗传力低，近交时衰退严重的性状，其杂种优势大，杂交效果好。

(2)经济杂交模式效果的评价　在肉羊生产实践中，各种经济杂交模式各具有优缺点，即不同的特点和功能。评价杂交模式效果还应考虑杂交繁育体系的难易程度，特别是对农村农户家庭式规模养羊场(户)来说,只能用较简易的评价方法。

①二元杂交的效果评价:二元杂交方法简单易行,特点是在选择杂交组合时比较简单,只需作一次配合力测定,对于提高肉羊产肉力具有显著效果,在肉羊生产中广泛应用。但在实际应用中,除了杂交以外尚需考虑两个亲本群的更新补充问题,通常是对父本种群的公羊采取购买,而对母本种群的更新补充则是通过纯繁解决,对一个规模养羊场(户)来说,增加一个纯繁环节显得比较麻烦。由于我国种羊繁育体系还不健全,特别在农牧区,靠购买种母羊一般是近亲繁殖的种母羊较多,种源在一定程度上不纯,品质也较差,很多种羊还达不到本品种的标准。此外,这种杂交方式的最大缺点是不能利用羔羊的杂种优势,主要是不能充分利用母本繁殖性能方面的杂种优势。因为在这种方式下,用以繁殖的母羊都是纯种,而杂种母羊不再用以繁殖,而就繁殖性能而言,其遗传力一般较低,杂种优势比较明显。因此,不予利用将是一项重大损失。可见,二元杂交因常维持较大纯种母羊群体,成本较高,一般来说,母羊群体要不断更新淘汰补充,保持合理的繁殖母羊与后备母羊一定比例,才能使规模养羊正常繁殖生产。

②三元杂交的效果评价:三元杂交在对杂种优势的利用上可能要大于二元杂交。首先,在整个杂交体系下,二元杂种母羊在繁殖性能方面的杂种优势可以得到利用,二元杂种母羊对三元杂种的母体效应也不同于纯种;其次,三元杂种集合了三个种群的差异和三个种群的互补效应,因而在单个数量性状上的杂种优势可能更大。可见,三元杂交的杂种优势一般都超过二元杂交。三元杂交产生的一代杂种,选出的杂种母本,能充分利用生活力和繁殖力方面的异种优势;二代杂种母本和第三品种父本,即终端公羊杂交,可获得经济价值更高的三品种杂种肉羊。三元杂交在组织工作上,繁育体系要比二元杂交更为复杂,所需的三个亲本种群均需纯繁,且常做两次配合力测定,因此组织工作比较复杂,成本较高,因为它需要有三个种群的纯种种源。

③轮回杂交效果评价:轮回杂交是用几个种群轮流作为父本杂交,除第一次杂交的母羊为纯种外,母羊始终利用杂种,充分利用了母羊的产肉性能、繁殖性能方面的杂种优势。轮回杂交充分利用了大量杂种母羊进行繁殖,这对于繁殖力低的肉羊品种具有重要意义。这种杂交方式只要每代引入少量纯种公羊或利用种公羊精液人工授精配种,而不需要自己维持几个纯繁群,减少了费用且组织工作方便,而且每代交配双方都有相当大的差异,因此,始终能产生一定的杂种优势。但是这种杂交方式的缺点,一是代代更换公羊,即使发现杂交效果好的公羊也不能充分利用。而且如果自己饲养公羊,则公羊在使用一个配种期后,要么淘汰,要么闲置几年,直到下一个轮回才能使用。因此,可能造成较大浪费。克服的办法是使用人工授精或者几个规模羊场联合使用公羊。二是配合力不好测定,每一轮回杂交之前,需要先生产少量待测杂种母羊进行配合力测定,操作麻烦。但在完成第一轮回的杂交以后,只要方案不变,就不一定要再做配合力的测定。

【学习自测】

一、知识自测

1. 中国美利奴羊是以(　　)作为父本培育的。

A. 波尔华斯　　B. 林肯羊　　C. 罗姆妮羊　　D. 澳美羊

2. 我国特有的裘皮用绵羊为(　　)。

A. 小尾寒羊　　B. 湖羊　　C. 滩羊　　D. 西藏羊

3. 卡拉库尔羊是世界上著名的(　　)。

A. 裘皮羊　　B. 肉用羊　　C. 羔皮羊　　D. 细毛羊

4. 波尔山羊的经济类型为(　　)。

A. 羔皮型　　B. 裘皮型　　C. 乳用型　　D. 肉用型

5. 我国三大粗毛羊品种为(　　)。

A. 小尾寒羊、卡拉库尔羊、蒙古羊　　B. 西藏羊、蒙古羊、哈萨克羊

C. 湖羊、滩羊、哈萨克羊　　D. 济宁青山羊、滩羊、哈萨克羊

6."波斯羔羊"是由(　　)所产的羔皮。

A. 边区莱斯特羊　　B. 卡拉库拉尔羊

C. 考力代羊　　D. 吐根堡山羊

7. 马海毛是(　　)所产的毛。

A. 萨能山羊　　B. 安哥拉山羊　　C. 中卫山羊　　D. 新疆山羊

8.(　　)的羊毛可剪成套毛。

A. 粗毛羊　　B. 细毛羊　　C. 半细毛羊　　D. 山羊

9. 产绒量高,绒毛品质好,遗传性能强的山羊品种是(　　)。

A. 辽宁绒山羊　　B. 中卫山羊　　C. 安哥拉山羊　　D. 吐根堡山羊

10.(　　)的羔皮,在国际市场上被誉为软宝石。

A. 湖羊　　B. 滩羊　　C. 青山羊　　D. 新疆细毛羊

二、技能自测

1. 为了正确认识、评价和有效利用绵、山羊的品种资源,生产中常将品种繁多的绵、山羊按生产性能划分为哪几种类型?并指出每种类型的典型代表品种。

2. 说明我国养羊业取得哪些成绩?存在什么问题?未来养羊业发展的趋势是什么?

【课外学习指南】

一、学习网站

1. 爱课程网(http://www.icourses.cn/home),《牛羊生产》国家精品资源共享课程网页。

2. 牛羊生产国家精品课程网站(http://58.222.253.142/2007/niuyang/)。

3. 中国养殖网(www.chinabreed.com)。

二、规范、标准

1. 肉羊标准化规模养殖生产技术规范(试行)。

2. 中国羊品种志。

三、参考文献

1. 范颖,宋连喜. 羊生产. 北京:中国农业大学出版社,2008.

2. 张英杰. 羊生产学. 北京:中国农业大学出版社,2010.

3. 刘海霞. 牛羊生产. 北京:中国农业出版社,2012.

4. 陈晓华. 牛羊生产技术. 北京：中国农业科技出版社，2012.
5. 任智慧. 奶山羊品种介绍. 养殖技术顾问，2003(2)：5.

【资料卡】

羊的典故

据考证，我国早在8 000年前就开始养羊了，而从猎羊古岩画中看羊的驯化约在万年以上，人同羊的关系密切。“美”字是由羊、大两个字组成，“羊大为美”。汉代许慎《说文解字》说：“美，甘也。从羊，从大。羊在六畜主给膳，美与善同意。”善字从羊。“鲜”字本是一种鱼。古人造字，旁有“羊”成“鲜”字。鱼肉、羊肉味道鲜美，羊是古人容易得到的主要衣食来源。“美”字的本意是羊肉味美好吃。“美”字也是从羊而来，《说文》曰：“美，食欲也。”因羊肉味鲜美，引起食欲。羊羔都是跪着吃母乳的，很有孝道，所以羊又成为“忠孝节义”中孝的代表。羊在先民中，是有些民族崇拜的图腾，羊被选入十二生肖，名列第八，当之无愧。有学者研究，中国西部古老的民族“羌”是以羊为图腾的原始部族。

项目3

羊群繁殖

知识目标

- 熟悉不同品种母羊发情周期的特点及妊娠期。
- 掌握影响羊群繁殖力的主要因素和提高羊群繁殖力的主要技术措施。

技能目标

- 能通过母羊的发情症状准确判断其发情阶段及最佳配种期。
- 能正确实施羊的人工输精，并能准确进行羊的妊娠诊断。
- 熟练掌握羊预产期的推算方法，能准确判断母羊难产症状，并能正确实施助产。

羊业生产的主要任务，是在努力增加羊的数量的同时，积极提高羊的质量，以便生产更多、更好的羊产品来满足人民生活水平日益提高和社会主义市场经济不断发展的需要。要增加羊的数量，提高羊的品质，必须通过羊的繁殖才能实现，因此必须掌握羊的繁殖特性和规律，了解影响繁殖的各种内外因素。在养羊生产中，运用繁殖规律，采用先进的繁育技术措施，搞好羊的繁殖工作，是养羊业中不可忽视的重要环节。

任务1　发情鉴定

【任务描述】

发情鉴定是繁殖工作中一项重要技术环节，是确定适宜配种期的前提基础。通过对发情母羊外部行为变化的观察，结合其对试情公羊的反应，能准确判断出羊的最佳配种期，从而有效提高羊的人工授精受胎率。

【任务分析】

发情鉴定是适时配种的前提，准确地对羊进行发情鉴定是确定适宜的输精时间和提高受胎率的重要保证，也是发情控制、人工授精、胚胎移植多项繁殖技术的重要环节。根据母羊发情时生殖器官的内部变化和外部行为表现，对羊发情状况进行准确判定。

【任务实施】

羊的发情鉴定

羊常用发情鉴定的方法有外部观察法、试情法和阴道检查法。

1. 外部观察法

观察母羊的外部行为特征和外部生殖器官的变化，是鉴定母羊是否发情最基本最常用的方法。发情母羊一般精神兴奋不安，不时高声哞叫，摇尾，遇见公羊时呆立安静，并接受公羊爬跨。同时食欲减退，放牧时有离群表现。发情母羊的外阴部及阴道充血、肿胀、松弛，并有黏液流出，发情前期，黏液清亮，发情末期，黏液呈黏稠状。

2. 试情法

在配种期内，每日定时（一般是早、晚各一次）将试情公羊放入母羊群中，如果母羊主动接近试情公羊，并接受试情公羊的爬跨，认为该母羊为发情母羊。试情公羊应挑选2～4岁体质健壮、性欲强的公羊，试情期间适当添加草料，保证精力充沛。

(1)试情时间。在生产实践中，一般是在黎明前和傍晚放牧归来后各进行一次。每次不少于1.0～1.5 h，如果天亮以后才开始试情，由于母羊急于出牧，性欲下降，故试情效果不好。

(2)试情圈的面积以每羊1.2～1.5 m^2 为宜。试情地点应大小适中，地面平坦，便于观察，利于抓羊，试情公羊能与母羊普遍接近。

(3)试情公羊必须体格健壮，性欲旺盛，营养良好，活泼好动。试情期间要适当休息，以恢复体力，并加强饲养管理。每隔5～7 d应让试情公羊排精一次；隔1周左右休息1 d，或经2～3 d后更换试情公羊。

(4)试情公羊和母羊的比例以1∶(40～50)为宜。试情时将母羊分成100～150只的小群，放在羊圈内，并赶入试情公羊。数量可根据公羊的年龄和性欲旺盛的程度来定。一般可放入3～5只试情公羊。

(5)用试情布将阴茎兜住，不让试情公羊和母羊交配受胎。每天要及时更换和清洗试情布，以防布面变硬擦伤阴茎。

(6)试情时，如果发现试情公羊用鼻子去嗅母羊的阴户，或在追逐爬跨时，发情母羊常把两腿分开，站立不动，摇尾示意，或者随公羊绕圈而行者即为发情母羊。用公羊试情就是利用这些特性，作为判定发情的主要依据。

(7)在配种期内，每日定时将试情公羊放入母羊群中去发现发情母羊。

3. 阴道检查法

用清洁、消毒好的羊用开膣器插入母羊阴道，借助光线观察生殖道内的变化，如果阴道黏膜的颜色潮红、充血，黏液增多，子宫颈潮红，颈口开张，可判定母羊已发情。该方法常与人工授精技术结合使用，当用外部观察法、试情法发现母羊发情后，在人工授精的输精时，通过观察阴道的变化确定母羊是否发情，及能否输精。

【知识链接】

一、羊的性机能发育

(一)公羊的初情期、性成熟和初配适龄

1. 初情期

初情期是公羊初次出现性行为和能够射出精子的时期。初情期标志着公羊开始具有生殖的能力,但繁殖力是较低的,公羊要持续几周才能达到正常的繁殖水平,称为“青春不育”阶段;初情期也是公羊生殖器官和身体发育最为迅速的生理阶段。根据公羊初情期的以上特点,在生产实践中应在此之前进行公、母羊的分群饲养,防止幼羊随意交配;其次,要特别注意青年公羊的营养需求,充分满足其迅速发育对能量、蛋白质及其他营养元素的需要,为公羊的提早利用和生殖机能的充分发挥奠定良好的基础。在正常饲养管理条件下,引进品种的绵羊和山羊的初情期为7月龄。国内地方品种相对提前,晚熟品种相应推迟。

2. 性成熟

性成熟是继初情期之后,青年公羊的身体和生殖器官进一步发育,生殖机能达到完善、具备正常配种能力的时期。通常公羊性成熟要比母羊晚。对于多数羊来说,身体的发育尚未达到成熟,必须再经过一段时间才能完成。公羊到达性成熟的年龄与体重增长速度呈一致的趋势。体重增长快的个体,其到达性成熟的年龄要比体重增长慢的个体来得早。群体中如有异性存在,可促使性成熟提前。此外,品种、遗传、营养、气候和个体差异等因素均可影响到达性成熟的年龄。达到性成熟时,公羊身体仍在继续生长发育。配种过早,会影响身体的正常生长发育,降低繁殖力。肉用绵羊和山羊品种一般在8～10月龄时性成熟。

3. 适配年龄

根据公羊自身发育的情况和使用目的,人为确定的公羊用于配种的年龄阶段。在畜牧生产实践中,考虑到公羊的自身发育和提高繁殖效率的要求,一般把公羊的适配年龄,根据品种、个体发育情况和使用目的在性成熟年龄的基础上推迟数月,体重接近成年体重的70%时才开始配种。对于种羊场应严格掌握这一原则,不宜过早使用;商品场可适度放宽;对于急于了解后裔测定结果的后备公羊,采精或配种的时间可相应提前。一般以12～18月龄开始配种为宜。

(二)母羊的初情期、性成熟和初配适龄

1. 初情期

指母羊初次发情和排卵的时期。有的母羊第一次发情,往往有安静发情现象,即只排卵而没有发情征状,可能是因为在发情前需要少量孕酮作用,但是在初情期前,卵巢中没有黄体存在,因而没有孕酮分泌。绵羊的初情期一般为6～8月龄,山羊一般为4～6月龄。

2. 性成熟

是继初情期之后,青年母羊的身体和生殖器官进一步发育,生殖机能达到完善、具备正常繁殖能力的时期。母羊刚达到性成熟年龄时,其身体生长发育尚未完成,生殖器官的发育也未完善,过早妊娠就会妨碍自身的生长发育,产生的后代也可能体质较弱、发育不良甚至出现死胎,泌乳性能也较差。

3. 适配年龄

母羊适宜的初配年龄也应以体重为依据，即体重达到正常成年体重的70%以上时开始配种。绵羊和山羊的母羊的适宜初配年龄一般为1～1.5岁。

二、羊的发情特点

(一)发情季节

绵羊和山羊均为短日照季节性多次发情的动物，即均为夏末和秋季发情，且以秋季发情旺盛。除光照因素外，纬度、海拔、气温、营养状况等因素也影响发情。原始品种或者在较粗放的条件下饲养管理的羊只，其发情季节越明显。但在有些地区，一些绵、山羊品种一年四季都能发情，从而使配种时间不受季节限制。

公羊繁殖的季节性变化虽然没有母羊明显，但在不同季节，其繁殖机能是不同的。日照时间长短的变化能明显地控制公羊精子的生成过程，精液品质的季节性变化很明显，精子总数和精子活力以秋季最高，冬季次之，夏季最低。

(二)发情与排卵

1. 发情周期

母羊从初情期开始直到繁殖能力停止，只要没有怀孕、哺乳，生殖器官和性活动总是发生有规律的周期性变化，这种变化叫作发情周期，通常以一次发情的开始至下一次周期的开始间隔的天数为一个发情周期。绵羊的发情周期一般为15～18 d，平均17 d，山羊一般为21 d，不同品种存在一定差异。

依据母羊的生殖器官变化、精神状态及对公羊的性反应可将发情周期划分为四个阶段。

①发情前期：为发情的准备阶段，卵巢上前次排卵形成的黄体逐渐退化，体积变小，新的卵泡开始发育。

②发情期：卵泡迅速发育，成熟后排卵。母羊表现出性兴奋，有性欲，喜欢接近公羊，食欲下降，生殖道黏膜充血，子宫颈管松弛开张，外阴部有分泌物流出。

③发情后期：性兴奋逐渐消失，外生殖器官逐步恢复正常，排卵处开始形成黄体。

④休情期(或间情期)：由于孕酮的作用，卵巢上无卵泡发育，母羊无发情表现，精神状态恢复正常。

2. 发情持续时间

发情持续时间平均24～48 h。发情持续期的长短，受品种、年龄、繁殖季节的影响，肉用品种较毛用品种短。羔羊第一次发情的持续时间短，成年羊则长。繁殖季节初期短，中期长，后期短。公母混群的母羊，发情持续期较短，且一致性相对较高。

3. 排卵

母羊一般在发情结束前，即发情后的12～24 h内排卵。绵羊在一个发情周期内可排1～4个卵，有的品种排卵数目较多，如罗曼诺夫羊、小尾寒羊、芬兰羊等。排双卵的时间较长，两卵相隔的时间平均为2 h。

(三)产后发情

绵羊分娩后若在繁殖季节内仍可发情叫产后发情。其时间多在产后30～59 d，平均45 d。

(四)繁殖能力停止期

母羊的繁殖能力有一定的年限,年限长短因品种、饲养管理以及健康情况不同而异。一般母羊的繁殖能力停止期,山羊 11～13 岁,绵羊 8～10 岁。

三、配种

羊的配种方法有自然交配和人工授精两种。

(一)自然交配

自然交配是让公羊和母羊自行直接交配的一种方式,包括自由交配和人工辅助交配两种。

1. 自由交配

常年或在配种季节将公、母羊混群放牧,任其自由交配,这是一种原始的配种方法。由于完全不加控制,因此存在不少缺点,主要是不能发挥优良种公羊的作用;消耗公羊体力,影响母羊抓膘,较难掌握产羔具体时间,羔羊系谱混乱,容易交叉感染疾病等,所以多不采用这种方法。

2. 人工辅助交配

是将公、母羊分群放牧,在配种期用试情公羊挑出发情的母羊,再与指定的公羊交配。其优点是能进行选配和控制产羔时间,克服了自由交配的一些缺点,但还不能完全利用种公羊的作用优势。在羊只数量少,种公羊比较充足,开展人工授精条件不具备的地区,可采用此法。

(二)人工授精

羊人工授精是人为地利用器械采取公羊的精液,经过品质检查和一系列处理,再通过器械将精液输入发情母羊生殖道内,达到母羊受胎的配种方式。人工授精可以提高种公羊的利用率,既加速了羊群的改良进程,防止疾病的传播,又节约饲养大量种公羊的费用。主要有以下主要技术环节。

1. 采精及输精器材的准备

采精、输精及与精液接触的所有器械都要消毒,并保持清洁、干燥,存放在清洁的柜内或烘干箱中备用。假阴道要用 2%的碳酸氢钠溶液清洗,再用清水冲洗数次,然后用 75%的酒精消毒,使用前用生理盐水冲洗。集精瓶、输精器、玻璃棒和存放稀释液及生理盐水的玻璃器皿洗净后要经过 30 min 的蒸气消毒,使用前用生理盐水冲洗数次。金属制品如开膣器、镊子、盘子等,用 2%的碳酸氢钠溶液清洗,再用清水冲洗数次,擦干后用 75%的酒精或进行酒精灯火焰消毒。

2. 公羊的准备

用于人工授精的种公羊第一次采精时的年龄应在 1.5 岁左右。必须每年按要求进行个体等级鉴定,并从中选出主配优秀公羊。在配种前 1～1.5 个月必须加强饲养管理,并做好采精训练和精液品质检查工作。

(1)种公羊调教 可采用以下几种方法:①把公羊和若干只健康母羊合群同圈,几天以后,种公羊就开始接近并爬跨母羊。②当别的种公羊配种或采精时,让其在旁"观摩"。③每日按摩公羊睾丸,早晚各一次,每次 10～15 min,有助于提高其性欲。④注射丙酸睾丸素,隔日

1次，每次1～2 mL，可注射3次，有提高性欲的作用。⑤把发情母羊阴道分泌物或尿泥涂在种公羊鼻尖上，诱发其性欲。

(2)采精频率　应根据配种季节、公羊生理状态等实际情况而定。在配种前的准备阶段，一般要陆续采精20次左右，以排出陈旧的精液，提高精液质量。在配种期间，成年种公羊每天可采精1～2次(间隔10～15 min)，采3～5 d，休息1 d。必要时每天采3～4次。

(3)采精方法　假阴道采精。采精前用温水洗种公羊阴茎的包皮，并擦干净。将台羊保定后，引公羊到台羊处，采精时采精员站立在公羊的右侧，当种公羊爬跨时，迅速上前，右手持假阴道靠在母羊臀部，其角度与母羊的阴道的位置相一致(与地面呈35°～45°)，用左手轻托阴茎包皮，迅速将阴茎导入假阴道中。羊的射精速度很快，当发现公羊有向前冲的动作时即已射精，要迅速把装有集精瓶的一端向下倾斜，并竖起集精瓶，送精液到处理室，放气后取下集精瓶，盖好盖，并记录公羊号，放于操作台上进行精液品质检查。

(4)采精注意事项　严格遵守消毒技术要求，所有采精物品未经消毒不得应用。采精训练是一项细致的工作，必须由采精熟练人员负责进行。所用采精器的环境条件必须严格把握，温度要控制在40～42℃。

3. 母羊的准备

(1)母羊的整群与抓膘。在羔羊断奶以后，就应对羊群加以整群。把不适宜繁殖的老龄母羊、连年不育的母羊、有缺陷不能继续繁殖的母羊加以淘汰。母羊抓好膘，不仅能促进母羊集中发情，缩短配种期，使人工授精的组织工作顺利进行，而且能提高母羊双羔率。要使母羊自羔羊断奶到下次配种间能有1.5～2个月复壮抓膘的时间。对瘦弱母羊根据情况要给予优饲。

(2)输精时对发情母羊进行鉴定及健康检查后才能输精，母羊输精前，应对外阴部进行清洗，以1/3 000新洁尔灭溶液或酒精棉球进行擦拭消毒，待干燥后再用生理盐水棉球擦拭。

4. 精液的准备

(1)新鲜精液的准备　新鲜精液的各项指标均要达到良好，要求密度应在20亿/mL以上，活率在0.7以上，直接输精。

(2)冷冻精液的准备

①颗粒精液

干解法：将颗粒放入灭菌小试管中(每试管放1粒)，在35～40℃水浴中融化至还有绿豆粒大小时，迅速取出置于手心中 轻轻擦动，借助余温全部融化。

湿解法：将1 mL解冻液装入灭菌试管内，置于35～40℃预热，然后投入1粒冻精，摇动至融化，取出备用。颗粒精液解冻后精子活率不低于0.3，输精量为0.2 mL，每一输精剂量中含活精子数不少于0.9亿个。

②细管精液：取细管1支，置37℃水浴轻摇直到变色，取出至全部融化，并立即输精。细管精液解冻后精子活率在0.35以上，输精量为0.25 mL，每一输精剂量中含活精子数不少于0.7亿个。

③注意事项：一是精液解冻后必须保持所要求的温度，严防温度出现回升或回降；二是冷冻精液解冻后不宜存放时间过长，应在15 min内输精。

5. 输精人员的准备

输精人员应穿工作服，用肥皂水洗手擦干，用75%酒精消毒后，再用生理盐水冲洗。

6. 输精

母羊最常用的输精方法为开张器输精。

(1)操作　输精前将母羊外阴部用来苏儿溶液消毒，水洗，擦干。对于体型小的母羊，可采用倒立式输精方法。即选一助手，两腿固定(夹住)母羊头颈部，双手倒提母羊后腿，倾斜度一般为40°左右。将用生理盐水湿润后的开膣器插入阴道深部触及子宫颈后，稍向后拉，以使子宫颈处于正常位置之后轻轻转动开膣器90°，打开开膣器，开张度在不影响观察子宫的情况下开张的愈小愈好，否则易引起母羊努责，不仅不易找到子宫颈，而且不利于深部输精。输精员将吸好精的输精枪应慢慢插入到子宫颈内0.5～1.0 cm处，动作要轻，推进时如遇一定阻力应回抽点，微偏一定角度重新捻推动作。插入到位后应缩小开膣器开张度，并向外拉出1/3，然后将精液缓缓注入。输精完毕后，轻轻取出输精枪再保持母羊倒提5～10 min，输精完毕，再将羊赶走。每次输精剂量：绵羊0.2～0.5 mL，山羊0.25 mL，处女羊应加倍。所含的有效精子数应在7 500万个以上。

(2)输精时应注意的问题　输精人员要严格遵守操作规程，输精员输精时应切记做到深部、慢插、轻注、稍停。对个别阴道狭窄的青年母羊，开膣器无法充分打开，很难找到子宫颈口，可采用阴道内输精，但输精量需增加1倍。每输完一只羊要对输精器、开膣器及时清洗消毒后才能重复使用，有条件的建议用一次性器具。

7. 记录

每次输精后应及时填写配种记录。内容包括：母羊号、发情日期、开始观察到发情的时间、产后第几次发情、第几次配种、发情症状、与配公羊、输精时间、输精量、精子活率、排卵时间、操作人员等。

【知识拓展】

一、制订羊的配种计划

羊的配种计划安排一般依据各地区、各羊场每年的产羔次数和时间来决定。1年1产的情况下，有冬季产羔和春季产羔两种。产冬羔时间在1～2月份，需要在8～9月份配种；产春羔时间在4～5月份，需要在11～12月份配种。

随着现代繁殖技术的应用，密集型产羔体系技术越来越多的应用于各大羊场。在2年3产的情况下，第1年5月份配种，10月份产羔；第2年1月份配种，6月份产羔；9月份配种，翌年2月份产羔。在1年2产的情况下，第1年10月份配种，第2年3月份产羔；4月份配种，9月份产羔。

二、配种时间的确定

绵羊配种时期的选择，主要是根据什么时期产羔最有利于羔羊的成活和母子健壮来决定。一般年产一次的情况下，有冬季产羔和春季产羔两种。冬羔是7～9月份配种，12月份至翌年1～2月份所产的羔羊。春羔是10～12月份配种，翌年3～5月份产的羔羊。国营羊场和农牧民养殖户要根据所在地区的气候和生产技条件来决定产冬羔还是产春羔，不能强求一律。

为了进一步分析羊最适宜的配种时间，就应当把产冬羔和产春羔的优缺点作一下比较。

1. 产冬羔的好处和条件

利用当年羔羊生长快，饲料效益高的特点，搞肥羔生产，当年出售，加快羊群周转，提高商品率，从而可以减轻草场压力和保护草原。

(1)母羊配种期一般在8～9月份，是青草茂盛季节，母羊膘情好，发情旺盛，受胎率高。

(2)母羊在怀孕期间，由于营养条件比较好，有利于羔羊的生长发育，所以产的羔羊初生重大，体质结实，存活率高。

(3)母羊产羔期膘情尚好，产羔后奶水充足，羔羊生长快，发育好。

(4)羔羊断奶(4～5月龄)后，就能跟群放牧吃上青草，第一年的越冬度春能力强。

(5)由于产羔季节(12月份至翌年2月份)气候比较寒冷，因而羔羊肠炎和痢疾等疾病的发病率比春羔低，故羔羊成活率比较高。

(6)冬羔的剪毛量比春羔高。

(7)必须贮备足够的饲草饲料，因在哺乳后期正值枯草季节，母羊容易缺奶，影响羔羊生长发育。

(8)要有保温良好的羊舍，因产冬羔时气候寒冷，羔羊保育有困难。

2. 产春羔的好处和缺点

(1)产春羔时，气候已转暖。母羊产羔后，就能吃到青草，能分泌较多的乳汁哺乳羔羊，羊发育好，同时羔羊也很快能吃到青草，有利于发育，断奶体重比冬羔大。

(2)产春羔时对圈舍的要求不高。

(3)母羊整个怀孕期处在饲草饲料不足的冬季，营养不良，因而胎儿的发育较差，初生重小，体质弱，这样的羔羊，虽经夏秋季节的放牧可以获得一些补偿，但紧接着冬季到来，比较难于越冬度春，当年死亡较多。

(4)春季气候多变，母羊及羔羊容易得病，发病率较高，尤其是羔羊抵抗力弱，发病率更高。

(5)春羔断奶时已是秋季，对母羊的抓膘、发情配种有影响。

任务2 妊娠诊断与接产

【任务描述】

根据母羊妊娠时体内生殖激素和生殖器官的内部变化及外部表现，对羊是否妊娠做出准确判定。妊娠期满，母羊把成熟的胎儿、胎衣及胎水排出体外的生理过程，即为母羊的分娩；接产是对分娩母羊和胎儿进行观察，并在必要时加以帮助胎儿产出的过程。

【任务分析】

通过对妊娠母羊生殖器官的内部变化的认识，结合外部症状变化的观察，正确判断出母羊是否妊娠。通过对妊娠母羊预产期的推算、分娩预兆的观察及生产中常见难产助产的掌握，能独立开展妊娠母羊接产。

【任务实施】

一、妊娠诊断

配种后的母羊应尽早进行妊娠诊断，以及时发现空怀母羊和采取补配措施。羊的个体小，不便进行直肠检查，主要采用外部观察结合阴道检查、腹部触诊及超声波检查等方法进行妊娠诊断。

1. 外部观察法

一般健康而且发情正常的母羊，经输精或配种后 20 d 左右不再发情，且母羊的行动稳健。用公羊试情时，拒绝公羊爬跨，即可初步判断该母羊已经怀孕；此后，母羊的消化能力逐渐增强，食欲增加，毛色光亮，体重增加；母羊在怀孕初期，阴门收缩，阴门裂紧闭，黏膜颜色变为苍白，且黏膜上覆盖有从子宫分泌出的浓稠黏液，并有少量黏液流出阴门；随着母羊妊娠日期的增加，其外阴部下联合向上翘起；头胎母羊怀孕 60 d 左右，乳房开始发育，其基部变得柔软，颜色逐渐变得红润。但这种方法不易早期确切诊断母羊是否怀孕，因此还应结合触诊法来确诊。

2. 腹部触诊法

一般此法适用于怀孕 2 个月以上的妊娠诊断。检查者应倒骑在母羊身上，用双腿夹住母羊的颈部或前躯，双手兜住母羊的腹部，轻轻而又连续地向上轻掂，左手在母羊下腹部右侧感觉到是否有硬物，经过反复几次，即可基本判断母羊是否怀孕，有经验的检查者甚至可以判定母羊怀有几只羔羊。应用此法检查母羊是否怀孕时，检查者的动作要轻，不可粗心大意，谨防引起母羊流产。

3. 阴道检查法

妊娠母羊阴道黏膜的色泽、黏液性状及子宫颈口形状均有一些和妊娠相一致的规律变化。

(1)阴道黏膜　母羊怀孕后，阴道黏膜为苍白色，但用开膣器打开阴道后，很短时间内即由白色又变成粉红色；而空怀母羊黏膜始终为粉红色。

(2)阴道黏液　孕羊的阴道黏液呈透明状，量少、浓稠，能在手指间牵成线。如果黏液量多、稀薄、颜色灰白，则视为未孕。

(3)子宫颈　孕羊子宫颈紧闭，色泽苍白，并有糨糊状的粘块堵塞在子宫颈口，人们称之为“子宫栓”。

4. 免疫学诊断

怀孕母羊血液、组织中具有特异性抗原，可用制备的抗体血清与母羊细胞进行血球凝集反应，如母羊已怀孕，则红细胞会出现凝集现象。若加入抗体血清后红细胞不会发生凝集，则视为未孕。

5. 超声波检查法

超声波探测仪是一种先进的诊断仪器，有条件的地方利用它来做早期妊娠诊断便捷可靠。使用超声波仪器探测母羊的血液在脐带、胎儿血管、子宫中动脉和心脏中的流动情况，用来诊断母羊的怀孕情况。一般使用超声波检查法能够检测出妊娠 26 d 后母羊的怀孕状况，在母羊妊娠 6 周龄时，诊断母羊怀孕的准确率可达到 98%～99%。如对母羊实施直肠内超声波探测妊娠情况，可有效地减少外部超声波探测时羊毛等对超声波探测结果的影响，可提高探测的准确率。其查方法是：将待查母羊保定后，在腹下乳房前毛稀少的地方涂上凡士林或液体石蜡，将超声波探测仪的探头对着骨盆入口方向探查。在母羊配种 40 d 以后，用这种方法诊断，准确率较高。

6. B 超造影检查法

即应用小型 B 超机进行母羊的怀孕检查，其使用操作方便，但 B 超机价格较贵，且检查人员需要进行严格的操作技能培训，才能准确地诊断母羊的怀孕情况。

二、分娩与接产

做好母羊的分娩产羔工作，对于维护母羊健康，提高幼羔的成活率，促进羔羊的健康生长具有重要的作用。妊娠期满的母羊将子宫内的胎儿及其附属物排出体外的过程，称为产羔。一般根据母羊的配种记录，按妊娠期推测出母羊的预产期，对临产母羊加强饲养管理，并注意仔细观察，同时做好产羔前的准备。

(一)分娩预兆

母羊在分娩前，机体的某些器官在组织学上发生显著的变化，母羊的全身行为也与平时不同，这些变化是以适应胎儿产出和新生羔羊哺乳的需要而做的生理准备。对这些变化的全面观察，往往可以大致预测分娩时间，以便做好助产准备。

1. 乳房的变化

乳房在分娩前迅速发育，腺体充实，临近分娩时可以从乳头中挤出少量清亮胶状液体，或少量初乳，乳头增大变粗。

2. 外阴部的变化

临近分娩时，阴唇逐渐柔软，肿胀、增大，阴唇皮肤上的皱襞展开，皮肤稍变红。阴道黏膜潮红，黏液由浓厚黏稠变为稀薄滑润，排尿频繁。

3. 骨盆的变化

骨盆的耻骨联合，荐髂关节以及骨盆两侧的韧带活动性增强，在尾根及两侧松软，肷窝明显凹陷。用手握住尾根作上下活动，感到荐骨向上活动的幅度增大。

4. 行为变化

母羊精神不安，食欲减退，回顾腹部，时起时卧，不断努责和鸣叫，腹部明显下陷是临产的典型征兆，应立即送入产房。

(二)接产

母羊产羔时最好让其自行产出。接产人员的主要任务是监视分娩情况和护理初产羔羊。正常接产时首先剪净临产母羊乳房周围和后肢内侧的羊毛，然后用温水洗净乳房；挤出几滴初乳，再将母羊的尾根、外阴部、肛门洗净，用1%来苏儿消毒。一般情况下，经产比初产母羊产羔快，羊膜破裂数分钟至30 min左右，羊羔便能顺利产出。正常羔羊一般是两前肢先出，头部附于两前肢之上，随着母羊的努责，羔羊可自然产出。产双羔时，间隔10～20 min，个别间隔较长。当母羊产出第一只羔羊后，仍有努责、阵痛表现，是产双羔的征候，此时接产人员要仔细观察和认真检查。羔羊出生后，先将羔羊口、鼻和耳部黏液掏出擦净，以免误吞羊水，引起窒息或异物性肺炎。羔羊身上黏液，在接产人员擦拭同时，还要让母羊舔干，既可促进新生羔羊的血液循环，又有助于母羊认羔。

羔羊出生后，一般都自己扯断脐带，这时可用5%碘酊在扯断处消毒。如羔羊不能自己扯断脐带时，先把脐带内的血向羔羊脐部顺捋几次，在离羔羊腹部3～4 cm的适当部位人工扯断，进行消毒处理。母羊分娩后1 h左右，胎盘即会自然排出，应及时取走胎衣，防止被母羊吞食养成恶习。若产后2～3 h母羊胎衣仍未排出，应及时采取措施。羔羊出生后，母羊产后站起时，脐带往往自然断裂，这时可用5%碘酊在扯断处消毒。若羔羊自己不能扯断脐带时，先把脐带内的血液向羔羊脐部顺捋几次，在距离羔羊腹部 5～8 cm 的适当部位人工扯断，进行消毒处理。

（三）母羊助产

一般来说，母羊在怀孕期间饲养管理条件良好，有适当的放牧和运动，是很少发生难产的，因此，在正常情况下，母羊分娩时不必过分地干涉。但母羊在舍饲的条件下、母羊体况较差身体虚弱，胎儿体型过大、母羊配种过早骨盆狭窄，阴道过小，母羊在怀孕期间缺乏某些营养物质，母羊子宫收缩无力或胎位不正均会造成难产。

羊膜破水 30 min 后，如母羊努责无力，羔羊仍未产出时，应立即助产。因此，接产人员在接产前应做好母羊助产的相关准备。接产前应剪短指甲，洗净手臂并进行消毒，同时准备好必要的助产用具如脱脂棉、棉线、绳子、脸盆、毛巾、消毒药物（来苏儿、碘酒）和其他药品等。如母羊一旦发生难产，应及时给予助产，助产人员在助产时，应蹲在母羊体躯后部的位置，待胎儿头部出现时，可一只手托住母羊的阴户，一只手抓住胎儿头部的两眼凹和两前肢，随着母羊努责，朝着母羊乳房方向顺势轻轻地拉引胎儿产出。如胎儿过大，可将羔羊两前肢数次拉出和送入，然后一只手拉前肢，一只手扶头，随母羊努责缓慢向下方拉出。切忌用力过猛，或不根据努责节奏硬拉，以免拉伤阴道。如经过助产仍然不能使母羊正常分娩的，必要时可实施外科手术处理，或由兽医人员实施剖腹助产术。

三、假死羔羊的急救

如母羊在分娩过程中，一旦出现羔羊在母羊的产道内脐带受压导致吸入兰水、子宫内缺氧、母羊分娩时间过长和羔羊受冻等，导致羔羊产出后，身体各方面发育良好，心脏仍有跳动，但没有呼吸的即为羔羊假死现象，可对假死羔羊采取以下急救方法：首先是迅速将羔羊呼吸道内吸入的黏液或羊水完全清除掉，擦净鼻孔，再将羔羊放在前低后高的地方，立即进行人工呼吸。即将羔羊仰卧朝天，握住前肢，有节律地推压其胸部两侧，反复前后屈伸，并用手拍打羔羊胸部两侧，促使羔羊迅速恢复呼吸；亦可用一只手提起羔羊的两后肢，使其羔羊头下垂，并向左右摇晃，同时用另一只手不断地拍击羔羊的胸、背部，让其堵塞在羔羊咽喉的黏液流出，促使其恢复呼吸；也可用棉球蘸上碘酒或白酒滴入羔羊的鼻孔或用烟喷羔羊的鼻腔，使其复苏。对因羔羊产出后受冻而发生的假死现象，应立即将羔羊移入暖室内进行温水浴急救，水温可由38℃逐渐升高到 45℃。羔羊在实施温水浴急救时，应注意将羔羊的头部露出水面，以防止呛水，同时还应结合对羔羊的胸部进行按摩，一般经过 20～30 min 温水浴，羔羊即可恢复呼吸。羔羊恢复呼吸后，应立即擦干全身，并放入暖室内让母羊舔干羔羊并及时哺喂初乳。

四、初生羔羊的护理

羔羊出生后，首先，应尽早（出生 1 h 内）使其吃足初乳。其次，对于初产母羊或乳房发育不良的母羊，在母羊产前或产后除加强喂养外，可采用乳房温敷和乳房按摩的方法促进乳房发育，以利于母乳的分泌。再次，对于产后患病的母羊和体质瘦弱的母羊，应尽早采取治疗措施，促进母羊尽早恢复健康。其四，对于一部分一胎产羔过多的高产母羊、体质瘦弱的母羊和患病母羊，其产羔后，应尽早由产羔日龄相近的母羊对羔羊进行代哺，或采用人工哺乳，以确保羔羊的正常生长发育。其五，对于一部分养殖场（户）实行母仔分群饲养的，母羊在早晨、午间出牧前，应给羔羊喂足奶水，晚上让母仔合群过夜，以利于羔羊随时吸吮母乳。其六，对于哺乳期的母羊应加强喂养，母羊除放牧外，应适当地补喂营养丰富的精饲料，如玉米粉、饼类（豆饼、麻饼）、麦麸、米糠或其他混合精饲料，同时适当补喂青绿多汁饲料，尤其对体质瘦弱及一胎产羔过多的高产母羊更应重点照顾，以确保母羊奶水充足。

五、产后母羊护理

1. 及时喂饮盐水麸皮汤

母羊分娩后体质虚弱，且体内的水分、盐分和糖分损失较大，为缓解母羊分娩后的虚弱，并补充水分、盐分和糖分，有利于母羊泌乳，应及时喂饮盐水麸皮汤，可用麸皮 200～500 g、食盐 10～20 g、红糖 100～200 g，加适量的温水调匀，给母羊饮用。同时，母羊分娩后应饲喂质量优良且容易消化的草料，如优质的青干草和青绿多汁饲料，但也要适量，以免引起母羊发生消化道疾病，一般经过 5～7 d 的过渡即可逐渐恢复正常饲养。

2. 及时清除胎衣

母羊分娩后 1 h 左右，胎盘会自然排出，应及时取走胎衣，防止被母羊吞食养成恶习。若产后 2～3 h 母羊胎衣仍未排出，应及时采取措施。为防止母羊产后发生胎衣不下，可在母羊分娩时接留部分羊水给分娩后的母羊饮用，以利于胎衣的排出。天气晴朗时，应让母羊和羔羊在室外适当地晒太阳并自由活动。

3. 防止母羊发生生殖道感染

母羊产后，应及时清除羊舍内的污物，换以干净柔软的垫草，保持羊舍内清洁、干燥，并让母羊得到充分的休息；注意母羊恶露排出情况，对母羊外阴部要注意清洗消毒，母羊产后几天排出恶露是正常现象，一般产后第一天排出的恶露呈血样，此后由于母体子宫自身的净化能力，到 3～5 d 后即逐渐转变为透明样的黏液，10～15 d 后恶露即会排除干净，并恢复正常，在正常情况下，一般不必采取治疗措施，如母羊排出的恶露呈灰褐色，气味恶臭，且超过 20 d 以后仍然恶露排出不净，则有必要进行阴道检查，追查病因，并用消炎药液对母羊子宫进行冲洗，如母羊伴有体温升高、食欲减少和不食等症状，则应配合全身治疗，从而有效地消除恶露，促进母羊恢复正常。

4. 注意母羊的乳房护理

母羊分娩后，羔羊吮乳前，应剪去母羊乳房周围的长毛，并用温水洗涤乳房，擦干后，挤出一些乳汁，帮助羔羊吸初乳。检查母羊乳房有无异常或硬块。如母羊产前饲养管理条件良好，产前 1～3 d 乳房肿胀过大，应适当地减少母羊的精饲料和青绿多汁饲料的喂量，防止母羊因乳房肿胀过度发生乳腺炎或回乳；如母羊产后体质瘦弱，乳房干瘪，应再适当地增加对母羊补喂精饲料和青绿多汁饲料，在加强母羊饲养管理的前提下，适时对母羊的乳房进行热敷，以促进母羊下乳；如母羊的乳房局部发生红肿，且乳量减少，拒绝给羔羊哺乳，用手触摸母羊的乳房不仅发热，而且感觉内有肿块，且母羊感觉有疼痛感，拒绝触摸，挤出的乳汁稀薄，内含絮状物凝块，有时还含有脓汁，甚至含有血液，严重病例，除以上局部症状外，母羊还伴有体温升高，食欲减少等全身症状，则可判断母羊患了乳腺炎，应及时给予治疗，母羊乳腺炎的治疗方法是：先将乳房内的乳汁挤净，然后经乳头孔给每个患叶内注入青霉素（40 万 IU）和链霉素（0.5 g）混合液。如乳房内挤出的乳汁中含有较多的脓汁，可用低浓度消毒液（0.1%雷佛奴尔或 0.02%呋喃西林溶液等）注入患叶，轻轻揉压，然后给予挤净，再注入青霉素、链霉素混合液，每日两次，直到炎症消失，乳汁正常为止。

5. 加强管理

母羊产后1～7 d应加强管理3 d内喂给优质、易消化的饲料，减少精料喂量，以后逐渐转变为饲喂正常饲料。1周内母仔合群饲养。产后母羊还应注意保暖、防潮、避风、预防感冒，保持安静休息。产后1 h左右给母羊饮水，一般为1～1.5 L，水温25～30℃，忌饮冷水。

【知识拓展】

一、母羊预产期的推算

母羊配种受胎后，即进入妊娠阶段，妊娠母羊预产期的推算，主要依据母羊的配种记录，可以按照配种日期以“月加五，日减三”的方法来推算预产期。例如2013年6月6日配种怀孕的母羊其预产期应为2013年11月3日。

二、母羊妊娠期的生理变化

妊娠是指母羊自发情接受输精或交配后，受精卵的形成意味着妊娠。精卵结合形成胚胎开始到发育成熟的胎儿出生为止，胚胎在母体内发育的整个时期为妊娠期。

妊娠期间，母羊的全身状态特别是生殖器官相应地发生一些生理变化。

(一)体况变化

(1)食欲　妊娠母羊新陈代谢旺盛，食欲明显增强，消化能力提高。

(2)体重　由于胎儿的快速发育，加上母羊妊娠期食欲的增强，怀孕母羊体重明显上升。

(3)体况　怀孕前期因代谢旺盛，妊娠母羊营养状况改善，表现毛色光润、膘肥体壮；怀孕后期则因胎儿急剧生长消耗母体营养，如饲养管理较差时，妊娠母畜则表现瘦弱。

(二)生殖器官变化

(1)卵巢　母羊怀孕后，妊娠黄体在卵巢中持续存在，从而使发情周期中断。

(2)子宫　妊娠母羊子宫增生，继而生长和扩展，以适应胎儿的生长发育。

(3)外生殖器　怀孕初期阴门紧闭，阴唇收缩，阴道黏膜的颜色苍白。随妊娠时间的进展，阴唇表现水肿，其水肿程度逐渐增加。

任务3　提高羊群繁殖力

【任务描述】

母羊的繁殖力主要是生育后代的能力和哺育后代的能力，它与羊性成熟的迟早、发情周期正常与否、发情表现、排卵多少、卵子受精能力、妊娠、泌乳量高低等密切相关。本任务主要是掌握提高羊群正常生殖机能和繁衍后代能力的技术措施。

【任务分析】

提高羊群繁殖力是提高羊场竞争力的核心手段。通过对影响羊群繁殖力因素的分析，了解影响羊群繁殖力的因素，熟悉羊群繁殖力指标，全面掌握提高羊群繁殖力的主要技术措施。

【任务实施】

一、提高羊群繁殖力

提高羊群繁殖力，是提高羊场经济效益的根本途径。羊群繁殖力水平的高低与繁殖管理水平密切相关，繁殖管理是羊场的一项核心工作任务。

(一)提高种公羊和繁殖母羊的饲养水平

营养水平对羊只的繁殖力影响极大。种公羊在配种季节与非配种季节均应给予全价的营养物质。实践中只重视配种季节的饲养管理，而放松对非配种季节的饲养和管理，往往造成在配种季节到来时，公羊的性欲、采精量、精液品质等均不理想。因此，必须加强公羊的饲养管理，常年保持种公羊的种用体况。但种用体况是一种适宜的膘情状况，过瘦或过肥都是不理想的。公羊良好种用体况的标志应该是：性欲旺盛，接触母羊时有强烈的交配欲；体力充沛，喜欢与同群或异群羊只挑逗打闹；行动灵活，反应敏捷；射精量大，精液品质好。

营养条件也会影响母羊的繁殖力。配种前膘肥体壮的母羊，不仅发情正常、整齐，而且排卵数量增多，能够提高产羔率。因此，母羊在配种前的短期优饲可使母羊的双羔或多羔率增加，即在母羊配种前，每只母羊每天补喂精饲料 0.4～0.5 kg，可使母羊在第一个情期内发情率达到 95%以上，双羔或多羔率增加达 40%左右。

(二)提高适龄母羊比例，实行密集产羔

在增加成年母羊的基础上，应有计划地淘汰老龄母羊和不孕母羊，补充青年母羊，保持适龄母羊在羊群中的比例。一般 3 岁以上的母羊产双羔或多羔率高，因此 3～6 岁的母羊应占繁殖母羊群的 50%～65%。

从年龄方面讲，有羔羊、周岁羊、2～6 岁羊及老龄羊，羊群中年龄由小到大的个体比例逐渐减少，形成有一定梯度的“金字塔”结构，从而使羊群始终处于一种动态的、后备生命力异常旺盛的状态。养羊业发达国家，育种群的适繁母羊的比例一般都在 70%以上，我国广大农牧区则多在 50%左右或 50%以下，从而限制了羊群的繁殖速度。

密集产羔体系是进行现代集约化肉羊及肥羔生产的高效生产体系。在饲养管理条件较好的地区实行密集产羔，打破母羊季节性繁殖的特性，使母羊全年发情，均衡产羔，最大限度地发挥繁殖母羊的生产性能，均衡市场的羊肉供应，提高设备的利用率，降低固定成本支出，便于进行集约化管理。密集产羔体系包括母羊 2 年产 3 胎、3 年产 5 胎、1 年产 2 胎和连续产羔等形式。实行密集产羔的母羊，要求营养状况良好，年龄以 2～5 岁为宜，同时要求母羊的母性要好，泌乳量也应较高，能够满足其多羔哺乳的需要。

(三)多胎基因的选择

羊的多胎性决定于基因型，是可以遗传的。因此，可通过强化多胎基因的选择来提高多胎

基因型的频率，使群体的多胎率得到提高。在同一品种中，选择一胎多羔的公、母羊后代作为种用也可提高繁殖力。一般羊产双羔或多羔的特点具有遗传性，选择产多羔公、母羊的后代繁殖生产，可保留母羊一胎多羔的生产特点。

(四)母羊适时配种

给发情母羊适时配种是提高母羊繁殖力的重要措施。一般产冬羔的母羊，应适当提前给母羊配种(8～9月份较为合适)，此时气温适宜，牧草生长旺盛且绝大多数牧草结下籽实，正是母羊上膘的最佳时节，母羊膘情好则发情正常、排卵多，公羊膘情适中则精液品质好，母羊的受胎和产羔率高。

(五)加强管理

1. 夏季防暑降温

减缓热应激的不良影响。温度对繁殖力的危害以高温为主，低温危害较小。气温过高使绵羊散热困难，影响其采食和饲料报酬，所以一般气温较高的地区，羊的生产能力较低。因而，要做好夏季的防暑降温工作，对提高羊的繁殖力有重要意义。

2. 控制光照，提高繁殖力

羊属短日照繁殖家畜，当日照由长变短时，绵羊开始发情，进入繁殖季节。因此，可用人工控制光照来决定配种时间。秋季在羊舍给羊照明，可使配种季节提前结束。夏季每天将羊舍遮罩一段时间来缩短光照，能使母羊的配种季节提前出现。

3. 及时淘汰不孕羊

应淘汰连续两年不能怀孕的母羊，这是提高羊群繁殖力的重要技术环节，应加以高度重视。

4. 生殖疾病监控

每年在配种前对公、母羊生殖系统进行检查，发现疾病，及时治疗或淘汰。

5. 保证精液质量

对配种前的精液，每批均应检查精子活率、畸形率、精子的密度及微生物含量等指标，以保证精液品质，提高受胎率。

6. 适时输精

适时而准确地把一定量的优质精液输到发情母羊子宫内的适当部位，对提高母羊受胎率至关重要。因此，要求人工授精技术员通过外部观察和试情法，对每只母羊的发情特点了如指掌，并对每一发情周期做好繁殖配种记录。

7. 做好母羊的发情观察

为尽可能提高发情母羊的检出率，每天至少于早、中、晚进行3次定时观察。

8. 提高输精效果

除了适时输精外，尚可在输精的同时净化子宫，以提高受胎率。

9. 积极治疗繁殖机能障碍

对异常发情的羊只，应及时进行生殖系统检查。对确诊患有繁殖机能障碍的羊只，应及时进行治疗，跟踪观察。人工授精员应熟练掌握治疗繁殖机能障碍的药物、药理作用、剂量及用法。

10．繁殖新技术的推广和普及

目前，我国在羊的早期妊娠诊断、同期发情、胚胎移植等繁殖新技术方面做了不少工作，取得了一定成效。今后，除继续加强繁殖新技术的研究外，还须根据我国的实际，推广和普及繁殖新技术，以期较大幅度地提高羊的繁殖力。

二、羊的实用繁殖技术

近年来，繁殖技术在许多领域内的研究均取得了举世闻名的成就，其中有些成果已逐步应用到羊养殖生产中，如胚胎移植、同期发情和双胎素免疫技术等，对羊的养殖表现出遗传改良的巨大潜力。在不久的将来，这些技术即可根据人类的需要改良现有羊品种和创造新的羊品种。

（一）诱导发情

母羊的诱导发情是母羊在非配种季节内或泌乳期的乏情期间，借助于外源性促性腺激素（如给母羊注射孕酮 10～20 mg，连续注射若干天），诱导母羊正常发情和配种，以缩短母羊的繁殖周期，使之比在自然条件下提前配种，增加母羊的胎次，产生较多的后代，提高母羊的繁殖率。

母羊的诱导发情在肉羊的养殖生产中应用较为广泛，因为母羊的季节性繁殖比较强，通常一只母羊 1 年产 1 胎，母羊的妊娠期为 5 个月，母羊产羔后有相当长时间的乏情期（或称为休情季节），等延续到一定的季节后才开始发情，为了提高母羊的繁殖率，使母羊 2 年产 3 胎，必须在母羊的乏情期内继续诱导发情，使之在非配种季节提前配种怀孕。一般母羊在乏情期内，可连续 12～16 d 内，每天给母羊注射孕酮一次，每次 10～20 mg，或给母羊阴道内放置孕酮海绵栓（内含孕酮 50～60 mg），随后在 1～2 d 内再注射孕马血清促性腺激素 800～1 000 IU，即可引起母羊发情排卵。

（二）同期发情

母羊的同期发情是人为地控制并调整一群母羊的发情周期的进程，使之在预定的时间内集中发情，以便于按计划组织母羊配种，使母羊的妊娠、分娩和羔羊的培育在时间上相对集中，有利于组织肉羊规模化生产，提高设备的利用率，降低固定成本支出，便于进行集约化管理。但母羊的同期发情必须以推广羊的人工授精为前提。

现行推广母羊的同期发情技术主要有两种途径：一种途径是向同一群母羊同时施用外源性孕激素，抑制卵巢中卵泡的生长发育，造成人为的黄体期，控制母羊发情，经过一定的时间（一般 9 d 或 12 d），全群母羊同时停药，即可引起母羊同期发情。这种母羊同期发情技术是在给母羊施药期内，造成了人为的黄体期，控制了母羊发情。另一种途径是利用性质完全不同的另一类激素药物如前列腺素，促进黄体溶解，中断黄体期，降低孕酮水平，从而促进垂体促性腺激素释放，引起母羊同期发情。这种母羊同期发情技术，实际上是缩短了母羊的发情周期使母羊的发情提前到来。

（三）双胎免疫技术

双胎素免疫是激素免疫中最有效最适用的方法，具有微量、高效、安全和廉价的特点，是提高母羊繁殖力的主要技术途径。

1. 双胎素的用法

"澳双"配种前 7 周进行第 1 次免疫注射，间隔 3 周以后（即配种前 4 周）进行第 2 次免疫注射。注射部位是羊颈部皮下，一次用量注射 2 mL/只。

"兰双"配种前公母羊要隔离饲养管理。配种开始前 6 周（42 d），对母羊于耳后颈侧皮下注射 1 mL，进行第 1 次免疫注射；第 3 周（21 d）进行第 2 次加强免疫注射，注射部位和剂量与第 1 次相同；再过 3 周（21 d）即可配种，人工授精或自然交配均可。

2. 应用双胎素的注意事项

（1）严格遵循免疫规程　要严格按免疫要求操作，特别要注意免疫的时间、间隔和剂量。如果两次免疫间隔少于 10 d，第 2 次免疫至配种的间隔时间少于 15 d，会严重影响免疫效果。如果第 2 次免疫后 2 周内配种，会造成母羊暗发情、不排卵，以致难以受精，减少囊胚发育，受胎率降低。免疫剂量不准确同样会影响免疫效果。

（2）严格选择母羊　参试的羊必须具有正常繁殖能力，身体健康无病，以 3～5 岁的经产母羊为宜。杂种羊体重应在 40 kg 以上、细毛羊体重应在 45 kg 以上。

（3）公、母羊饲养管理要求　如果采用本交的配种方法，母羊免疫注射前必须与公羊分群，单独饲养管理。

（4）双羔素保存　保存时应注意避光，保存温度为 0～8℃。保存时间应尽量短，否则影响免疫效果。

（四）胚胎移植

是指将一只良种母羊（供体）的早期胚胎取出，移植到同种生理状态相同的另一只母羊生殖道的相应部位，使之继续发育成新个体的一种繁殖新技术。它在充分挖掘母羊的繁殖潜力，加快优良品种的繁殖和新品种培育进程，降低引种费用，减少疾病传播，增加双胎率等方面均具有重要现实意义。

（五）诱发分娩

是指在母羊预产之前对其施用某些刺激分娩的激素，以促进分娩过程提前到来；或利用睾酮等激素，阻止分娩机制的启动，推迟分娩时间，有利于接羔工作按计划进行，节约劳力和时间，便于安排生产；对某些特殊用途的绵、山羊品种，如生产羔羊皮的羊，可通过诱发分娩，提高质量。

【知识拓展】

一、羊繁殖性能指标

（1）配种率　即实配母羊数占预配母羊数的百分率。公式为：

$$配种率=\frac{实配母羊数}{预配母羊数}\times 100\%$$

（2）受胎率即妊娠母羊数占实配母羊数的百分率（妊娠母羊是流产、死产和正产母羊数的总和）。公式为：

$$受胎率=\frac{妊娠母羊数}{实配母羊数}\times100\%$$

(3)产羔率即产活羔羊数占参加配种母羊数的百分率(活羔羊数包括正产、难产和产后意外死亡的羔羊)。

$$产羔率=\frac{活羔羊数}{参加配种母羊数}\times100\%$$

(4)断奶成活率　断奶时成活的羔羊数占产活羔数的百分率。

$$断奶成活率=\frac{断奶羔羊数}{产活羔羊数}\times100\%$$

(5)繁殖成活率　即本年度断奶成活羔羊数占上年度适繁母羊数的百分率。

$$繁殖成活率=\frac{本年度断奶成活羔羊数}{上年度适繁母羊数}\times100\%$$

二、影响羊群繁殖力的因素

(一)品种

母羊的繁殖力与其遗传性有很大关系,不同的品种繁殖力不同,如细毛羊品种一般多产单羔,而湖羊、小尾寒羊等一般一胎2～3羔,山羊品种繁殖力一般高于绵羊。

(二)温度

母羊的繁殖过程对热负荷极为敏感。研究表明,当环境温度高于30℃时,母羊发情时间推迟,性周期延长,发情持续时间缩短,发情率低,受胎率下降,胚胎死亡率增高,母羊配种后4～6 d如受到高温应激可造成妊娠中断。妊娠中、后期母羊受到高温应激后,胎儿矮小,初生重下降,死亡率增加。高温使公羊精液品质下降,表现为精液量和精子活力降低,畸形精子增加。公羊在26.7℃即为精液品质下降的临界温度,当气温大于或等于35℃时,公羊的精液品质显著恶化,甚至丧失受精能力。因而在炎热的夏季给公羊遮阴或淋浴可改善精子产量和精液品质。

(三)光照

研究表明,公羊长时间的光照可抑制睾酮的分泌,短光照可促进其分泌,且其影响程度与每天特定时间有关,长日照时,促卵泡素(FSH)、促黄体素(LH)水平下降,突然转为短日照时,LH、FSH水平明显升高。长日照下褪黑色素分泌降低,黑暗时其分泌量达最大限度。长日照时促乳素水平升高,短日照时则明显降低。通过对公羊在人工光照(每天8 h)和自然光照条件下对繁殖性能的影响试验表明:公羊在人工光照条件下,可增强其性欲,改善精液品质,提高配种能力和受胎效果,其繁殖性能比在自然光照条件下好。母羊长日照可抑制垂体对LH的释放,短日照则相反。光照明显促进母羊催乳素分泌;但光照对FSH的影响不大。人工模拟赤道光照下,母羊开始配种时间提前28～62 d,发情、发情周期、配种季节持续时间和发情周期次数均比自然光照好。光照也影响母羊的受胎率。

(四)营养水平

对绵、山羊繁殖力影响很大。生产实践证明，在母羊营养不良体况较差的情况下，其繁殖性能下降，试验表明：营养低的母羊，垂体中 LH 含量明显低于营养充足组。营养不良还会抑制 GnRH 的释放，从而影响了母羊的繁殖性能。因此，应加强繁殖季节母羊的饲养管理，在配种前 3 周进行短期优饲，以提高母羊的排卵率。母羊营养良好，膘情好，发情早，排卵多，繁殖力高，营养不良则发情晚，排卵少，繁殖力低。

(五)年龄与胎次

母羊的产羔率一般随年龄而增加，一般 3～6 岁时繁殖力最高。公羊繁殖力通常在 5～6 岁时达最高峰。初产母羊的繁殖力较低，以后随着胎次增加，繁殖率逐渐增高.特别是 3～8 胎的经产母羊，繁殖率较高。

(六)疾病

子宫炎、卵巢囊肿、肢蹄病、乳腺炎、胎衣滞留以及跛行(包括蹄叶炎、腐蹄病和趾间纤维乳头瘤等引起的跛行)等症均影响繁殖力。尤其是患乳腺炎的母羊，如果在配种后 3 周内发生，受胎率下降 50%以上。患子宫炎、卵巢囊肿、胎衣滞留、乏情以及流产的母羊，产羔间隔延长，每次受胎平均输精数增加。

对于先天性和生理性的不孕，如生殖器官发育不正常，子宫颈狭窄、位置不正、阴道狭窄、功能性不孕等，应注意选择、淘汰。此外，老龄母羊繁殖力减退，也应及时淘汰更新。

对患传染性疾病(如布氏杆菌病或滴虫病)的病羊，应严格执行传染病的防疫和检疫规定，按规定及时处理。

(七)羊群管理

羊群的管理好坏对繁殖力的影响很大。管理工作涉及面广，包括熟练掌握羊群的发情规律和繁殖情况，制订科学的配种计划和精液供应，以及合理的羊群结构和生产利用、保胎等工作。

(八)精液品质

精液的品质好坏，以及精液的保存、取用及解冻过程是否科学都会直接或间接影响繁殖力。其中，检查精液品质最常用的方法是检查精子活率。刚采出的羊精子的正常活率应不低于 0.7，即 70%的精子为呈直线前进运动的精子。冻精活率不低于 0.3 时，方可用于输精。

(九)输精技术

输精员的操作技术是否过硬，能否适时将精液输入子宫体深部，各个环节是否严格按规程操作，以及早期妊娠诊断的准确性等都会影响羊群的受胎率。

【学习自测】

一、知识自测

(一)选择题

1. 羊的预产期推算公式为________。

A. 月－5,日＋6　　B. 月＋5,日－3

C. 月－2,日＋6　　D. 月－2,日＋15

2. 母羊的产羔率一般随年龄而增加,________岁时繁殖力最高。

A. 3～6　　B. 6～8　　C. 1～2　　D. 8～10

3. 试情公羊和母羊的比例以________为宜。

A. 1∶(40～50)　　B. 1∶60　　C. 1∶(20～30)　　D. 1∶(10～20)

4. 生产中绵羊的发情持续时间平均为________ h。

A. 8　　B. 12　　C. 24～48　　D. 28

5. 生产中母羊最常用的发情鉴定方法为

A. 外部观察法并结合直肠检查综合判断　　B. 外部观察法结合试情法

C. 阴道检查法　　D. 阴道检查法结合发情计步器监测

6. 用细管冷冻精液输精时要求每个输精剂量里含有的有效精子数为________亿个。

A. 0.7　　B. 7　　C. 10　　D. 0.3

7. 后裔测验公羊与配母羊数应在上________只,以所产后代到周岁鉴定时不少于________只母羊为宜。

A. 50～60,30　　B. 60～70,30　　C. 70～80,40　　D. 60～70,50

(二)判断题

1. 一般使用超声波检查法能够检测出妊娠 26 d 后母羊的怀孕状况,在母羊妊娠 6 周龄时,诊断母羊怀孕的准确率可达到 98%～99%。

2. 细管精液解冻后精子活率在 0.35 以上。

3. 羔皮用羊在生后数天内屠宰,必须在生后 1～3 d 鉴定羔羊的羔皮品质。

4. 冷冻精液解冻后,镜检时精子活率不低于 0.5 时,方可用于输精。

5. 同期发情的激素处理,最常用的是孕酮和促卵泡素。

6. 绵羊的发情周期一般为 21 d。

7. 公羊繁殖力通常在 5～6 岁时达最高峰。

8. 作后裔测验公羊要求年龄 1.5～2 岁;与配母羊品质整齐、优良,最好是一级母羊或准备以后要配的母羊,年龄 2～4 岁为宜。

9. 阴道检查法是判断母羊是否妊娠和妊娠时间的最常用而又可靠的方法。

10. 在对羊的接产过程中,手及手臂有伤时不宜操作。操作时应先进行手臂消毒并戴上一次性手套,以有效预防布病等人畜共患病。

二、技能自测

1. 如何正确判定羊的最佳配种时期?

2. 给某养殖户指导羊人工授精的技术有哪些?

3. 如何正确接产,接产时应注意哪些问题?

4. 影响羊的繁殖力因素有哪些? 如何提高羊群的繁殖力?

5. 如何对产后母羊进行护理?

6. 某羔羊产出后,身体各方面发育良好,心脏仍有跳动,但没有呼吸的现象,这种情况下你应如何处理?

【课外学习指南】

一、学习网站

1. 爱课程网(http://www.icourses.cn/home)。
2. 牛羊生产国家精品课程网站(http://58.222.253.142/2007/niuyang/)。
3. 中国养殖网(www.chinabreed.com)。
4. 中国羊网(http://www.chinasheep.com/ywscShow.asp? sid=11)。
5. 中国农业推广网(http://www.farmers.org.cn/)。
6. 中国农业信息网(http://www.agri.gov.cn/)。

二、规范、标准

1.94 NY/T 826—2004 绵羊胚胎移植技术规程。
2.2121 NY/T 1674—2008 牛羊胚胎质量检测技术规程。
3.184 GB 20557—2006 山羊冷冻精液。
4.371 NY 1181—2006 输精细管。
5.378 NY/T 1349—2007 兽用超声妊娠检测仪。

三、参考文献

1. 岳斌.细毛羊的饲养管理技术(http://www.doc88.com).
2. 孙政才.细毛羊技术 100 问.北京:中国农业出版社,2009.
3. 岳炳辉,闫红军.养羊与羊病防治.北京:中国农业出版社,2013.
4. 范颖,宋连喜.羊生产.北京:中国农业大学出版社,2008.
5. 田树军,王宗仪,胡万川.养羊与羊病防治.2 版.北京:中国农业出版社,2006.

项目4

饲料配合

知识目标

- 了解羊常用饲料的种类及特点。
- 熟悉羊的生活习性、消化器官及其功能。
- 掌握羊的日粮配制方法。

技能目标

- 能对羊常用饲料进行合理的加工调制。
- 熟悉羊的饲养标准，能熟练进行羊的日粮配合。

饲料是发展养羊业的物质基础，羊的生物学特性决定了其消化生理特性和各种物质的利用特点。只有熟悉羊的生物学特性，并根据羊的营养需要加工调制好羊的饲粮，才能充分发挥其生产性能，实现高效生产。配制羊饲料，要结合不同生理阶段的饲养标准、营养需要等，选择适宜饲料原料，科学设计饲料配方，因地制宜，灵活掌握。

任务1　常用饲料加工调制

【任务描述】

饲料调制是为了保证饲料的品质，减少营养损失，增加适口性，提高饲料的营养价值和利用率。对某些不能直接饲喂的农副产品，通过加工调制后可变成饲料，有利于开辟饲料资源。

【任务分析】

学习本任务应在掌握动物营养与饲料的基础上，了解羊常用饲料的种类和羊的消化生理及对饲料营养物质利用特点，熟悉羊常用饲料的营养特性及饲喂注意事项。通过参加校内外实训基地的实践，熟练掌握秸秆青贮、氨化加工工艺，青干草加工调制方法及品质鉴定技术。

【任务实施】

一、青贮饲料的加工调制与品质鉴定

(一)青贮方法

1. 青贮设备的准备

制作青贮饲料需要有一定的容器,如青贮窖(坑)、青贮塔、青贮缸和青贮饲料袋等。

2. 青贮原料的收割和切短

待到原料植株达到收割适期时,选择晴好的天气收割。原料收割后立即运到青贮地点,将青贮秸秆原料切短,长度在 2～5 cm。

3. 装填和压实

装窖前先在窖底铺一层 15～20 cm 厚的麦草或其他秸秆,窖壁四周可铺一层塑料薄膜,加强密封,防止透水漏气。如果原料含水量大,在装填时要掺入适量的糠麸以调节含水量。装填青贮秸秆时,应逐层装入,每层装 15～20 cm,随装随压实。添加糠麸、谷实等进行混合青贮时,要在压紧前分层混合。

4. 密封和管理

装满秸秆后即可加盖封顶。先覆盖一层塑料薄膜,再盖一层厚 20～30 cm 切短的秸秆或软草,然后盖上厚 30～50 cm 洁净的湿土,并做成馒头形(圆窖)或屋脊形(长窖),盖土的边缘要超出窖口四周外围,以利排水。用塑料袋做青贮时,装满秸秆后用细绳扎紧袋口即可。青贮后 1 周内,随时检查、修整封土裂缝、下陷等,避免雨水流入和漏气。青贮秸秆装窖密封,经 1.5 个月后,乳酸菌的发酵过程完成,青贮饲料也就制作成了。便可以开窖饲喂。

(二)青贮饲料的饲喂

青贮饲料一般在调制后 30 d 左右即可开窖饲用。饲喂时,青贮窖只能打开一头,要采取分段开窖,分层取,取后要盖好,防止日晒、雨淋和二次发酵,避免养分流失、质量下降或发霉变质。

开始饲喂青贮料时,要由少到多,逐渐增加,停止饲喂时,也应由多到少逐步减喂。使羊有一个适应过程,以防止暴食和食欲突然下降。青贮饲料的用量,应视羊的品种、年龄、用途和青贮饲料的质量而定,一般喂量 2～5 kg。

(三)青贮饲料品质评定

包括实验室鉴定和感官鉴定。启用时要做感官鉴定,必要时再做实验室鉴定。

1. 实验室鉴定

青贮饲料的实验室鉴定项目可根据需要而定,一般只进行 pH 的测定。pH 为 4.0 左右时质量最好。

2. 感官鉴定

青贮饲料的感官鉴定是根据其色、香、味和质地来判断。鉴定标准见表 4-1-1。

表 4-1-1 青贮饲料感官鉴定标准

等级	颜色	气味	质地结构
优等	绿或黄绿色有光泽	芳香味重，给人以舒适感	湿润、松散柔软、不粘手，茎、叶、花能分辨清楚
中等	黄褐或暗绿色	有刺鼻酒酸味，芳香味淡	柔软、水分多，茎、叶、花能分清
劣等	黑色或褐色	有刺鼻的腐败味或霉味	腐烂、发黏、结块或过干，分不清结构

二、秸秆的加工调制

(一)秸秆的物理处理

1. 秸秆切短、粉碎及软化

秸秆经切短便于采食和咀嚼，并易于与精料拌匀，防止羊挑食，从而减少饲料浪费，提高采食量。秸秆切短的长度一般为 3～4 cm。秸秆的粉碎、蒸煮软化，都只能使秸秆的适口性得到改善，而不能提高秸秆的营养价值。

2. 制颗粒

粗饲料经粉碎后与其他饲料配成平衡饲粮，然后制成大小适宜的颗粒，适口性好，营养平衡，粉尘减少，便于咀嚼，改善适口性，可以提高羊的采食量。用单纯的粗饲料或优质干草经粉碎制成颗粒饲料，既可以减少粗饲料的体积，又便于贮藏和运输。

3. 碾青

将秸秆铺在地面上，厚度为 30～40 cm，上铺同样高度的青饲料，最上面再铺秸秆，然后用磙子碾压，此过程称为碾青。青饲料流出的汁液被上、下两层秸秆吸收。经过该处理，可缩短青饲料晒制的时间，并提高粗饲料的适口性和营养价值。

4. 揉搓

使用揉搓机将秸秆揉搓成丝条状直接喂羊，吃净率可提高到 90%以上。使用揉搓机将秸秆揉搓成柔软的丝条状后进行氨化，不仅氨化效果好，而且可进一步提高吃净率。

5. 热喷

将初步破碎或不经破碎的粗饲料装入压力罐内，用 1.47～1.96 MPa 的压力，持续 1～30 min 后，突然减至常压喷放，即可得热喷饲料。经该处理，可提高羊对粗饲料的采食量和有机物质消化率。结合“氨化”对饲料进行迅速的热喷处理，可将氨、尿素、氯化铵等多种工业氮源安全地用于羊的饲料中，使饲料的粗蛋白质水平成倍地提高。

(二)秸秆的化学处理

1. 秸秆的碱化处理

利用强碱液处理秸秆，破坏植物细胞壁及纤维素构架，易被消化液渗透，从而使粗纤维素消化率提高至 50%以上，同时增加采食量 20%～45%。

方法：一是用石灰液处理法，用 100 kg 切碎的秸秆，加 3 kg 生石灰或 4 kg 熟石灰，食盐 0.5～1 kg，水 200～250 L，浸泡 12 h 或一昼夜捞出晾晒 24 h 即可饲喂，不必冲洗。二是用氢氧化钠液处理，100 kg 切碎秸秆，用 6 kg 的 1.6%的氢氧化钠溶液均匀喷洒，然后洗去余碱，制成饼块，分次饲喂。秸秆经碱化处理后，有机物质的消化率由原来的 42.4%提高到 32.8%，粗纤维消化率由原来的 53.5%提高到 76.4%，无氮浸出物消化率由原来的 36.3%提高到 55.0%。

2. 秸秆的氨化处理

(1)尿素氨化法　按秸秆量的 3%加入尿素，即将 3 kg 尿素溶解于 60 kg 水中，逐层均匀地喷洒在 100 kg 秸秆上，用塑料薄膜压紧。由于秸秆中含有脲酶，在该酶的作用下，尿素分解放出氨，从而达到氨化的目的。在尿素短缺的地方，用碳铵也可进行秸秆氨化处理，其方法与尿素氨化法相同，只是由于碳氨含氨量较低，其用量须酌情增加。

(2)液氨氨化法　将切碎的秸秆喷入适量水分，使其含水量达到 15%～20%，混匀堆垛，上盖塑料薄膜，底边四周用泥土密封，在垛长轴的中心埋入一根带孔的硬塑料管，与液氨罐相连，按秸秆干物质重量的 3%通进液氨，氨气很快遍及全垛。氨化处理时间取决于气温，气温低于 5℃时需 8 周以上；5～15℃需 4～8 周；15～30℃需 1～4 周。启封后通风 12～24 h 待氨味消失，即可饲喂。

(3)氨水氨化法　可用含氨量 15%的农用氨水，按秸秆重 10%的比例，把氨水逐层均匀喷洒于秸秆上。喷洒完氨水后，用塑料薄膜将垛封严。该方法在气温不低于 20℃时，5～7 d 氨化完成，启封后 12～24 h 待氨味消失即可饲喂，也可按上述液氨的"堆垛法"处理。

研究结果表明，液氨氨化法和尿素氨化法处理秸秆效果最好，氨水和碳铵效果稍差。用液氨氨化效果虽然好，但必须使用特殊的高压容器(氨瓶、氨罐、氨槽车等)，从而增加了成本，也增加了操作的危险性。相比之下，尿素氨化不仅效果好，操作简单、安全，也无需任何特殊设备，无疑是一种秸秆氨化处理的好方法。

(三)秸秆的生物处理

1. 秸秆发酵处理

(1)掺入酵母发酵法　先将粉碎的秸秆用热水浸湿并掺入酵母，分层装入木箱或塑料袋中，置于 24～26℃的条件下，发酵 12 h 以上。采用此法，原理是使盐溶液在温度 100～105℃和较高的压力下，作用于秸秆，使部分纤维转化为糖类。将加工处理过的秸秆冷却到 32～35℃，然后加入发酵剂(均占秸秆重的 3%～5%)进行拌和，在 27～30℃的温度下发酵 2 昼夜即可。

(2)掺糖类物质发酵法 将 400～600 L 水注入容积 3～7 m^3 的贮罐中，通入蒸汽，将水加热到 60～65℃，然后再将秸秆装入贮罐。如贮罐可容纳 1 t 饲料，则经过粉碎的秸秆数量不应超过混合物重量的 30%～35%，其余 65%～70%应为掺入的含淀粉或糖类的粉碎饲料，如谷物、糖用甜菜和糖蜜等。此外，贮罐中还应加入过磷酸钙和硫酸铵的萃取物，以及 10～15 kg 的麦麸和 0.2～0.3 L 浓盐酸。待上述工序完成后，将混合饲料用搅拌器拌匀，通入蒸汽，使混合料在 80～90℃下保持 1.5～2 h，然后在 28～30℃下通风冷却，再按贮罐中内容物的重量加入 5%～8%的发酵剂，并仔细搅拌，每隔 2～3 h 一次，这样经过 9～12 h 即可。

2. 秸秆饲料酶—酵母加工处理

先将切碎的 500～700 kg 秸秆送入搅拌—蒸煮设备中，启动搅拌器，并依次加入尿素 10～15 kg、磷酸二铵 10 kg、磷酸二氢钙 10 kg 和食盐 10 kg，之后继续加料，并每隔 5～10 min 给搅拌—蒸煮容器送一次蒸汽，直到加料工序结束，使饲料混合物在 90～100℃的条件下蒸煮 50～60 min。在此期间，搅拌器应每运转 10～15 min 间歇一次，这样便达到了高温灭菌和饲料与各种矿物质盐及添加剂充分混合的目的，并能使尿素分解产生氨气，使纤维进一步得到破坏。

高温灭菌后为防止酶失去活性应采用自来水或空气将混合料冷却至 50～55℃以下，然后再按每吨秸秆 5 kg 的比例，向搅拌机中加入各种酶制剂，发酵应持续 2 h，其间搅拌机每运转 10～15 min 间歇 10 min，发酵结束时，混合料中的温度应降至 28～32℃。此时，再向搅拌机内加入 100～150 L 的"酵母乳"。

制取"酵母乳"的方法：每 4.5～5.0 t 秸秆混合料应用 30～40 kg 的麸皮或面粉或 20 kg 糖蜜，将其拌入 100～150 L 热水中，在 28～32℃的条件下，向这种液态混合物中按 4：1 的比例加入 10 kg 的面包酵母和 0.5 kg 的酶制剂，充分搅拌后，再充分暴露于空气之中，以强化酵母生长。

三、青干草的加工调制

(一)青干草制作的方法

1. 地面干燥法

采用地面干燥法干燥牧草的具体过程和时间，随地区气候的不同而有所不同。牧草含水降至 38%时，植物酶和微生物酶对养分的分解才能减慢。所以牧草收割后，应薄层平铺暴晒 6～7 h，使其凋萎(含水 40%～50%)后，用搂草机搂成松散草垄，继续干燥 4～5 h；使含水降至 35%～40%(叶子开始脱落前)时用集草器集成小草堆，继续干燥 1.5～2 d 即可制成青干草(含水 15%～18%)进行贮存。晒制干草，必须注意天气预报，如遇天气变化，应将草拢成小草垛，待天晴时再摊晒；如遇大雨应拢成大垛，并理顺顶部草，使其呈帽状，以防雨淋。此法营养损失大，可高达 40%。所以在多雨季节，不提倡采用地面干燥法。

2. 草架干燥法

在潮湿地区由于牧草收割时多雨，地面经常是潮湿的，因此在生产上多采用草架干燥法来晒制干草。首先把割下来的牧草在地面上干燥 0.5 d 或 1 d，使其含水量降至 45%～50%，无论天气好坏都要及时用草叉将草自上而下上架。最底层应高出地面，不与地面接触，这样既有利于通风，也避免与地面接触吸潮。在堆放完毕后应将草架两侧牧草整理平顺，这样遇雨时，雨水可沿其侧面流至地表，减少雨水浸入草内。这种方法可以大大地提高牧草的干燥速度，保证干草品质，减少各种营养物质的损失。

3. 人工干燥法

(1)常温鼓风干燥法　牧草的干燥可以在室外露天堆贮场，也可以在草棚中进行干燥，经堆垛后，在草堆中设置栅栏通风道，用鼓风机强行吹入空气。如果刈割后的牧草在田间预干到含水量在 65%左右时，置于设有通风道的草棚下，进行干燥，可节省能源开支。这种方法在干草收获时期，白天、早晨和晚间的相对湿度低于 75%，温度高于 15℃时使用。

(2)低温干燥法　利用加热的空气，将青草水分烘干，干燥温度在 50～70℃，需 5～6 h，如为 120～150℃，5～30 min 即可干燥。

(3)高温快速干燥法　它的工艺过程是将切碎的青草(长约 25 mm)快速通过高温干燥机

再由粉碎机粉碎成粒状或直接压制成草块。这种方法主要用来生产干草粉或经轧粒机压制成干草饼。

(二)青干草的堆垛与贮藏

青干草调制成后，必须及时堆垛和贮藏，以免散乱损失。一般地，堆垛贮藏的青干草水分含量不应超过18%，否则容易发霉、腐烂。另外，草垛应坚实、均匀，尽量缩小受雨面积。垛顶不应有凹陷和裂缝。草垛顶脊必须用草绳或泥土封压坚固，以防大风吹刮。在青干草的贮藏过程中要注意做好四防(防畜、防火、防雨、防雪水)工作。对草垛要定期检查和做好维护工作，如发现垛形不正或漏缝，应当及时修整。及时采取散热措施，防止草垛自燃。要使用防腐剂，以防止青干草在堆贮过程发霉变质。

(三)青干草的饲喂

青干草同青贮料一样，在贮存一段时间后，饲喂给家畜前，也应检查其质量——色、香、味和质地。优质青干草颜色鲜绿、香味浓郁、适口性好、叶量多、叶片及花序损失不到5%。饲喂时，也要分段、分层取喂，避免养分流失、质量下降或发霉变质；饲喂羊，要有一个适应过程，防止暴食和食欲突然下降。

四、精饲料的加工调制

1. 磨碎

质地坚硬或有皮壳的饲料，喂前需要磨碎，否则难以消化而由粪中排出，造成浪费。对羊来讲精饲料也不必磨得太细，以碎到直径1～2 mm为宜。但棉籽以整粒饲喂为好，棉籽在瘤胃内其表层棉纤维素即被消化，籽实中脂肪和蛋白质等送至真胃后再被消化。

2. 压扁

将谷物用蒸汽加热到120℃左右，再用压扁机压成1 mm厚的薄片，迅速干燥。由于压扁处理使饲料中的淀粉经加热糊化，豆类籽实中抗营养因子也受到破坏。因此，用于喂羊时消化率和效果明显提高。

3. 湿润及浸泡

湿润一般用于尘粉多的饲料，而浸泡多用于硬实的籽实或油饼，使之软化或用于溶去有毒物质。对磨碎或粉碎的精料，喂羊前，应尽可能湿润一下，以防饲料中粉尘多而影响羊的采食和消化，对预防粉尘呛入气管而造成的呼吸道疾病也有好处。坚硬的饲料，经过浸泡后变得膨胀柔软，便于咀嚼和消化，但是浸泡的时间应掌握好，浸泡时间过长，会造成营养成分的损失，适口性也随之降低，有的饲料甚至还会因为浸泡过久而变质。

4. 饲料颗粒化

将饲料粉碎后，根据家畜的营养需要，按一定的饲料配合比例搭配，并充分混合，用饲料压缩机加工成一定的颗粒形状。颗粒饲料属全价配合饲料的一种，可以直接用来喂羊。颗粒饲料一般为圆柱形，喂羊时以直径4～5 mm、长10～15 mm为宜。颗粒饲料适口性好，饲喂方便，有利于消化，可以增加羊的采食量，且营养齐全，能充分利用饲料资源，减少饲料损失，当今养羊生产中应用较多。

5. 过瘤胃保护技术

饲喂过瘤胃蛋白质是弥补肉羊育肥时日粮蛋白质及能量不足的有效方法。补充过瘤胃淀粉和脂肪都能促进肉羊的快速育肥。豆科牧草、玉米蛋白粉、酒糟等在瘤胃降解率较低，是天然的过瘤胃蛋白质资源。玉米是一种理想的过瘤胃淀粉来源。

①化学方法：甲醛处理是保护植物性蛋白质过瘤胃的常用方法之一，甲醛与蛋白质发生化合反应，形成酸性溶液中可逆的桥键，降低蛋白质在瘤胃的降解率，提高蛋白质的利用率。利用甲醛处理效果最为关键的是甲醛用量，一般认为，豆饼的甲醛用量以干物质的 0.2%～0.4%或粗蛋白质的 0.4%～0.8%时效果较为理想，而葵花饼的甲醛用量为干物质的 1.33%较为适宜。

②加热处理：加热可以降低蛋白质在瘤胃中的降解率，提高蛋白质的利用率。加热处理既有有利的一面(降低蛋白质在瘤胃中降解率)，又有不利的一面(降低蛋白质的消化率并引起一些氨基酸、维生素的损失)，决定两者的大小是加热条件。一般认为，140℃左右烘焙 4 h 或者 130～145℃火烤 2 min 效果较好。

③物理包被：利用植物油、脂肪或聚合物为基础的不同覆盖物主要用于游离氨基酸的保护。由 20%蛋氨酸、15%油酸、10%$CaCO_3$ 和 55%硬脂酸甘油酯组成的蛋氨酸制剂，既可避免蛋氨酸在瘤胃内的降解(瘤胃 17 h 后保护率 88%)，又不影响瘤胃后氨基酸的释放(释放率为 92%)。

④过瘤胃保护脂肪：通过氢化作用使不饱和脂肪酸变为饱和脂肪酸，在瘤胃液中，饱和脂肪能保持固体状态而不被溶解。它们既不会扰乱瘤胃微生物，也不会改变瘤胃微生物的正常代谢。通过皂化作用使脂肪熔化后加入适量的氢氧化钠，等皂化熔化后再加入过量的氯化钙溶液，生成大量的脂肪酸钙盐，然后反复冲洗沉淀物质至 pH 为中性，最后冷冻干燥或自然通风干燥便制成产品。

6. 玉米尿素胶化饲料的调制

制作强化玉米饲料时，玉米颗粒大小不超过 3 mm 为宜。取 75%玉米、20%市售尿素、5%膨润土均匀搅拌，在高温高压下热处理 30 min 后取出，成品温度降到 30℃以下时粉碎风干，装袋待用。

玉米胶化饲料制成后的品质要求，含水量不超过 12%，粗蛋白质当量超过 60%(即含氮率在 9.6%以上)，胶化率不小于 70%。产品风干后应存放于干燥通风处，避雨防潮，不与其他草料混放。成品含水率大于 10%时，不宜久存。

玉米胶化饲料饲喂注意事项：

①应安排不少于 7 d 的预饲期，正式饲喂后，切忌停停喂喂，任意中断、改变喂量。

②饲喂时按量拌匀最后配成颗粒饲料或配合料。成年羊最大日喂量为 90 g，允许替代粗蛋白质 30%～35%；当年羔羊最大日喂量为 80 g，允许替代粗蛋白质 25%～30%。

③不宜单一投喂，也不宜与液体饲料、糖化饲料、发酵饲料、煮熟饲料混喂。

④不宜与其他非蛋白氮饲料混喂。

⑤夏季放牧羊群能从牧草中摄取足够量蛋白质，这一季节不需要添加玉米胶化饲料。

⑥瘦乏、饥饿羊群不宜加用常量玉米胶化饲料，应先调养复原后再饲喂。

7. 饲料砖(舔砖)的制作

饲料砖是根据牛、羊等草食家畜的生理特点与营养需要而设计的舔食用块状添加剂，富含可溶性氮、碳水化合物、维生素和矿物质微量元素。将上述物质按照一定的配方混合均匀，经高压 15 t/cm^2 制成。饲料砖有矿物质盐砖、精料补充料砖和驱虫药砖。

【知识拓展】

一、羊常用饲料的种类及特点

饲料是发展养羊业的物质基础和先决条件，是影响羊生产经济效益好坏的最主要因素。我国饲料资源比较丰富，全面了解和掌握羊常用饲料的种类、特点及加工利用技术，对广开饲料来源，提高饲料转化率和经济效益，促进养羊业的高产、稳产具有重要意义。羊常用饲料的种类及特点见表 4-1-2。

表 4-1-2 常用饲料的种类及特点

饲料类型		营养特点	常见的种类
精饲料	能量饲料	饲料干物质中粗纤维少于 18%，粗蛋白质少于 20%。原粮粗纤维含量低，有机物质的消化率高，蛋白质含量不足，且品质差；脂肪含量少，脂肪酸易酸败；钙磷比例不平衡，钙少磷多，含有丰富的维生素 B_1 和维生素 E，而缺乏维生素 D；适口性好，易消化。与原粮相比加工副产品粗蛋白质、粗脂肪和粗纤维含量都很高，而无氮浸出物、消化率和有效能值含量低；钙、磷含量比籽实高，但是钙少磷多；B 族维生素含量丰富	玉米、小麦、稻谷、大麦、小麦麸、米糠
	蛋白质饲料	粗蛋白质含量高，品质也较好；脂肪含量略低于能量饲料，但大豆、花生含量较高；钙、磷含量较能量饲料稍多，但钙磷比例不恰当，钙多磷少；胡萝卜素缺乏；无氮浸出物含量为 30%～50%，纤维素易消化	大豆、豆饼、豆粕、棉籽饼、菜籽饼、胡麻饼、玉米胚芽饼
粗饲料		体积大，粗纤维含量多，难以消化，营养价值低；粗蛋白质含量差异大；含钙量高，含磷量低；维生素含量丰富	青贮类饲料、干草类饲料、青绿饲料、作物秸秆、秕壳
多汁饲料		干物质中富含淀粉和糖，纤维素含量少，一般不超过 10%，且不含木质素；粗蛋白质含量少，只有 1%～2%，以薯类含量最少，蛋白质含赖氨酸、色氨酸较多；矿物质含量不一致，缺少钙、磷、钠，而钾的含量却丰富；维生素含量因种类不同而差别很大，胡萝卜中含有丰富的维生素，尤以含胡萝卜素最多。甘薯中则缺乏维生素，甜菜中仅含有维生素 C，多汁饲料缺乏维生素 D；适口性好，有机物质消化率高	甜菜、胡萝卜、甘薯
糟粕类饲料		营养成分随原料、加工工艺等差别较大，一般含粗纤维较高，粗蛋白质因其各自的原料不同而有很大差异，但一般均较低；水分含量高，不易贮存和运输。啤酒糟成母牛日喂量以 12～15 kg 为宜，豆腐渣日喂量以 2.5～5 kg 为宜	豆腐渣、甜菜渣、酒糟、醋糟
添加剂类饲料		包括营养性添加剂和非营养性添加剂，强化基础饲料营养价值，提高牛生产性能，保证牛体健康，节省饲料成本，改善产品品质	维生素、微量元素、氨基酸、促生长添加剂、缓冲剂

续表4-1-2

饲料类型	营养特点	常见的种类
非蛋白质含氮饲料	可以代替植物或动物性蛋白质饲料，提供合成菌体蛋白所需要的氨氮，不同产品的含氮量变化幅度较大，除液氨外，为17%～47%，蛋白质当量为106～292，利用率为75%～95%，相当等量豆饼含氮量的1.4～6.5倍。饲料价格高时，适合与植物性蛋白质饲料搭配使用，弥补植物性蛋白质饲料不足，应注意控制用量，并与其他营养素如碳水化合物、硫的比例适当	尿素、液氨、氨水、硫酸铵、氯化铵、二缩尿、铵盐
矿物质饲料	牛的生长、发育、繁殖不可缺少的物质，维持牛的正常新陈代谢	食盐、石粉、磷酸钙、磷酸氢钙

二、羊的生活习性

(一)合群性强

羊的群居行为很强，在羊群当中建立起来的群体结构，主要通过头羊和群体内的优胜序列来加以维系。一般来说，山羊的合群性好于绵羊，粗毛羊好于细毛羊和肉用羊；夏、秋季节好于冬、春季节。在生产当中我们要科学的利用合群性，组织大群放牧的生产管理，注意混群时要有适当的过渡期，以防造成生产上的应激。

(二)食物谱广和采食能力强

羊素有“清道夫”之称。羊尖嘴，唇薄齿利，上唇中央有一纵沟，运用灵活，下颚门齿向外有一定的倾斜度，所以善于啃食很短的牧草。据试验，在半荒漠草场上，有66%的植物种类为牛所不能利用，而绵、山羊则仅38%，故在生产上可以进行牛羊混牧，即不能放牧马、牛的短草牧场可以放羊。

另外绵羊和山羊采食特点有明显不同，山羊喜登高，善跳跃，后肢能站立，可直上直下60°的陡坡，故山羊的采食范围可达崇山峻岭、悬崖峭壁、高处的幼嫩枝叶；而绵羊则需斜向作“之”字形游走，只能采食地面上或低处的杂草与枝叶。

(三)嗅觉灵敏

羊的嗅觉比视觉和听觉更灵敏，其具体表现有靠嗅觉识别羔羊，在生产中利用这一点寄养羔羊多会成功；靠嗅觉辨别植物或枝叶种类，采食无毒适于消化的牧草；靠嗅觉辨别饮水的清洁度，羊喜欢饮用清洁的水，而拒饮污水、脏水等。

(四)神经活动

山羊性情机警灵敏，活泼好动，记忆力强；而绵羊则性情温顺，胆小易惊，反应迟钝，易受惊吓而出现“炸群”。山羊喜角斗，角斗形式有正向互相顶撞和跳起斜向相撞两种，绵羊则只有正向相撞一种。因此，有“精山羊、疲绵羊”之说。

(五)适应能力

主要包括耐粗、耐渴、耐热、耐寒、抗病、抗灾度荒等方面的能力。在适应能力上，一般来说山羊优于绵羊。耐粗饲方面，绵羊和山羊都有很强的耐粗饲的能力，而且山羊耐粗能力更强，除能采食各种杂草外，还能啃食一定数量的草根树皮，对粗纤维的消化率比绵羊高出3.7%；耐渴方面，羊的耐渴性较强，缺水时可几天乃至几十天不饮水；耐热方面，由于汗腺不发达，绵羊的耐热能力较山羊差，且细毛羊较粗毛羊差，故在炎热的夏季绵羊常有"扎窝子"等现象，而山羊却很少发生；耐寒方面，绵羊高于山羊，粗毛羊高于细毛羊及其杂种羊；抗病力方面，只要饲养管理得当，一般全年较少发病。另外，山羊的抗病能力强于绵羊，较少感染寄生虫病和腐蹄病，粗毛羊抗病能力强于细毛羊及其杂种羊；抗灾荒能力方面，是指羊只对恶劣饲料条件的忍耐力。各种羊的抗灾能力相差很大，一般是山羊抗灾荒能力强于绵羊，粗毛羊强于细毛羊，母羊强于公羊。

三、羊的消化器官特点

(一)口部采食器官

羊的颜面细长，嘴尖，唇薄齿利，上唇中央有一中央纵沟，运用灵活，下颚门齿向外有一定的倾斜度，对采食地面低草和灌木枝叶很有利，对草籽的咀嚼也很充分，因此羊只善于啃食很短的牧草。

(二)食道沟及食道沟反射

食道沟始于贲门，延伸至网胃—瓣胃口，是食道的延续，当它关闭合拢时便形成一个由食道至瓣胃的管状结构，称食道沟。在哺乳期的羊只，食道沟可以通过吸吮乳汁而出现闭合，称食道沟反射，使乳直接进入瓣胃和真胃，以防羊乳进入瘤胃或网胃而引起细菌发酵和消化道疾病。一般情况下，哺乳结束的育成羊和成年羊食道沟反射逐渐消失。

(三)羊的复胃

羊的胃由四个部分组成，即瘤胃、网胃、瓣胃和皱胃，占据腹腔的绝大部分空间。前3个胃无腺体组织分布，不分泌胃液，主要起贮存食物、水和发酵分解粗纤维的作用，一般统称为前胃。皱胃内有腺体分布，可分泌胃液，称为后胃。

1. 瘤胃

俗称"草包"，体积最大，容积约23.4 L，占整个胃容量的79%。瘤胃内有大量的微生物繁殖，是细菌发酵饲料的主要场所，有"发酵罐"之称。瘤胃是由肌肉囊组成，通过蠕动使食团按规律流动，其主要功能是贮藏在较短时间采食的未经充分咀嚼而咽下的大量牧草，待休息时反刍。

2. 网胃

也称"蜂巢胃"，内壁如蜂巢状，其容积为2.0 L，占整个胃容量的7%，靠近瘤胃，功能同瘤胃。网胃是吸入水分的贮存库，同时能帮助食团逆呃和排出胃内的发酵气体(嗳气)。网胃位于瘤胃背囊的前下方，位置较低，因此金属异物(如铁钉、铁丝等)被吞入胃内时，易留存在网胃，引起创伤性网胃炎。网胃的前面紧贴着肺，而肺与心包的距离又很近，金属异物还可穿过膈刺入心包，继发创伤性心包炎。所以在饲养管理上要特别注意，严防金属异物混入饲料。

3. 瓣胃

因为瓣胃黏膜形成新月状的瓣叶，也称“百叶肚”。位于瘤胃右侧面，网胃的内侧面，初生羔羊的食道沟起着将乳汁自食管输往瓣胃和皱胃的通道作用。对于成年羊，瓣胃如同一个过滤器，通过收缩把食物稀软部分送入皱胃，把粗糙部分留瓣叶间，在此还大量吸收水和酸。

4. 皱胃

也称“真胃”，容积约 3.3 L，其内有消化腺，可以分泌胃液，主要是盐酸和胃蛋白酶。皱胃是连接瓣胃和小肠的管状器官，是菌体蛋白质和过瘤胃蛋白质被消化的部位，对其主要进行化学性消化，其功能与非反刍家畜单胃的功能基本相同。

(四)羊的肠道

羊的小肠细长曲折，长度约为 25 m，大肠比小肠短，约为 8.5 m，整个肠道的长度相当于体长的 26～27 倍，而牛约为 20 倍，马为 12 倍，这表明羊的消化吸收能力很强。在小肠内主要是在各种消化酶的作用下进行化学性消化，大肠内主要是在大肠微生物和少量酶作用下继续部分消化并吸收食物中的水分，最终没有被消化的食物残渣形成粪便排出体外。

四、羊的消化生理特点

(一)唾液及唾液分泌

羊的唾液主要由腮腺、颌下腺和舌下腺分泌的，无色透明，具有润湿饲料、溶解食物、杀菌和保护口腔的作用。呈弱碱性，尤其腮腺分泌的唾液 pH 高达 8.1，这是由于唾液当中含有大量的碳酸氢盐和磷酸盐，故可中和瘤胃发酵产生的有机酸，以维持瘤胃内的酸碱平衡。羊的唾液当中不含有唾液淀粉酶，但在哺乳阶段分泌的唾液中含有一种独特的脂肪酶，以利于对乳脂的消化。羊唾液中含有的有机物主要是粘蛋白，其他无机物主要有 K、Na、Ca、Mg 等的氯化物，另外还含有尿素，唾液是瘤胃-肝脏氮素循环中的尿素回到瘤胃的主要途径。

(二)反刍

反刍动物将采食的富含粗纤维的草料，在休息时逆呃到口腔，经过重新咀嚼，并混入唾液再吞咽下去的过程叫反刍。反刍由逆呕、重咀嚼、再混合唾液和再吞咽 4 个过程构成。羔羊约在出生后 40 d 左右开始出现反刍行为，如果哺乳期早期补饲得当可提早出现反刍行为。多在食后 1～2 h 内开始反刍，反刍到一定时间后(40～50 min)又开始吃草。反刍姿势多为侧卧式，少数为站立。放牧条件下，反刍时间与采食时间的比值为 0.8∶1，舍饲条件下，二者的时间比例为 1.6∶1。饲料的物理性质和瘤胃中挥发性脂肪酸(VFA)是影响反刍的主要因素，如果反刍行为停止则预示着疾病的发生。

(三)瘤胃微生物的作用

1. 发酵与嗳气

羊的瘤胃—网胃中寄居着大量的细菌和原虫，据测定，每毫升瘤胃内容物的微生物数量约

为 10^{10}～10^{11} 个，这些微生物不断地发酵着进入瘤胃中的饲料营养物质，产生挥发性脂肪酸（VFA）及各种气体（如 CO_2、CH_4、H_2S、NH_3、CO 等）。瘤胃的发酵类型对羊来说有特殊的地位，丙酸发酵不产生甲烷，可以向羊提供较多的有效能量，提高饲料利用率，所以要尽量提高瘤胃丙酸比例。通过增加谷物类精料、粗料破碎、压粒、日粮中添加瘤胃素等，就可调节瘤胃发酵，提高丙酸比例，向羊体供给更多的有效能，促进羊体生长。

嗳气是一种反射动作，瘤胃发酵产生的大量气体只有通过不断地嗳气动作被驱入食管才能排出体外，并预防胀气，一旦发生胀气应及时机械放气或灌药止酵，否则会引起窒息死亡。

2. 粗饲料的利用和碳水化合物的消化

碳水化合物是自然界分布极广的一种有机物质，是植物性饲料的主要组成部分，含量可占其干物质的 50%～80%。饲料中的碳水化合物在瘤胃微生物及酶的作用下，逐级分解，产生大量的 VFA 等，作为能源或合成体脂及乳脂肪的原料。饲喂不同种类及数量的饲料对牛瘤胃液中 VFA 的总量及比例有明显的影响。

3. 饲料中蛋白质和非蛋白氮的利用

饲料蛋白质在瘤胃微生物的作用下，降解为多肽及氨基酸，其中的一些氨基酸进一步降解为有机酸、NH_3 及 CO_2；而饲料中的非蛋白氮如尿素、铵盐等能够被分解产生氨。所生成的氨和游离氨基酸以及一些小分子的多肽在能源供应充足和具有一定数量蛋白质的条件下，可通过瘤胃微生物作用合成微生物蛋白质，而且瘤胃内的微生物可合成 10 种必需氨基酸，因此通过瘤胃微生物的作用提高了含氮饲料的营养价值。另外这些微生物蛋白质是在到达真胃及十二指肠以后，它们的细胞蛋白质才被羊消化和吸收，据试验由瘤胃转移到真胃的蛋白质约 82%属于细菌蛋白质。羊体所获得的蛋白质与日粮中的蛋白质品质关系不大。正因如此，可以在羊的饲料中均匀加入一定浓度的非蛋白氮，如尿素、铵盐等，增加瘤胃中氨的浓度，有利于微生物蛋白质的合成，同时可节约饲料蛋白质，降低饲料成本，提高经济效益。

4. 脂类合成和氢化作用

瘤胃微生物不但能够合成脂肪酸，而且还能够氢化不饱和脂肪酸成为饱和脂肪酸，提高羊体脂肪硬度。

5. 维生素的合成

瘤胃微生物可以合成 B 族维生素和维生素 K 。在青贮饲料、青草及胡萝卜等正常供应的情况下，日粮中不需要添加合成的维生素。但脂溶性维生素 A、维生素 D、维生素 E 必须从饲料中供给和满足，维生素 C 虽然被瘤胃微生物破坏，但又可以在肝脏中合成。羊体要合成适当数量的维生素 B_{12}，必须供给足够数量的钴。

任务2 日粮配合

【任务描述】

日粮是指一昼夜内一头羊所采食饲料的总量。饲养标准是维持动物健康和提高生产性能的基础。生产中按照羊不同生理阶段对营养物质的需要量，正确查阅饲养标准，给出羊群不同情况下对主要营养物质的需要量合理配合日粮。日粮配合是科学饲养在饲养实践中的具体运用，既要发挥营养物质的作用和动物的生产潜力，又要符合经济生产的原则。在生产中应根据羊不同生产阶段营养需要配制日粮，做到科学合理。

【任务分析】

通过本任务的学习，学生将学会羊日粮配合的方法和步骤，在了解羊饲料种类、消化特点、羊的营养需要的基础上，熟悉羊饲养标准和饲料营养成分表，掌握羊日粮配方设计的相关知识和方法。完成不同生理状态和生产水平下羊的日粮配制工作。

【任务实施】

一、日粮配合方法

根据羊的消化生理特点，首先应以青粗饲料为主，注意优质干草、青贮饲料的搭配，用精料补充料补充青粗饲料的不足。各种饲料搭配为：以青粗饲料为基础，其干物质占总日粮干物质的50%～60%，精饲料占40%～50%。精料补充料中，籽实饲料占30%～50%，蛋白质饲料为15%～20%，矿物质饲料为2%～3%。日粮体积适当，保证羊能全部吃下，又要满足营养需要。

一般有方形法、试差法、解方程法、计算机配合方法等。

二、日粮配合的步骤

现以体重为50 kg日增重0.3 kg的育肥绵羊为例，用试差法说明日粮配合的方法和步骤。

(1)查饲养标准(中国绵羊饲养标准2004)，确定毛用和毛肉兼用、体重为50 kg日增重0.3 kg育肥绵羊的营养需要量(表4-2-1)。

表4-2-1　体重50 kg日增重0.3 kg育肥绵羊的每日营养需要量

ME/(MJ/d)	粗蛋白质/(g/d)	钙/(g/d)	总磷/(g/d)	食盐/(g/d)
22.10	215	6.7	5.2	11.0

维生素A/(IU/d)	维生素D/(IU/d)	维生素E/(IU/d)	钴/(mg/kg)	铜/(mg/kg)	碘/(mg/kg)	铁/(mg/kg)	锰/(mg/kg)	硒/(mg/kg)	锌/(mg/kg)	硫/(mg/d)
940～2 350	111～278	12～23	0.2～0.35	11～19	0.94～1.7	47～83	23～41	0.18～0.31	29～52	2 800～3 500

(2)按羊对饲料的转化率，将标准营养转化为需饲料提供的营养，见表4-2-2。

表4-2-2　标准营养转化为需饲料提供的营养

指标	ME/(MJ/d)	饲料中提供粗蛋白质/(g/d)	饲料中提供钙/(g/d)	饲料中提供磷/(g/d)	饲料中提供盐/(g/d)
转化率	1	0.67	0.4	0.65	0.8
标准营养	22.1	215	6.7	5.2	11
需饲料提供营养	22.1	320.9	16.8	8.0	13.8

(3)查饲料营养成分及营养价值表，列出所用各种饲料的营养成分及含量，见表 4-2-3、表 4-2-4。

表 4-2-3 常用饲料营养成分表及营养价值

指标	干物质/%	消化能/(MJ/kg)	代谢能/(MJ/kg)	粗蛋白质/%	钙/%	磷/%
苜蓿干草	92	9.79	8.03	16.8	1.95	0.28
野干草	90.7	6.33	5.19	4.5	0.34	0.03
青贮玉米	23	2.21	1.81	2.3	0.18	0.05
玉米	86	14.14	11.59	7.8	0.02	0.27
大豆粕	89	14.21	11.7	44	0.33	0.62
磷酸氢钙					21.5	16.5
石粉					36	

表 4-2-4 微量元素矿物质原料规格及含量表

原料	分子式	元素含量/%	纯度/%
硫酸钴	$COSO_4 \cdot 5H_2O$	Co:24.06 S:13.06	98
硫酸铜	$CuSO_4 \cdot 5H_2O$	Cu:25.5 S:12.82	96
碘化钾	KI	I:76.40	98
硫酸亚铁	$FeSO_4 \cdot 7H_2O$	Fe:20.1 S:12.0	98.5
硫酸锰	$MnSO_4 \cdot H_2O$	Mn:32.5 S:18.94	98
硫酸镁	$MgSO_4 \cdot 7H_2O$	Mg:9.87 S:12.99	99.5
亚硒酸钠	Na_2SeO_3	Se:44.7	98
硫酸锌	$ZnSO_4 \cdot 7H_2O$	Zn:22.7 S:11.14	99
硫酸钠	Na_2SO_4	S:22.53	98

(4)用青粗饲料配制基础日粮。按照日粮配合原则，首先用青粗饲料配制基础日粮。每天应喂给青粗饲料(风干基础)占体重的 3.0%，体重 50 kg 的羊应喂给 50×3.0%=1.5(kg)，其中干草占 1/3，可用 0.1 kg 苜蓿干草和 0.4 kg 野干草满足，剩余 1 kg 可用 3 kg 青贮饲料满足(1 kg 干草相当于 3 kg 青贮饲料)，然后根据表 4-2-3 计算各种成分含量(表 4-2-5)。

表 4-2-5 青粗饲料基础日粮配合表

项目	干物质	代谢能/MJ	粗蛋白质/g	钙/g	磷/g
0.1 kg 苜蓿干草	0.1×0.92=0.09	0.1×8.03=0.803	100×16.8%=16.8	100×1.95%=1.95	100×0.28%=0.28
0.4 kg 野干草	0.4×0.907=0.36	0.4×5.19=2.08	400×4.5%=18	400×0.34%=1.36	400×0.03%=0.12

续表4-2-5

项目	干物质	代谢能/MJ	粗蛋白质/g	钙/g	磷/g
3 kg 青贮玉米	3×0.23= 0.69	3×1.81= 5.43	3 000×2.8%= 84	3 000×0.18%= 5.4	3 000×0.05%= 1.5
合计	1.05	8.309	118.8	8.71	1.9
与标准比较 代谢能差值		8.309−22.1= −13.791			

(5)调整能量含量。用精料补充基础日粮的营养不足。首先考虑能量，见表4-2-5，代谢能还差13.791 MJ。提供能量的最佳饲料是玉米。玉米含代谢能11.59 MJ/kg，可用13.791÷11.59≈1.19(kg)玉米满足能量需要。调整后见表4-2-6。

表4-2-6　代谢能量的调整

项目	代谢能/MJ	粗蛋白质/g
1.19 kg玉米	1.19×11.59=13.792 1	1 190×7.8%=92.82
3.5 kg粗饲料	8.309	118.8
合计	22.101	211.62
标准	22.1	320.9
平衡情况(±)	22.10−22.1=0	211.62−320.9=−109.28

(6)调整蛋白质含量。用1.19 kg玉米满足能量需要后，饲料提供粗蛋白质还差109.28 g。可用含能量和蛋白质均丰富的豆粕代替部分玉米补充尚缺乏的蛋白质。每千克豆粕和玉米分别含粗蛋白质440 g和78 g。若用1 kg豆饼代替1 kg玉米，可增加蛋白质440−78=362(g)，现缺109.28 g，可用109.28÷362≈0.3(kg)豆饼代替0.3 kg玉米。调整后的含量见表4-2-7。

表4-2-7　粗蛋白质的调整

项目	代谢能/MJ	粗蛋白质/g
3.5 kg粗饲料	8.309	118.8
1.19−0.3=0.89(kg)玉米	0.89×11.59=10.315	890×7.8%=69.42
0.3 kg豆粕	0.3×11.7=3.51	300×44%=132
合计	22.134	211.62
标准	22.1	320.9
平衡情况(±)	22.134−22.1=0.034	320.22−320.9=−0.68

调整后能量、蛋白质基本满足。

(7)调整钙、磷的需要量。根据表4-2-3计算3.5 kg粗饲料0.89 kg玉米和0.3 kg豆粕钙、磷的含量，见表4-2-8。

表 4-2-8 粗、精料提供钙、磷量

项目	钙/g	磷/g
3.5 kg 粗饲料	8.71	1.9
1.19－0.3＝0.89(kg)玉米	890×0.02%＝0.178	890×0.27%＝2.403
0.3 kg 豆粕	300×0.33%＝0.99	300×0.62%＝1.86
合计	9.878	6.163
标准	16.8	8.0
钙、磷平衡情况	9.878－16.8＝－6.922	6.163－8＝－1.837

由表 4-2-8 可知，钙少 6.922 g，磷少 1.837 g。首先用磷酸氢钙补磷，1.837/16.5%＝11.13(g)磷酸氢钙使磷满足。同时提供钙 11.13×21.5＝2.39(g)。此时，钙平衡情况，9.878＋2.39－16.8＝－4.482，用石粉补钙，4.482/36%＝12.45(g)石粉。满足钙的需要量。见表 4-2-9。

表 4-2-9 钙、磷平衡情况

项目	钙/g	磷/g
粗精料合计	9.878	6.163
加 11.13 g 磷酸氢钙的钙、磷	11.13×21.5＝2.39	11.13×16.5%＝1.837
钙、磷平衡情况	9.878＋2.39－16.8＝－4.482	6.163＋1.837－8＝0
加 12.45 g 石粉的钙	12.45×36%＝4.482	
钙平衡	9.878＋2.39＋4.482－16.8＝0	

食盐按需要量补加 13.8 g。

(8)微量元素原料添加量的计算。组成基础日粮中微量元素含量忽略不计，根据表 4-2-1 和表 4-2-4，计算各种微量矿物质商品原料添加量(表 4-2-10)。

表 4-2-10 微量矿物质商品原料添加量

	项目	钴	铜	碘	铁	锰	硒	锌
a	标准规定量/(mg/kg)	0.20	11.00	0.94	47.00	23.00	0.18	29.00
b	元素含量/%	24	25	76	20	32	44	22
c	每千克干物质需纯化合物量/mg	0.83	44.00	1.24	235.00	71.88	0.41	131.82
d	每千克干物质需商品化合物量/mg	0.85	45.83	1.26	239.80	73.34	0.42	133.15
e	每千克精补料需商品化合物量/mg	1.77	95.33	2.63	498.78	152.55	0.87	276.95

续表4-2-10

	项目	钴	铜	碘	铁	锰	硒	锌
f	商品化合物在1%预混料比例/%	0.02	0.95	0.03	4.99	1.53	0.01	2.77

注：$c=a/b$。

$d=c/$该化合物纯度(例：硫酸钴的纯度 98%)。

$e=d\times$(粗料干物质量＋精补料干物质量)(例：本例中，粗料干物质量＋精补料干物质量＝1.05＋0.89×0.86＋0.3×0.89＝2.08)。

$f=e/1\ 000\ 000/0.01\times 100=e/100$(例：0.01 为 1%预混料，若 2%预混料则为 0.02)

微量元素需配成预混料使用，本例中，f 再加 0.2%的抗氧化剂及 89.51%的石粉，做成预混料。

由以上微量元素提供的硫很少可忽略，羊需要 2.5～3.5 g/d，故需在精补料中加含硫 22.53%的硫酸钠补充，需 2.5×2.08÷22.53%＝22.08(g/kg)精补料。

(9)维生素添加量的计算(表 4-2-11)。

表 4-2-11 维生素添加量

维生素	维生素中含量/(IU/g)	配合料标准/(IU/d)	精补料标准/(IU/kg)	1%预混料标准/(IU/kg)	预混料中维生素量/(g/kg)	预混料中维生素比/%
A	50 000	940	1 955.2	195 520	3.910 4	0.391 04
D	10 000	110	228.8	22 880	2.288	0.228 8
E	100	12	24.96	2 496	24.96	2.496

注：精补料标准＝配合料标准×干物质量。

1%预混料标准＝精补料标准/0.01。

预混料中维生素量＝1%预混料标准/原料中含量。

预混料中维生素比＝预混料中维生素量/10。

维生素需做成维生素预混料使用，本例中，预混料中维生素比(%)＋0.2%抗氧化剂＋0.2%防霉剂＋96.5%麸皮(或淀粉)做成维生素预混料。

(10)全面调整后的日粮组成及营养水平(表 4-2-12)

表 4-2-12 全面调整后育肥绵羊饲料配方

饲料组成	日粮/(kg·只$^{-1}$·d^{-1})	营养成分	营养水平	精补料配方/%
苜蓿干草	0.1	代谢能	22.1 MJ	
野干草	0.4	粗蛋白质	320.22 g	
青贮玉米	3	钙	16.8 g	
玉米	0.89	总磷	8 g	71.2
豆饼	0.3	铁	47 mg	24
食盐	0.013	铜	11 mg	1.04
硫酸钠	0.022	锌	29 mg	1.76
1%微量元素预混料	0.01	锰	23 mg	1

续表4-2-12

饲料组成	日粮/(kg·只$^{-1}$·d^{-1})	营养成分	营养水平	精补料配方/%
1%维生素预混料	0.01	钴	0.20 mg	-
		碘	0.94 mg	
		硫	2.5 g	
		食盐	13.8 g	

由表4-2-12看出，精料占日粮风干基础总量的26%，青粗饲料占73%，干物质含量占体重的4.1%，钙磷比为2∶1，基本符合要求。一般当粗饲料占日粮的50%以上时，可基本满足羊对维生素的需要。

【知识拓展】

一、日粮配合原则

(1)必须按照羊的营养需要和饲养标准来满足羊的各种营养需要，但要根据实际的饲养实践情况，灵活调整运用各类饲养标准。

(2)日粮组成尽量多样化。有利于发挥不同饲料在营养成分、适口性以及成本之间的补充性。

(3)追求粗料比例最大化。在确保满足羊营养需要的前提下，要追求粗料比例最大化，这样可以降低饲料成本。

(4)配合日粮时必须因地制宜，充分利用本地的饲料资源，以降低饲养成本。

(5)先配粗饲料，再配精饲料，最后补充矿物质，以满足钙、磷的需要。

(6)所配的日粮要与羊的采食量相适应，保证所配制的日粮能够全部被羊所采食。

二、羊的营养需要

(一)能量

饲粮的能量水平是影响生产力的重要因素之一。能量不足，会导致幼龄羊生长缓慢，母羊繁殖率下降，泌乳期缩短，羊毛生长缓慢、毛纤维直径变细等；能量过高，对生产和健康同样不利。因此，合理的能量水平，对保证羊体健康，提高生产力，降低饲料消耗具有重要作用。

1. 维持

NRC(1985)确定的绵羊每日维持能量(NE)需要为：$[56W^{0.75}]\times4.1868$ kJ(W为体重)。

2. 生长

NRC(1985)认为，不同绵羊品种，空腹重20～50 kg的生长发育期绵羊，每千克空腹增重需要热值，轻型体重羔羊为12.56～16.75 MJ/kg，重型体重羔羊为23.03～31.40 MJ/kg。在生产上，计算增重所需要的热值，需要将空腹重换算为活重，即空腹重乘以1.195。同品种活重相同时，公羊每千克增重需要的热值是母羊的0.82倍。

3. 妊娠

青年妊娠母羊能量需要量包括维持净能、本身生长增重、胎儿增重及妊娠产物的饲料量；

成年妊娠母羊不生长，能量需要量仅包括维持净能和胎儿增重及妊娠产物的饲料量。在妊娠期的后6周，胎儿增重快，对能量需要量大。怀单羔羊的妊娠母羊的能量总需要量为维持需要量1.5倍，怀双羔羊的母羊为维持需要量2.0倍。

4. 泌乳

包括维持和产乳需要。羔羊在哺乳期增重与母乳的需要量之比为1∶5。绵羊在产后12周泌乳期内，有65%～83%的代谢能(ME)转化为奶能，带双羔母羊比带单羔母羊的转化率高。

(二)蛋白质

蛋白质是机体必需的组成成分，不但组成各种组织、器官，而且也是体内酶、激素、抗体及肉、皮、毛等产品的主要成分。蛋白质的营养作用是碳水化合物、脂肪等营养物质所不能替代的，而且机体内的蛋白质经6～7个月就有半数被新型蛋白质所替代，因此，日粮当中要注意提供适当水平的蛋白质营养素，不能过高或过低。过高时多余的蛋白质在肝脏、血液及肌肉内贮存，或经脱氨作用转化为脂肪贮存起来，以备不足之需。另外，当碳水化合物和脂肪等主要供能物质不足时，蛋白质可以替代碳水化合物和脂肪产热供能，但用蛋白质产热供能是不经济的。当饲料中蛋白质供应不足时，会造成羊消化机能减退，生长缓慢，体重减轻，发育受阻，抗病力减弱，严重缺乏时甚至引起死亡。

(三)脂肪

羊体内的脂肪主要由饲料中碳水化合物在瘤胃内发酵产生的挥发性脂肪酸合成而来，但羊体不能直接合成亚麻油酸、次亚麻油酸和花生油酸等三种不饱和脂肪酸，必须从饲料中获得。若日粮中缺乏这些脂肪酸，羔羊生长发育缓慢，皮肤干燥，被毛粗直，有时易患维生素A、维生素D和维生素E缺乏症。豆科作物籽实、玉米糠及稻糠等均含有较多脂肪，是羊日粮中脂肪的重要来源，一般羊日粮中不必添加脂肪。

(四)矿物质

1. 钙(Ca)和磷(P)

钙和磷是羊体内含量很多的矿物质，是骨骼和牙齿的主要成分，约有99%的钙和80%的磷存在于骨骼和牙齿中。钙是细胞和组织液的重要成分，磷是核酸、磷脂和磷蛋白的组成成分。羊的日粮中钙磷比例比(2～1.5)∶1为宜。日粮中缺乏钙或钙、磷比例不当时，羊食欲减退、消瘦、生长发育不良，幼畜患佝偻病，成年羊患软骨症或骨质疏松易折断，磷缺乏时，羊出现异食癖，如吃羊毛、砖块、泥土等。

2. 钠(Na)和氯(Cl)

钠和氯与消化机能有关，也是维持渗透压和酸碱平衡的重要离子，并参与水的代谢。植物性饲料含钠、氯较少，且青粗饲料中含钾多，钾能促进钠的排出，为此羊不但需要经常补盐，而且对放牧饲养的羊和以粗饲料为主的羊要多补一些食盐。一般按日粮干物质的0.15%～0.25%或混合精料的0.5%～1%补给。

3. 铁(Fe)

铁主要存在于羊的肝脏和血液中，是血红素和许多氧化呼吸酶的成分。饲料中缺铁时，羊易患贫血症,羔羊尤为敏感。供铁过量会引起磷的利用率降低,导致软骨症。

4. 铜(Cu)

铜与铁的代谢关系密切,是许多氧化酶的组成成分,参与造血过程,促进血红素的合成。当机体缺铜时,会减少铁的利用,造成贫血、消瘦、骨质疏松、皮毛粗硬、毛品质下降等。日粮中铜过量会引起中毒,尤其是羔羊,对过量铜耐受力较差。一般饲料中含铜较多,但缺铜地区土壤生长的植物含铜量较低,容易引起铜缺乏症。

5. 锌(Zn)

锌是构成动物体内多种酶的重要成分,可参与脱氧核糖核酸的代谢作用,能影响性腺活动和提高性激素活动,还可防止皮肤干裂和角质化。日粮中缺乏锌时,羔羊生长缓慢,皮肤不完全角化,可见脱毛和皮炎,公羊睾丸发育不良。日粮高钙易引起缺锌。

6. 锰(Mn)

锰对羊的生长、繁殖和造血都有重要作用,为多种酶的激活剂,能影响体内一系列营养物质的代谢。严重缺锰时,羔羊生长缓慢,骨组织损伤,形成弯曲,骨折和繁殖困难。

7. 硫(S)

硫是蛋氨酸、胱氨酸、半胱氨酸等含硫氨基酸的组成成分,硫对体蛋白合成、激素、被毛以及碳水化合物代谢有重要作用。羊瘤胃中微生物能利用无机硫和非蛋白氮合成含硫氨基酸,日粮干物质中氮比例以(5～10)∶1为宜。因此在喂尿素的同时,可日补硫酸铜 10 g,使之占日粮干物质的 0.25%,这样可有效提高产毛量,增加羊毛强度和长度。

8. 钴(Co)

钴是维生素 B_{12} 的组成成分,如果饲料缺钴会影响维生素 B_{12} 的合成。土壤中缺钴的地区当每千克饲草干物质含钴量低于 0.07 mg 时,应补钴。

9. 硒(Se)

硒是谷胱甘肽过氧化酶的组成成分。这种酶有抗氧化作用,能把过氧化脂类还原,防止这类毒素在体内蓄积。缺硒可引起白肌病,羔羊更敏感,在缺硒地区要补硒。

(五)维生素

成年羊瘤胃微生物能合成 B 族维生素、维生素 C 及维生素 K,这些维生素除哺乳期羔羊外一般不会缺乏。但在羊的日粮中要注意供给足够的维生素 A、维生素 D 和维生素 E。

1. 维生素 A

维生素 A 能促进机体上皮细胞的正常生长,维持呼吸道、消化道和生殖系统黏膜的健康水平,保障正常视力。缺乏维生素 A 时,羊采食量下降,生长停滞、消瘦,出现干眼症或夜盲症,母羊受胎率低,易流产或产死胎,公羊性欲低,射精量少。

2. 维生素 D

维生素 D 可以增加肠道对钙、磷的吸收。缺维生素 D 时会影响钙、磷代谢,食欲不振,体质虚弱,四肢强直,被毛粗糙,羔羊易患佝偻病,成年羊骨质疏松、关节变形、易患软骨病。

3. 维生素 E

维生素 E 又叫生育酚、抗不育维生素,在机体内起催化和抗氧化作用。缺乏维生素 E 时,羔羊易患白肌病,公羊睾丸发育不良,精液品质差,母羊受胎率降低,流产或死胎。一般羔羊每千克日粮干物质中维生素 E 不应低于 15 IU,成年羊一般日粮所含维生素 E 可满足需要。

4. 维生素B和维生素K

瘤胃机能正常时，能利用微生物合成B族维生素和维生素K。羔羊在瘤胃发育正常以前，瘤胃微生物区系尚未建立，日粮中需要添加这些维生素。

(六)水

水是羊体重要组成成分之一。水最容易得到，所以有时不把水作为营养物质，这种看法是不完全的。水分是饲料消化、吸收、营养物质代谢、排泄及体温调节等生理活动所必需的物质，是羊生命活动不可缺少的。一般水分可占体重的60%～70%。当体内水分损失5%时，羊有严重的渴感，食欲废绝；丧失10%的水分时，代谢紊乱，生理过程遭到破坏；损失20%时，可引起死亡。需水量因体重、气温、日粮及饲养方式不同而异，一般采食1 kg干物质需水3～5 kg。每日应让羊自由饮水2～3次。

三、羊的饲养标准

(一)我国的绵羊和山羊饲养标准

目前，我国的绵山羊饲养标准多数是各个绵山羊品种的各自的饲养标准，比如南江黄羊NY 809—2004，湘东黑山羊NY 810—2004，无角陶赛特种羊NY 811—2004等。另外，波尔山羊、大尾寒羊、小尾寒羊等也都分别有自己的地方饲养标准。更可喜的是，随着养羊业的蓬勃发展，在2004年我国首次颁布实施了绵羊和山羊统一的肉羊饲养标准，即《中华人民共和国农业行业标准NY/T 816—2004肉羊饲养标准》，自2004年9月1日起实施。

(二)美国绵羊、山羊饲养标准

(1)美国NRC(1985)修订的绵羊饲养标准，当中具体规定了不同体重、不同性别、不同生长、生理发育阶段下的绵羊对各种营养物质的需要量。

(2)美国安哥拉山羊的饲养标准。其要求母羊18月龄配种前体重必须达到27.0 kg以上，要注重保证配种前后2～3周和妊娠90～120日龄时的母羊营养需要。

(三)肉用绵羊饲养标准(NY/T 816—2004)

1. 生长肥育羔羊每日营养需要量

4～20 kg体重阶段生长肥育绵羊羔羊不同日增重下日粮干物质进食量和消化能、代谢能、粗蛋白质、钙、总磷、食用盐每日营养需要量见表4-2-13。

表4-2-13 生长肥育绵羊羔羊每日营养需要量

体重/kg	日增重/(kg/d)	DMI/(kg/d)	DM/(MJ/d)	ME(MJ/d)	粗蛋白质/(g/d)	钙/(g/d)	总磷/(g/d)	食盐/(g/d)
4	0.1	0.12	1.92	1.88	35	0.9	0.5	0.6
4	0.2	0.12	2.8	2.72	62	0.9	0.5	0.6
4	0.3	0.12	3.56	3.56	90	0.9	0.5	0.6
6	0.1	0.13	2.55	2.47	36	1.0	0.5	0.6

续表4-2-13

体重/kg	日增重/(kg/d)	DMI/(kg/d)	DM/(MJ/d)	ME(MJ/d)	粗蛋白质/(g/d)	钙/(g/d)	总磷/(g/d)	食盐/(g/d)
6	0.2	0.13	3.43	3.36	62	1.0	0.5	0.6
6	0.3	0.13	4.18	3.77	88	1.0	0.5	0.6
8	0.1	0.16	3.10	3.01	36	1.3	0.7	0.7
8	0.2	0.16	4.06	3.93	62	1.3	0.7	0.7
8	0.3	0.16	5.02	4.60	88	1.3	0.7	0.7
10	0.1	0.24	3.97	3.60	54	1.4	0.75	1.1
10	0.2	0.24	5.02	4.60	87	1.4	0.75	1.1
10	0.3	0.24	8.28	5.86	121	1.4	0.75	1.1
12	0.1	0.32	4.60	4.14	56	1.5	0.8	1.3
12	0.2	0.32	5.44	5.02	90	1.5	0.8	1.3
12	0.3	0.32	7.11	8.28	122	1.5	0.8	1.3
14	0.1	0.4	5.02	4.60	59	1.8	1.2	1.7
14	0.2	0.4	8.28	5.86	91	1.8	1.2	1.7
14	0.3	0.4	7.53	6.69	123	1.8	1.2	1.7
16	0.1	0.48	5.44	5.02	60	2.2	1.5	2.0
16	0.2	0.48	7.11	8.28	92	2.2	1.5	2.0
16	0.3	0.48	8.37	7.53	124	2.2	1.5	2.0
18	0.1	0.56	8.28	5.86	63	2.5	1.7	2.3
18	0.2	0.56	7.95	7.11	95	2.5	1.7	2.3
18	0.3	0.56	8.79	7.95	127	2.5	1.7	2.3
20	0.1	0.64	7.11	8.28	65	2.9	1.9	2.6
20	0.2	0.64	8.37	7.53	96	2.9	1.9	2.6
20	0.3	0.64	9.62	8.79	128	2.9	1.9	2.6

注:①表中日粮干物质进食量(DMI)、消化能(DE)、代谢能(NE)、粗蛋白质(CP)、钙、总磷、食用盐每日需要量数参考自内蒙古自治区地方标准《细毛羊饲养标准》(DB 15/T 30—92)。

②日粮中添加的食盐应符合 GB 5461 规定。

2. 育成母羊每日营养需要量

25～50 kg 体重阶段绵羊育成母羊日粮干物质进食量和消化能、代谢能、粗蛋白质、钙、总磷、食用盐每日营养需要量见表 4-2-14。

表 4-2-14 育成母羊每日营养需要量

体重/kg	日增重/(kg/d)	DMI/(kg/d)	DM/(MJ/d)	ME/(MJ/d)	粗蛋白质/(g/d)	钙/(g/d)	总磷/(g/d)	食盐/(g/d)
25	0	0.8	5.86	4.60	47	3.6	1.8	3.3
25	0.03	0.8	6.70	5.44	69	3.6	1.8	3.3
25	0.06	0.8	7.11	5.86	90	3.6	1.8	3.3

续表4-2-14

体重/kg	日增重/(kg/d)	DMI/(kg/d)	DM/(MJ/d)	ME/(MJ/d)	粗蛋白质/(g/d)	钙/(g/d)	总磷/(g/d)	食盐/(g/d)
25	0.09	0.8	8.37	6.69	112	3.6	1.8	3.3
30	0	1.0	6.70	5.44	54	4.0	2.0	4.1
30	0.03	1.0	7.95	6.28	75	4.0	2.0	4.1
30	0.06	1.0	8.79	7.11	96	4.0	2.0	4.1
30	0.09	1.0	9.20	7.53	117	4.0	2.0	4.1
35	0	1.2	7.95	6.28	61	4.5	2.3	5.0
35	0.03	1.2	8.79	7.11	82	4.5	2.3	5.0
35	0.06	1.2	9.62	7.95	103	4.5	2.3	5.0
35	0.09	1.2	10.88	8.79	123	4.5	2.3	5.0
40	0	1.4	8.37	6.69	67	4.5	2.3	5.8
40	0.03	1.4	9.62	7.95	88	4.5	2.3	5.8
40	0.06	1.4	10.88	8.79	108	4.5	2.3	5.8
40	0.09	1.4	12.55	10.04	129	4.5	2.3	5.8
45	0	1.5	9.20	8.79	94	5.0	2.5	6.2
45	0.03	1.5	10.88	9.62	114	5.0	2.5	6.2
45	0.06	1.5	11.71	10.88	135	5.0	2.5	6.2
45	0.09	1.5	13.39	12.10	80	5.0	2.5	6.2
50	0	1.6	9.62	7.95	80	5.0	2.5	6.6
50	0.03	1.6	11.30	9.20	100	5.0	2.5	6.6
50	0.06	1.6	13.39	10.88	120	5.0	2.5	6.6
50	0.09	1.6	15.06	12.13	140	5.0	2.5	6.6

注:①表中日粮干物质进食量(DMI)、消化能(DE)、代谢能(NE)、粗蛋白质(CP)、钙、总磷、食用盐每日需要量数值参考自内蒙古自治区地方标准《细毛羊饲养标准》(DB 15/T 30—92)。

②日粮中添加的食盐应符合 GB 5461 规定。

3. 育成公绵羊每日营养需要量

25～70 kg 体重阶段绵羊育成公羊日粮干物质进食量和消化能、代谢能、粗蛋白质、钙、总磷、食用盐每日营养需要量见表 4-2-15。

表 4-2-15　育成公羊每日营养需要量

体重/kg	日增重/(kg/d)	DMI/(kg/d)	DM/(MJ/d)	ME/(MJ/d)	粗蛋白质/(g/d)	钙/(g/d)	总磷/(g/d)	食盐/(g/d)
20	0.05	0.9	8.17	6.70	95	2.4	1.1	7.6
20	0.10	0.9	9.76	8.00	114	3.3	1.5	7.6
20	0.15	1.0	12.20	10.00	132	4.3	2.0	7.6
25	0.05	1.0	8.78	7.20	105	2.8	1.3	7.6

续表4-2-15

体重/kg	日增重 /(kg/d)	DMI /(kg/d)	DM /(MJ/d)	ME /(MJ/d)	粗蛋白质 /(g/d)	钙 /(g/d)	总磷 /(g/d)	食盐 /(g/d)
25	0.10	1.0	10.98	9.00	123	3.7	1.7	7.6
25	0.15	1.1	13.54	11.10	142	4.6	2.1	7.6
30	0.05	1.1	10.37	8.50	114	3.2	1.4	8.6
30	0.10	1.1	12.20	10.00	132	4.1	1.9	8.6
30	0.15	1.2	14.76	12.10	150	5.0	2.3	8.6
35	0.05	1.2	11.34	9.30	122	3.5	1.6	8.6
35	0.10	1.2	13.29	10.90	140	4.5	2.0	8.6
35	0.15	1.3	16.10	13.20	159	5.4	2.5	8.6
40	0.05	1.3	12.44	10.20	130	3.9	1.8	9.6
40	0.10	1.3	14.39	11.80	149	4.8	2.2	9.6
40	0.15	1.3	17.32	14.20	167	5.8	2.6	9.6
45	0.05	1.3	13.54	11.10	138	4.3	1.9	9.6
45	0.10	1.3	15.49	12.70	156	5.2	2.9	9.6
45	0.15	1.4	18.66	15.30	175	6.1	2.8	9.6
50	0.05	1.4	14.39	11.80	146	4.7	2.1	11.0
50	0.10	1.4	16.59	13.60	165	5.6	2.5	11.0
50	0.15	1.5	19.76	16.20	182	6.5	3.0	11.0
55	0.05	1.5	15.37	12.60	153	5.0	2.3	11.0
55	0.10	1.5	17.68	14.50	172	6.0	2.7	11.0
55	0.15	1.6	20.98	17.20	190	6.9	3.1	11.0
60	0.05	1.6	16.34	13.40	161	5.4	2.4	12.0
60	0.10	1.6	18.78	15.40	179	6.3	2.9	12.0
60	0.15	1.7	22.20	18.20	198	7.3	3.3	12.0
65	0.05	1.7	17.32	14.20	168	5.7	2.6	12.0
65	0.10	1.7	19.88	16.30	187	6.7	3.0	12.0
65	0.15	1.8	23.54	19.30	205	7.6	3.4	12.0
70	0.05	1.8	18.29	15.00	175	6.2	2.8	12.0
70	0.10	1.8	20.85	17.10	194	7.1	3.2	12.0
70	0.15	1.9	24.76	20.30	212	8.0	3.6	12.0

注：①表中日粮干物质进食量(DMI)、消化能(DE)、代谢能(NE)、粗蛋白质(CP)、钙、总磷、食用盐每日需要量数值参考自内蒙古自治区地方标准《细毛羊饲养标准》(DB 15/T 30—92)。

②日粮中添加的食盐应符合 GB 5461 规定。

4. 育肥羊每日营养需要量

25～50 kg 体重阶段绵羊育肥羊日粮干物质进食量和消化能、代谢能、粗蛋白质、钙、总磷、食用盐每日营养需要量见表 4-2-16。

表 4-2-16　育肥羊每日营养需要量

体重/kg	日增重/(kg/d)	DMI/(kg/d)	DM/(MJ/d)	ME/(MJ/d)	粗蛋白质/(g/d)	钙/(g/d)	总磷/(g/d)	食盐/(g/d)
20	0.10	0.8	9.0	8.40	111	1.9	1.8	7.6
20	0.20	0.9	11.30	9.30	158	2.8	2.4	7.6
20	0.30	1.0	13.60	11.20	183	3.8	3.1	7.6
20	0.45	1.0	15.01	11.82	210	4.6	3.7	7.6
25	0.10	0.9	10.50	8.60	121	2.2	2	7.6
25	0.20	1.0	13.20	10.80	168	3.2	2.7	7.6
25	0.30	1.1	15.80	13.00	191	4.3	3.4	7.6
25	0.45	1.1	17.45	14.35	218	5.4	4.2	7.6
30	0.10	1.0	12.00	9.80	132	2.5	2.2	8.6
30	0.20	1.1	15.00	12.30	178	3.6	3	8.6
30	0.30	1.2	18.10	14.80	200	4.8	3.8	8.6
30	0.45	1.2	19.95	16.34	351	6.0	4.6	8.6
35	0.10	1.2	13.40	11.10	141	2.8	2.5	8.6
35	0.20	1.3	16.90	13.80	187	4.0	3.3	8.6
35	0.30	1.3	18.20	16.60	207	5.2	4.1	8.6
35	0.45	1.3	20.19	18.26	233	6.4	5.0	8.6
40	0.10	1.3	14.90	12.20	143	3.1	2.7	8.6
40	0.20	1.3	18.80	15.30	183	4.4	3.6	9.6
40	0.30	1.4	22.60	18.40	204	5.7	4.5	9.6
40	0.45	1.4	24.99	20.30	227	7.0	5.4	9.6
45	0.10	1.4	16.40	13.40	152	3.4	2.9	9.6
45	0.20	1.4	20.60	16.80	192	4.8	3.9	9.6
45	0.30	1.5	24.80	20.30	210	6.2	4.9	9.6
45	0.45	1.5	27.38	22.39	233	7.4	6.0	9.6
50	0.10	1.5	17.90	14.60	159	3.7	3.2	11.0
50	0.20	1.6	22.50	18.30	198	5.2	4.2	11.0
50	0.30	1.6	27.20	22.10	215	6.7	5.2	11.0
50	0.45	1.6	30.03	24.38	237	8.5	6.5	11.0

注：①表中日粮干物质进食量(DMI)、消化能(DE)、代谢能(NE)、粗蛋白质(CP)、钙、总磷、食用盐每日需要量数值参考自内蒙古自治区地方标准《新疆细毛羔舍饲育肥标准》(1985)。

②日粮中添加的食盐应符合 GB 5461 规定。

5. 妊娠母羊每日营养需要量

不同妊娠阶段妊娠母羊日粮干物质进食量和消化能、代谢能、粗蛋白质、钙、总磷、食用盐每日营养需要量见表 4-2-17。

表 4-2-17 妊娠母羊每日营养需要量

妊娠阶段	体重/kg	DMI/(kg/d)	DM/(MJ/d)	ME/(MJ/d)	粗蛋白质/(g/d)	钙/(g/d)	总磷/(g/d)	食盐/(g/d)
前期[a]	40	1.6	12.55	10.45	116	3.0	2.0	6.6
	50	1.8	15.06	12.55	124	2.5	2.5	7.5
	60	2.0	15.90	13.39	132	3.0	3.0	8.3
	70	2.2	16.74	14.23	141	3.5	3.5	9.1
后期[b]	40	1.8	15.06	12.55	146	3.5	3.5	7.5
	45	1.9	15.90	13.39	152	3.7	3.7	7.9
	50	2.0	16.74	14.23	159	3.9	3.9	8.3
	55	2.1	17.99	15.06	165	4.1	4.1	8.7
	60	2.2	18.83	15.90	172	4.3	4.3	9.1
	65	2.3	19.66	16.74	180	4.5	4.5	9.5
	70	2.4	20.92	17.57	187	4.7	4.7	9.9
后期[c]	40	1.8	16.74	14.23	167	4.0	4.0	7.9
	45	1.9	17.99	15.06	176	4.3	4.3	8.3
	50	2.0	19.25	16.32	184	4.6	4.6	8.7
	55	2.1	20.50	17.15	193	5.0	5.0	9.1
	60	2.2	21.76	18.41	203	5.3	5.3	9.5
	65	2.3	22.59	19.25	214	5.4	5.4	9.9
	70	2.4	24.27	20.50	226	5.6	5.6	11.0

注：①表中日粮干物质进食量(DMI)、消化能(DE)、代谢能(NE)、粗蛋白质(CP)、钙、总磷、食用盐每日需要量数值参考自内蒙古自治区地方标准《细毛羊饲养标准》(DB 15/T 30—92)。

②日粮中添加的食盐应符合 GB 5461 规定。

a 指妊娠期的第 1 个月至第 3 个月。

b 指母羊怀单羔妊娠期的第 4 个月至第 5 个月。

c 指母羊怀双羔妊娠期的第 4 个月至第 5 个月。

6. 泌乳母绵羊每日营养需要量

泌乳羊日粮干物质进食量和消化能、代谢能、粗蛋白质、钙、总磷、食用盐每日营养需要量见表 4-2-18。

肉用绵羊对硫、维生素、微量矿物质元素日粮需要量见表 4-2-19。

表 4-2-18 泌乳母羊每日营养需要量

体重/kg	日增重/(kg/d)	DMI/(kg/d)	DM/(MJ/d)	ME/(MJ/d)	粗蛋白质/(g/d)	钙/(g/d)	总磷/(g/d)	食盐/(g/d)
40	0.2	2.0	12.97	10.46	119	7.0	4.3	8.3
	0.4	2.0	15.48	12.55	139	7.0	4.3	8.3
	0.6	2.0	17.99	14.64	157	7.0	4.3	8.3
	0.8	2.0	20.5	16.74	176	7.0	4.3	8.3

续表4-2-18

体重/kg	日增重/(kg/d)	DMI/(kg/d)	DM/(MJ/d)	ME/(MJ/d)	粗蛋白质/(g/d)	钙/(g/d)	总磷/(g/d)	食盐/(g/d)
	1.0	2.0	23.01	18.83	196	7.0	4.3	8.3
	1.2	2.0	25.94	20.92	216	7.0	4.3	8.3
	1.4	2.0	28.45	23.01	236	7.0	4.3	8.3
	1.6	2.0	30.96	25.10	254	7.0	4.3	8.3
	1.8	2.0	33.47	27.20	274	7.0	4.3	8.3
50	0.2	2.2	15.06	12.13	122	7.5	4.7	9.1
	0.4	2.2	17.57	14.23	142	7.5	4.7	9.1
	0.6	2.2	20.08	16.32	162	7.5	4.7	9.1
	0.8	2.2	22.59	18.41	180	7.5	4.7	9.1
	1.0	2.2	25.10	20.50	200	7.5	4.7	9.1
	1.2	2.2	28.03	22.59	219	7.5	4.7	9.1
	1.4	2.2	30.54	24.69	239	7.5	4.7	9.1
	1.6	2.2	33.05	26.78	257	7.5	4.7	9.1
	1.8	2.2	35.56	28.87	277	7.5	4.7	9.1
60	0.2	2.4	16.32	13.39	125	8.0	5.1	9.9
	0.4	2.4	19.25	15.48	145	8.0	5.1	9.9
	0.6	2.4	21.76	17.57	165	8.0	5.1	9.9
	0.8	2.4	24.27	19.66	183	8.0	5.1	9.9
	1.0	2.4	26.78	21.76	203	8.0	5.1	9.9
	1.2	2.4	29.29	23.85	223	8.0	5.1	9.9
	1.4	2.4	31.8	25.94	241	8.0	5.1	9.9
	1.6	2.4	34.73	28.03	261	8.0	5.1	9.9
	1.8	2.4	37.24	30.12	275	8.0	5.1	9.9
70	0.2	2.6	17.99	14.64	129	8.5	5.6	11.0
	0.4	2.6	20.50	16.70	148	8.5	5.6	11.0
	0.6	2.6	23.01	18.83	166	8.5	5.6	11.0
	0.8	2.6	25.94	20.92	186	8.5	5.6	11.0
	1.0	2.6	28.45	23.01	206	8.5	5.6	11.0
	1.2	2.6	30.96	25.10	226	8.5	5.6	11.0
	1.4	2.6	33.89	27.61	244	8.5	5.6	11.0
	1.6	2.6	36.40	29.71	264	8.5	5.6	11.0
	1.8	2.6	39.33	31.80	284	8.5	5.6	11.0

注:①表中日粮干物质进食量(DMI)、消化能(DE)、代谢能(NE)、粗蛋白质(CP)、钙、总磷、食用盐每日需要量数值参考自内蒙古自治区地方标准《细毛羊饲养标准》(DB 15/T 30—92)。

②日粮中添加的食盐应符合 GB 5461 规定。

表 4-2-19 肉用绵羊对硫、维生素、微量矿物质元素日粮需要量(以干物质为基础)

项目	体重阶段						
	生长羔羊(4～20 kg)	育成母羊(25～50 kg)	育成公羊(20～70 kg)	育肥羊(20～50 kg)	妊娠母羊(40～70 kg)	泌乳母羊(40～70 kg)	最大耐受浓度[b]
硫/(g/d)	0.24～1.2	1.4～2.9	2.8～3.5	2.8～3.5	2.0～3.0	2.5～3.7	—
维生素 A/(IU/d)	188～940	1 175～2 350	940～3 290	940～2 350	1 880～3 948	1 880～3 434	—
维生素 D/(IU/d)	26～132	137～275	111～389	111～278	222～440	222～380	—
维生素 E/(IU/d)	2.4～12.8	12～24	12～29	12～23	18～35	26～34	—
钴/(mg/kg)	0.018～0.096	0.12～0.24	0.21～0.33	0.2～0.35	0.27～0.36	0.3～0.39	10
铜[a]/(mg/kg)	0.97～5.2	6.5～13	11～18	11～19	16～22	13～18	25
碘/(mg/kg)	0.08～0.46	0.58～1.2	1.0～1.6	0.94～1.7	1.3～1.7	1.4～1.9	50
铁/(mg/kg)	4.3～23	29～58	50～79	47～83	65～86	72～94	500
锰/(mg/kg)	2.2～12	14～29	25～40	23～41	32～44	36～47	1 000
硒/(mg/kg)	0.016～0.086	0.11～0.22	0.19～0.30	0.18～0.31	0.24～0.31	0.27～0.35	2
锌/(mg/kg)	2.7～14	18～26	50～79	29～52	53～71	50～77	750

注:表中维生素 A、维生素 D、维生素 E 每日需要量数据参考 NRC(1985),维生素 A 最低需要量:47 IU/kg 体重,1 mg β-胡萝卜素效价相当:681 IU 维生素 A。维生素 D 需要量:早期断奶羔羊最低需要量为 5.55 IU/kg 体重;其他生产阶段绵羊对维生素 D 最低需要量为 6.66 IU/kg 体重,1 IU 维生素 D 相当于 0.025 μg 胆钙化醇。维生素 E 需要量:体重低于 20 kg 的羔羊对维生素 E 的最低需要量为 20 IU/kg 干物质进食量;体重大于 20 kg 的各阶段绵羊对维生素 E 的最低需要量为 15 IU/kg 干物质进食量,1 IU 维生素 E 素效价相当于 1 mg$D$,L-α-生育酚醋酸酯。

a 当日粮中钼含量大于 3.0 mg/kg 时,铜的添加量要在表中推荐值基础上增加 1 倍。

b 参考自 NRC(1985)提供的估计数据。

(四)肉羊山羊饲养标准

1. 生长育肥山羊羔羊每日营养需要量

生长育肥山羊羔羊每日营养需要量见表4-2-20。

表4-2-20　生长肥育山羊羔羊每日营养需要量

体重/kg	日增重/(kg/d)	DMI/(kg/d)	DM/(MJ/d)	ME/(MJ/d)	粗蛋白质/(g/d)	钙/(g/d)	总磷/(g/d)	食盐/(g/d)
1	0	0.12	0.55	0.46	3	0.1	0.0	0.6
	0.02	0.12	0.17	0.60	9	0.8	0.5	0.6
	0.04	0.12	0.89	0.75	14	1.5	1.0	0.6
2	0	0.13	0.90	0.76	5	0.1	0.1	0.7
	0.02	0.13	1.08	0.91	11	0.8	0.6	0.7
	0.04	0.13	1.26	1.06	16	1.6	1.0	0.7
	0.06	0.13	1.43	1.20	22	2.3	1.5	0.7
4	0	0.18	1.64	1.38	9	0.3	0.2	0.9
	0.02	0.18	1.93	1.62	16	1.0	0.7	0.9
	0.04	0.18	2.20	1.85	22	1.7	1.1	0.9
	0.06	0.18	2.48	2.08	29	2.4	1.6	0.9
	0.08	0.18	2.76	2.32	35	3.1	2.1	0.9
6	0	0.27	2.29	1.88	11	0.4	0.3	1.3
	0.02	0.27	2.32	1.90	22	1.1	0.7	1.3
	0.04	0.27	3.06	2.51	33	1.8	1.2	1.3
	0.06	0.27	3.79	3.11	44	2.5	1.7	1.3
	0.08	0.27	4.54	3.72	55	3.3	2.2	1.3
	0.10	0.27	5.27	4.32	67	4.0	2.6	1.3
8	0	0.33	1.96	1.61	13	0.5	0.4	1.7
	0.02	0.33	3.05	2.5	24	1.2	0.8	1.7
	0.04	0.33	4.11	3.37	36	2.0	1.3	1.7
	0.06	0.33	5.51	4.25	47	2.7	1.8	1.7
	0.08	0.33	6.26	5.13	58	3.4	2.3	1.7
	0.10	0.33	7.33	6.01	69	4.1	2.7	1.7
10	0	0.46	2.33	1.91	16	0.7	0.4	2.3
	0.02	0.48	3.73	3.06	27	1.4	0.9	2.4
	0.04	0.50	5.15	4.22	38	2.1	1.4	2.5

续表4-2-20

体重/kg	日增重/(kg/d)	DMI/(kg/d)	DM/(MJ/d)	ME/(MJ/d)	粗蛋白质/(g/d)	钙/(g/d)	总磷/(g/d)	食盐/(g/d)
	0.06	0.52	6.55	5.37	49	2.8	1.9	2.6
	0.08	0.54	7.96	6.53	60	3.5	2.3	2.7
	0.10	0.56	9.38	7.69	72	4.2	2.8	2.8
12	0	0.48	2.67	2.19	18	0.8	0.5	2.4
	0.02	0.50	4.41	3.62	29	1.5	1.0	2.5
	0.04	0.52	6.16	5.05	40	2.2	1.5	2.6
	0.06	0.54	7.90	6.48	52	2.9	2.0	2.7
	0.08	0.56	9.65	7.91	63	3.7	2.4	2.8
	0.10	0.58	11.40	9.35	74	4.4	2.9	2.9
14	0	0.50	2.99	2.45	20	0.9	0.6	2.5
	0.02	0.52	5.07	4.16	31	1.6	1.1	2.6
	0.04	0.54	7.16	5.87	43	2.4	1.6	2.7
	0.06	0.56	9.24	7.58	54	3.1	2.0	2.8
	0.08	0.58	11.33	9.29	65	3.8	2.5	2.9
	0.10	0.60	13.40	10.99	76	4.5	3.0	3.0
16	0	0.52	3.30	2.71	22	1.1	0.7	2.6
	0.02	0.54	5.73	4.70	34	1.8	1.2	2.7
	0.04	0.56	8.15	6.68	45	2.5	1.7	2.8
	0.06	0.58	10.56	8.66	56	3.2	2.1	2.9
	0.08	0.60	12.99	10.65	67	3.9	2.6	3.0
	0.10	0.62	15.43	12.65	78	4.6	3.1	3.1

注 1：表中 0～8 kg 体重阶段山羊羔羊日粮干物质进食量(DMI)按每千克代谢体重 0.07 估算；体重大于 10 kg 时，按中国农业科学院畜牧研究所 2003 年提供的如下公式计算获得：

$$DMI=(26.45\times W^{0.75}+0.99\times ADG)/1\ 000$$

式中：DMI 干物质进食量，kg/d；W 为体重，kg；ADG 为日增重，g/d。

注 2：表中代谢能(NE)、粗蛋白质(CP)数据参考自杨在宾等(1997)对青山羊实验的数据资料。

注 3：表中消化能(DE)需要量数值根据 ME/0.82 估计。

注 4：表中钙需要量按表 4-2-13 中提供参数估计得到，总磷需要量根据钙磷为 1.5∶1 估计获得。

注 5：日粮中添加的食盐应符合 GB 5461 规定。

2. 育肥山羊每日营养需要量

15～30 kg 体重阶段育肥山羊日粮干物质进食量和消化能、代谢能、粗蛋白质、钙、总磷、食用盐每日营养需要量见表 4-2-21。

表 4-2-21　育肥山羊每日营养需要量

体重/kg	日增重/(kg/d)	DMI/(kg/d)	DM/(MJ/d)	ME/(MJ/d)	粗蛋白质/(g/d)	钙/(g/d)	总磷/(g/d)	食盐/(g/d)
15	0	0.51	5.36	4.40	43	1.0	0.7	2.6
	0.05	0.56	5.83	4.78	54	2.8	1.9	2.8
	0.10	0.61	6.29	5.15	64	4.6	3.0	3.1
	0.15	0.66	6.75	5.54	74	6.4	4.2	3.3
	0.20	0.71	7.21	5.91	84	8.1	5.4	3.6
20	0	0.56	6.44	5.28	47	1.3	0.9	2.8
	0.05	0.61	6.91	5.66	57	3.1	2.1	3.1
	0.10	0.66	7.37	6.04	67	4.9	3.3	3.3
	0.15	0.71	7.83	6.42	77	6.7	4.5	3.6
	0.20	0.76	8.29	6.80	87	8.5	5.6	3.8
25	0	0.61	7.46	6.12	50	1.7	1.1	3.0
	0.05	0.66	7.92	6.49	60	3.5	2.3	3.3
	0.10	0.71	8.38	6.87	70	5.2	3.5	3.5
	0.15	0.76	8.84	7.25	81	7.0	4.7	3.8
	0.20	0.81	9.31	7.63	91	8.8	5.9	4.0
30	0	0.65	8.42	6.90	53	2.0	1.3	3.3
	0.05	0.70	8.88	7.28	63	3.8	2.5	3.5
	0.10	0.75	9.35	7.66	74	5.6	3.7	3.8
	0.15	0.80	9.81	8.04	84	7.4	4.9	4.0
	0.20	0.85	10.27	8.42	94	9.1	6.1	4.2

注 1：表中日粮干物质进食量(DMI)、消化能(DE)、代谢能(NE)、粗蛋白质(CP)数值来源于中国农业科学院畜牧研究所(2003)。

具体计算公式如下：

$$DMI/(kg/d)=(26.45\times W^{0.75}+0.99\times ADG)/1\ 000$$

$$DE/(MJ/d)=4.184\times(140.61\times LBW^{0.75}+2.21\times ADG+210.3)/1\ 000$$

$$ME/(MJ/d)=4.184\times(0.475\times ADG+95.19)\times LBW^{0.75}/1\ 000$$

$$CP/(g/d)=28.86+1.905\times LBW^{0.75}+0.202\times ADG$$

以上式中：DMI 为干物质进食量，kg/d；DE 为消化能，MJ/d；ME 为代谢能，MJ/d；CP 为粗蛋白质，g/d；LBW 为活体重，kg；ADG 为平均日增重，g/d。

注 2：钙、总磷每日需要量来源见表 4-2-20 中注 4。

注 3：日粮中添加的食盐应符合 GB 5461 规定。

3. 后备公山羊每日营养需要量(表 4-2-22)

表 4-2-22 后备公山羊每日营养需要量

体重/kg	日增重/(kg/d)	DMI/(kg/d)	DM/(MJ/d)	ME/(MJ/d)	粗蛋白质/(g/d)	钙/(g/d)	总磷/(g/d)	食盐/(g/d)
12	0	0.48	3.78	3.10	24	0.8	0.5	2.4
	0.02	0.50	4.10	3.36	32	1.5	1.0	2.5
	0.04	0.52	4.43	3.63	40	2.2	1.5	2.6
	0.06	0.54	4.74	3.89	49	2.9	2.0	2.7
	0.08	0.56	5.06	4.15	57	3.7	2.4	2.8
	0.10	0.58	5.38	4.41	66	4.4	2.9	2.9
15	0	0.51	4.48	3.67	28	1.0	0.7	2.6
	0.02	0.53	5.28	4.33	36	1.7	1.1	2.7
	0.04	0.55	6.10	5.00	45	2.4	1.6	2.8
	0.06	0.57	5.70	4.67	53	3.1	2.1	2.9
	0.08	0.59	7.72	6.33	61	3.9	2.6	3.0
	0.10	0.61	8.54	7.00	70	4.6	3.0	3.1
18	0	0.54	5.12	4.20	32	1.2	0.8	2.7
	0.02	0.56	6.44	5.28	40	1.9	1.3	2.8
	0.04	0.58	7.74	6.35	49	2.6	1.8	2.9
	0.06	0.60	9.05	7.42	57	3.3	2.2	3.0
	0.08	0.62	10.35	8.49	66	4.1	2.7	3.1
	0.10	0.64	11.66	9.56	74	4.8	3.2	3.2
21	0	0.57	5.76	4.72	36	1.4	0.9	2.9
	0.02	0.59	7.56	6.20	44	2.1	1.4	3.0
	0.04	0.61	9.35	7.67	53	2.8	1.9	3.1
	0.06	0.63	11.16	9.15	61	3.5	2.4	3.2
	0.08	0.65	12.96	10.63	70	4.3	2.8	3.3
	0.10	0.67	14.76	12.10	78	5.0	3.3	3.4
24	0	0.60	6.37	5.22	40	1.6	1.1	3.0
	0.02	0.62	8.66	7.10	48	2.3	1.5	3.1
	0.04	0.64	10.95	8.98	56	3.0	2.0	3.2
	0.06	0.66	13.27	10.88	65	3.7	2.5	3.3
	0.08	0.68	15.54	12.74	73	4.5	3.0	3.4
	0.10	0.70	17.83	14.62	82	5.2	3.4	3.5

4. 妊娠期母山羊每日营养需要量(表 4-2-23)

表 4-2-23 妊娠期母山羊每日营养需要量

妊娠阶段	体重/kg	DMI /(kg/d)	DM /(MJ/d)	ME /(MJ/d)	粗蛋白质 /(g/d)	钙 /(g/d)	总磷 /(g/d)	食盐 /(g/d)
空怀期	10	0.39	3.37	2.76	34	4.5	3.0	2.0
	15	0.53	4.54	3.72	43	4.8	3.2	2.7
	20	0.66	5.62	4.61	52	5.2	3.4	3.3
	25	0.78	6.63	5.44	60	5.5	3.7	3.9
	30	0.90	7.59	6.22	67	5.8	3.9	4.5
1～90 d	10	0.39	4.80	3.94	55	4.5	3.0	2.0
	15	0.53	6.82	5.59	65	4.8	3.2	2.7
	20	0.66	8.72	7.15	73	5.2	3.4	3.3
	25	0.78	10.56	8.66	81	5.5	3.7	3.9
	30	0.90	12.34	10.12	89	5.8	3.9	4.5
91～120 d	15	0.53	7.55	6.19	97	4.8	3.2	2.7
	20	0.66	9.51	7.8	105	5.2	3.4	3.3
	25	0.78	11.39	9.34	113	5.5	3.7	3.9
	30	0.90	13.20	10.82	121	5.8	3.9	4.5
120 d 以上	15	0.53	8.54	7.00	124	4.8	3.2	2.7
	20	0.66	10.54	8.64	132	5.2	3.4	3.3
	25	0.78	12.43	10.19	140	5.5	3.7	3.9
	30	0.90	14.27	11.7	148	5.8	3.9	4.5

注:日粮中添加的食盐应符合 GB 5461 规定。

5. 泌乳前期母山羊每日营养需要量(表 4-2-24)

表 4-2-24 泌乳前期母山羊每日营养需要量

体重/kg	日泌乳重 /(kg/d)	DMI /(kg/d)	DM /(MJ/d)	ME /(MJ/d)	粗蛋白质 /(g/d)	钙 /(g/d)	总磷 /(g/d)	食盐 /(g/d)
10	0	0.39	3.12	2.56	24	0.7	0.4	2.0
	0.50	0.39	5.73	4.70	73	2.8	1.8	2.0
	0.75	0.39	7.04	5.77	97	3.8	2.5	2.0
	1.00	0.39	8.34	6.84	122	4.8	3.2	2.0
	1.25	0.39	9.65	7.91	146	5.9	3.9	2.0
	1.50	0.39	10.95	8.98	170	6.9	4.6	2.0
15	0	0.53	4.24	3.48	33	1.0	0.7	2.7
	0.50	0.53	6.84	5.61	31	3.1	2.1	2.7
	0.75	0.53	8.15	6.68	106	4.1	2.8	2.7

续表4-2-24

体重/kg	日泌乳重/(kg/d)	DMI/(kg/d)	DM/(MJ/d)	ME/(MJ/d)	粗蛋白质/(g/d)	钙/(g/d)	总磷/(g/d)	食盐/(g/d)
	1.00	0.53	9.45	7.75	130	5.2	3.4	2.7
	1.25	0.53	10.76	8.82	154	6.2	4.1	2.7
	1.50	0.53	12.06	9.89	179	7.3	4.8	2.7
20	0	0.66	5.26	4.31	40	1.3	0.9	3.3
	0.50	0.66	7.87	6.45	89	3.4	2.3	3.3
	0.75	0.66	9.17	7.52	114	4.5	3.0	3.3
	1.00	0.66	10.48	8.59	138	5.5	3.7	3.3
	1.25	0.66	11.78	9.66	162	6.5	4.4	3.3
	1.50	0.66	13.09	10.73	187	7.6	5.1	3.3
25	0	0.78	6.22	5.10	48	1.7	1.1	3.9
	0.50	0.78	8.83	7.24	97	3.8	2.5	3.9
	0.75	0.78	10.13	8.31	121	4.8	3.2	3.9
	1.00	0.78	11.44	9.38	145	5.8	3.9	3.9
	1.25	0.78	12.73	10.44	170	6.9	4.6	3.9
	1.50	0.78	14.04	11.51	194	7.9	5.3	3.9
30	0	0.90	6.70	5.49	55	2.0	1.3	4.5
	0.50	0.90	9.73	7.98	104	4.1	2.7	4.5
	0.75	0.90	11.04	9.05	128	5.1	3.4	4.5
	1.00	0.90	12.34	10.12	152	6.2	4.1	4.5
	1.25	0.90	13.65	11.19	177	7.2	4.8	4.5
	1.50	0.90	14.95	12.26	201	8.3	3.5	4.5

注:①泌乳前期指泌乳第 1～30 天。

②日粮中添加的食盐应符合 GB 5461 规定。

6. 泌乳后期母山羊每日营养需要量(表 4-2-25 至表 4-2-27)

表 4-2-25 泌乳后期母山羊每日营养需要量

体重/kg	日泌乳重/(kg/d)	DMI/(kg/d)	DM/(MJ/d)	ME/(MJ/d)	粗蛋白质/(g/d)	钙/(g/d)	总磷/(g/d)	食盐/(g/d)
10	0	0.39	3.71	3.04	22	0.7	0.4	2.0
	0.15	0.39	4.67	3.83	48	1.3	0.9	2.0
	0.25	0.39	5.30	4.35	65	1.7	1.1	2.0
	1.50	0.39	6.90	5.66	108	2.8	1.8	2.0
	0.75	0.39	8.50	6.97	151	3.8	2.5	2.0
	1.00	0.39	10.10	8.28	194	4.8	3.2	2.0
15	0	0.53	5.02	4.12	30	1.0	0.7	2.7
	0.15	0.53	5.99	4.91	55	1.6	1.1	2.7

续表4-2-25

体重/kg	日泌乳重/(kg/d)	DMI/(kg/d)	DM/(MJ/d)	ME/(MJ/d)	粗蛋白质/(g/d)	钙/(g/d)	总磷/(g/d)	食盐/(g/d)
	0.25	0.53	6.62	5.43	73	2.0	1.4	2.7
	0.50	0.53	8.22	6.74	116	3.1	2.1	2.7
	0.75	0.53	9.82	8.05	159	4.1	2.8	2.7
	1.00	0.53	11.41	9.36	201	5.2	3.4	2.7
20	0	0.66	6.24	5.12	37	1.3	0.9	3.3
	0.15	0.66	7.20	5.9	63	2.0	1.3	3.3
	0.25	0.66	7.84	6.43	80	2.4	1.6	3.3
	0.50	0.66	9.44	7.74	123	3.4	2.3	3.3
	0.75	0.66	11.04	9.05	166	4.5	3.0	3.3
	1.00	0.66	12.63	10.36	209	5.5	3.7	3.3
25	0	0.78	7.38	6.05	44	1.7	1.1	3.9
	0.15	0.78	8.34	6.84	69	2.3	1.5	3.9
	0.25	0.78	8.98	7.36	87	2.7	1.8	3.9
	0.50	0.78	10.57	8.67	129	3.8	2.5	3.9
	0.75	0.78	12.17	9.98	172	4.8	3.2	3.9
30	0	0.90	8.46	6.94	50	2.0	1.3	3.9
	0.15	0.90	9.41	7.72	76	2.6	1.8	4.5
	0.25	0.90	10.06	8.25	93	3.0	2.0	4.5
	0.50	0.90	11.66	9.56	136	4.1	2.7	4.5
	0.75	0.90	13.24	10.86	179	5.1	3.4	4.5

注:①泌乳前期指泌乳第 31～70 d。
②日粮中添加的食盐应符合 GB 5461 规定。

表 4-2-26　山羊的常量矿物质元素每日需要量

常量元素	维持/(mg/kg 体重)	妊娠/(g/kg 胎儿)	泌乳/(g/kg 产奶)	生长/(g/kg)	吸收率/%
钙(Ca)	20	11.5	1.25	10.7	30
总磷(TP)	30	6.6	1.0	6.0	65
镁(Mg)	3.5	0.3	0.14	0.4	20
钾(K)	50	2.1	2.1	2.4	90
钠(Na)	15	1.7	0.4	1.6	80
硫(S)	0.16%～0.32%(以进食日粮干物质为基础)				

注 1:表中参数参考自 Kessler(1991)和旱獭 Haenlein(1987)资料信息。
注 2:表中“—”表示暂无此项数据。

表 4-2-27 山羊的微量矿物质元素每日需要量 mg/kg

微量元素	推荐量	微量元素	推荐量
铁(Fe)	30～40	铜(Cu)	10～20
钴(Co)	0.11～0.2	碘(I)	0.15～2.0
锰(Mn)	60～120	锌(Zn)	50～80
硒(Se)	0.05		

注:表中推荐数值参考自 AFRC(1998),以进食日粮干物质为基础。

【学习自测】

一、知识自测

1. 优等青贮饲料的感官鉴定是________。

A. 绿色有光泽芳香味重　　B. 黄绿色有刺鼻酒酸味,芳香味淡

C. 黄褐有光泽芳香味重　　D. 暗绿色有刺鼻酒酸味,芳香味淡

2. 秸秆尿素氨化法,使尿素分解放出氨,从而达到氨化的原因是秸秆中含有________。

A. 淀粉酶　　B. 蛋白酶　　C. 植酸酶　　D. 脲酶

3. 操作简单、安全,也无需任何特殊设备的一种秸秆氨化处理的最好方法是________。

A. 液氨氨化法　　B. 尿素氨化法　　C. 氨水氨化法　　D. 碳铵氨化法

4. 理想的过瘤胃淀粉来源是________。

A. 玉米　　B. 麦麸　　C. 酒糟　　D. 小麦

5. 玉米胶化饲料饲喂成年羊最大日喂量和允许替代粗蛋白质比例是________。

A. 60 g、15%～20%　　B. 70 g、20%～25%

C. 80 g、25%～30%　　D. 90 g 、30%～35%

6. 对于成年羊,瓣胃如同一个过滤器,通过收缩把食物稀软部分送入皱胃,把粗糙部分留瓣叶间,在此还大量吸收________。

A. 水和酸　　B. 水和氨基酸　　C. 水和碱　　D. 水和盐

7. 供铁过量会引起利用率降低、导致软骨症的矿物质是________。

A. 钙　　B. 磷　　C. 锌　　D. 铜

8. 缺乏维生素 E 时,羔羊易患________。

A. 皮肤病　　B. 贫血病　　C. 软骨病　　D. 白肌病

9. 瘤胃机能正常时,能利用微生物合成的维生素是________。

A. B族维生素和维生素 K　　B. 维生素 A 和维生素 D

C. 维生素 A 和维生素 E　　D. 维生素 D 和维生素 E

二、技能自测

1. 现有一批活重 30 kg 羔羊进行育肥,计划日增重 300 g,试用野干草、中等品质干苜蓿、玉米等饲料,配制育肥日粮。

2. 秸秆饲料主要为粗纤维,营养价值较低,适口性较差,只有经过加工调制,才能改善适口性,提高利用率和营养价值。常用哪些方法加工调制秸秆饲料?

3. 调查当地养羊常用饲料的种类、饲料加工调制方法。

【课外学习指南】

一、学习网站

1. 爱课程网(http://www.icourses.cn/home),《牛羊生产》国家精品资源共享课程网页。
2. 牛羊生产国家精品课程网站(http://58.222.253.142/2007/niuyang/)。

二、规范、标准

1. NY/T 816—2004 肉羊饲养标准。
2. NY/T 677—2003 细毛羊饲养技术规程。
3. NY/T 5151—2002 无公害食品肉羊饲养管理准则。
4. NY 5147—2008 无公害食品羊肉。
5. GB 5461—2000 食用盐国家标准。
6. DB 15/T30—92 细毛羊饲养标准。
7. NY 809—2004 南江黄羊。

三、参考文献

1. 张力,杨孝列. 动物营养与饲料. 北京:中国农业大学出版社,2012.
2. 田树军,王宗仪,胡万川. 养羊与羊病防治. 2 版. 北京:中国农业出版社,2006.
3. 范颖,宋连喜. 羊生产. 北京:中国农业大学出版社,2008.
4. 岳炳辉,闫红军. 养羊与羊病防治. 北京:中国农业出版社,2011.
5. 兰云贤. 动物饲养标准. 重庆:西南师范大学出版社,2008.
6. 夏道伦. 肉羊养殖新技术. 北京:化工出版社,2012.
7. 曲强. 动物营养与饲料. 南京:江苏教育出版社,2012.

项目5

毛用羊生产

知识目标

- 了解毛用羊外貌特征、羊毛形态学结构、组织学构造及特点。
- 理解划区轮牧、放牧基本要求、毛用羊的断尾、去势、驱虫、药浴的目的和意义。
- 掌握毛用羊四季放牧技术、各类羊的饲养管理要点和一般管理技术。
- 羊毛、毛皮品质鉴定方法。

技能目标

- 能根据羊的外貌特征选择出优秀的毛用羊个体。
- 能够讲述羊的四季放牧技术。
- 能根据羊毛和毛皮的特点进行品质鉴定。
- 学会羊的去角、驱虫、药浴和剪毛技术。
- 熟练掌握各类羊的饲养管理技术要点,组织毛用羊生产。

毛用羊有毛用山羊和毛用绵羊。目前我国没有专门的毛用山羊品种,国外引进品种有安哥拉山羊。毛用绵羊根据羊毛品质和用途分为超细毛羊、细毛羊、半细毛羊和粗毛羊。本项目主要介绍毛用羊的外貌特征、饲养方式、各类羊的饲养管理技术和羊毛、毛皮品质的相关内容。学生应本着理论联系实际的态度,学习和掌握毛用羊生产基本知识和基本技能,以提高毛用羊生产水平,更好地为农业增产、农民增收及畜牧业生产服务。

任务1 毛用羊外貌鉴定

【任务描述】

毛用羊的外貌特征与羊的产毛量密切相关,尤其细毛羊有典型外貌特征。外貌鉴定是细毛羊选育和改良的主要技术环节之一。细毛羊通过选择优良品种和个体制定配种计划,不断提高群体中优良遗传基因,降低和消除劣质基因,使羊群质量不断提高。它是育种工作中一个不可缺少、最基本的技术手段和环节之一。所以外貌鉴定对羊群改良和选育提高具有十分重要的意义。

【任务分析】

通过本任务的学习,使学生了解细毛羊的外貌特征,熟悉羊的年龄鉴定及体尺部位,了解羊的体尺部位对判定其生产性能方向的实际意义。参照农业行业细毛羊鉴定标准进行初步的分级鉴定。完成本任务学习需利用羊的图片、照片、影像资料,了解不同类型羊的外貌特征,在实训基地反复训练,掌握羊的体尺测量、体重估测和年龄鉴定等工作,能进行羊的个体品质鉴定。

【任务实施】

一、羊年龄鉴定

1. 耳标识别法

此法多用于羊场的育种群,在羊的左耳佩戴金属或塑料的耳号牌。根据耳标可推算出羊的年龄。一般第一号表示羊出生年份的尾数,年号的后面是个体编号。如“9526”即表示2009年5月26日出生的9526号羊。

2. 牙齿识别法

此法多用于商品羊。羊的门齿根据发育阶段分作乳齿和永久齿两种。幼年羊乳齿有20枚,随着羊的生长发育,逐渐更换为永久齿,到成年时达32枚。乳齿小而白,永久齿大而微带黄色。上下颚各有臼齿12枚(每边各6枚),下颚有门齿8枚,上颚没有门齿。

羊的牙齿更换时间及磨损程度受品种、个体与所采食饲料的种类等很多因素的影响,因此,牙齿识别年龄仅供参考。但在一般情况下,可根据5-1-1表所列内容对照识别。

表 5-1-1 羊的年龄识别表

羊的年龄/岁	乳门齿的更换及永久齿的磨损	习惯叫法
1.0～1.5	乳钳齿更换	对牙
1.5～2.0	乳内中间齿更换	四齿
2.5～3.0	乳外中间齿更换	六齿
3.5～4.0	乳偶齿更换	新满口
5	钳齿齿面磨平	老满口
6	钳齿齿面呈方形	漏水
7	内外中间齿齿面磨平	
8	开始有牙齿脱落	破口
9～10	牙齿基本脱落	光口

二、体尺测量与外貌鉴定

(一)羊体尺部位

羊体部位名称如图5-1-1和图5-1-2所示。

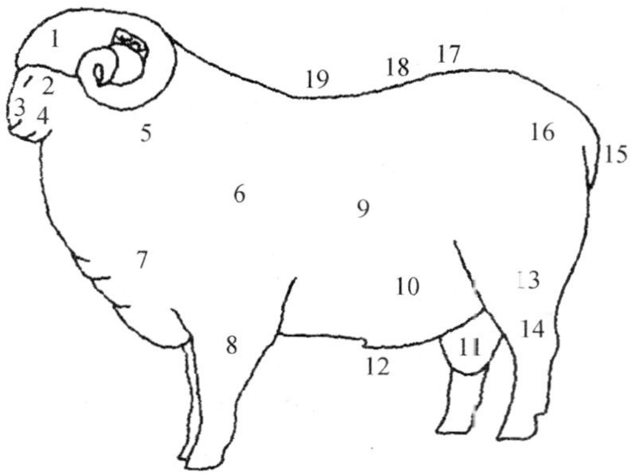

图 5-1-1 绵羊外貌各部位名称

1. 头 2. 眼 3. 鼻 4. 嘴 5. 颈 6. 肩 7. 胸 8. 前肢
9. 体侧 10. 腹 11. 阴囊 12. 阴筒 13. 后肢 14. 飞节
15. 尾 16. 臀 17. 腰 18. 背 19. 鬐甲

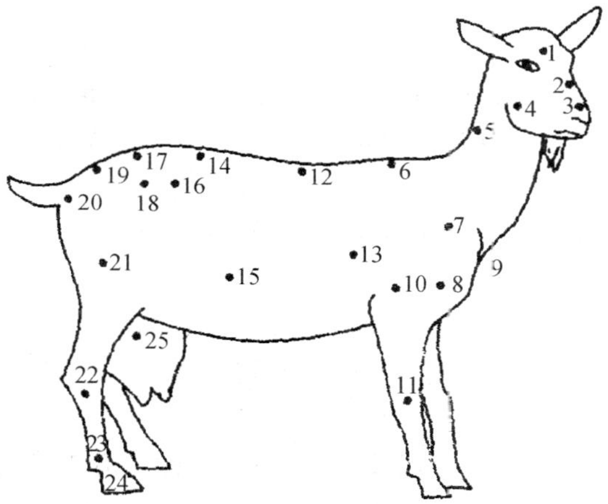

图 5-1-2 山羊外貌各部位名称

1. 头 2. 鼻梁 3. 鼻 4. 颊 5. 颈 6. 鬐甲 7. 肩部 8. 肩端
9. 前胸 10. 肘 11. 阴囊 12. 背部 13. 胸部 14. 腰部
15. 腹部 16. 肷部 17. 十字部 18. 腰角 19. 尻
20. 坐骨端 21. 大腿 22. 飞节 23. 系
24. 蹄 25. 乳房

(二)羊体尺测量

(1)选平坦处将羊保定,使羊站立的肢势端正。

(2)根据不同项目分别用卷尺、测杖、圆形测量器逐一测量羊的体尺。测量时由一人记录。

(3)部位要准确,读数要精确,卷尺不能拉得太紧或太松,已免影响准确性。测定项目与部位如下:

①头长 由顶骨的突起部到鼻镜上缘的直线距离。

②额宽 两眼外突起之间的直线距离。

③体高　由鬐甲最高点到地面的垂直距离。
④体长　由肩胛骨前端到坐骨结节后端的直线距离。
⑤胸宽　左右肩胛中心点的距离。
⑥胸深　由鬐甲高点到胸骨底面的距离。
⑦胸围　在肩胛骨后端，绕胸一周的长度。
⑧尻高　荐骨最高点到地面的垂直距离。
⑨尻长　由髋骨突到坐骨结节的距离。
⑩腰角宽（十字部宽）　两髋骨突间的直线距离。
⑪管围　管骨上 1/3 的圆周长度（一般以左腿上 1/3 处为准）。
⑫肢高　由肘端到地面的垂直距离。
⑬尾长　由尾根到尾端的距离。
⑭尾宽　由尾幅最宽部位的直线距离。

（三）外貌鉴定

（1）鉴定开始时，鉴定人员首先对羊群的来源、饲养管理、以外鉴定等级及育种等方面的情况做一全面了解。

（2）鉴定人员对羊群的品质特征和体格大小等进行粗略的观察。

（3）选择平坦、光线好的鉴定处将羊只保定，绵羊站立的肢势要端正。

（4）鉴定人员做感官检查：

①观察羊只整体结构是否匀称，外形有无缺陷，被毛中有无花斑或染色毛，行为是否正常等。

②观察头部、鬐甲、背腰、体侧、四肢姿势、臀部发育状况。

③查看公羊的睾丸及母羊乳房发育情况，以确定有无进行个体鉴定的价值。

（5）鉴定人员做进一步鉴定：

①查看耳标、年龄，观察口齿、头部发育状况及面部、颌部有无缺点等。

②根据国家标准《NY 1—2004 细毛羊鉴定项目、符号、术语》（见知识拓展）进行详细鉴定，并根据标准规定的符号由记录员做好记录。

（6）根据鉴定成绩，对照相应标准评定出等级。

（7）鉴定结束后进行复查，如果分级有误可进行调整。

【知识链接】

毛用羊的外貌特征

一、体型特征

毛用羊一般头、颈较长，鬐甲高而窄，胸长而深，但宽度不足，背腰部平直但没有肉用羊宽，腹围较大，后躯发育不如肉用羊，四肢相对较长。超细毛羊和细毛羊大多公羊有角，母羊无角；半细毛羊大多公、母羊均无角；粗毛羊公、母羊均有角。

二、被毛覆盖

理想型的超细毛羊、细毛羊和半细毛羊，头毛一般着生至两眼连线，并有一定长度，呈毛丛结构，似帽状；前肢被毛着生至腕关节，后肢被毛着生至飞节。粗毛羊头毛短而少，四肢被毛覆盖不良。

超细毛羊、细毛羊和半细毛羊生产同质细毛，其被毛由粗细、长短及其他品质较一致的同一类型毛纤维组成。羊毛细度超细毛羊为70支纱以上，平均直径小于等于18 μm；细毛羊为60～70支纱，平均直径18.1～25 μm；半细毛羊为32～58支纱，平均直径25.1～67 μm。超细毛羊、细毛羊毛纤维弯曲明显、整齐，被毛密度大，产毛量高，油汗多，杂质少。粗毛羊生产异质毛，其被毛由粗细、长短及其他品质不一致的不同类型毛纤维组成。毛纤维弯曲不明显，被毛密度小，产毛量低，油汗少，羊毛工艺性能差。

三、颈部及皮肤皱褶

超细毛羊和细毛羊颈部一般有1～3个发达或不发达的皮肤皱褶，体躯也有较小的皮肤皱褶，皮肤松软；半细毛羊较差；粗毛羊体躯无明显皮肤皱褶。

【资料卡】

美利奴羊的历史

"美利奴"是细毛绵羊品种的统称。系merino的音译，其词源众说不一，多数认为出自拉丁文majori-nus，意为检查绵羊牧场的乡村官吏；也有人认为是从非洲迁移到西班牙南部居住的摩尔部族名，该部族一直从事细毛羊的繁育工作。

美利奴羊最早在15～17世纪育成于西班牙。在各地区不同的自然环境和饲养管理条件下，衍生而形成了多个美利奴羊品种，如西班牙美利奴、法国朗布依埃美利奴、德国萨克森美利奴、澳洲美利奴、美国美利奴、南美美利奴和苏联美利奴、中国美利奴羊等。这些美利奴羊主要生产细毛。品种名称通常以引进繁育国家的国名或地名命名。羊毛品质虽略有不同，但其遗传性能稳定，羊毛品质优良，均可作为高、中档精纺和优质粗纺的原料。另外，美利奴细毛羊还是培育半细毛羊的一个主要亲本素材，如新西兰用长毛品种林肯羊与美利奴羊杂交，培育出了考力代羊；澳大利亚用美利奴羊与林肯羊杂交，培育出了波尔华斯羊等。

【知识拓展】

细毛羊的鉴定分级标准（NY 1—2004 细毛羊鉴定项目、符号、术语）

一、范围

(1)本标准规定了细毛羊鉴定项目、符号、术语。

(2)本标准适合细毛羊鉴定。

二、鉴定项目

细毛羊鉴定项目10项。项目用汉语拼音首位字母代表。以3分制评定鉴定项目。

(一)头部

头部用 T,表示为 TX,X 为评分。

T3——头毛着生至眼线,鼻梁平滑,面部光洁、无死毛。公羊角呈螺旋形,无角型公羊应有角凹;母羊无角。

T2——头毛多或少,鼻梁稍隆起。公羊角形较差;无角型公羊有角。

Tl——头毛过多或光脸,鼻梁隆起。公羊角形较差;无角型公羊有角,母羊有小角。

(二) 体形类型

体形类型用 L,表示为 LX,X 为评分。

L3——正侧呈长方形。公、母羊颈部有优良的纵皱褶或群皱。胸深,背腰长,腰线平直,尻宽而平,后躯丰满,肢势端正。

L2——颈部皮肤较紧或皱褶多,体躯有明显皱褶。

L1——颈部皮肤紧或皱褶过多,背线、腹线不平,后躯不丰满。

(三)被毛长度

实测毛长:在羊体左侧中线,肩胛骨后缘一掌处,顺毛丛方向测量毛丛自然状态的长度,以厘米(cm)表示,精确到 0.5 cm。

超过或不足 12 个月的毛长均应折合为 12 个月的毛长。可根据各地羊毛长度生长规律校正。

种公羊的毛长除记录体侧毛长外,还可测肩、背、股、腹部毛长。

(四) 长度匀度

长度匀度用 C,表示为 CX,X 为评分。

C3——被毛各部位毛丛长度均匀。

C2——背部与体侧毛丛长度差异较大。

C1——被毛各部位的毛丛长度差异较大。

(五) 被毛手感

用 S,表示为 SX,X 为评分。

用于抚摸肩部、背部、体侧部、股部被毛。

S3——被毛手感柔软、光滑。

S2——被毛手感较柔软、光滑。

S1——被毛手感粗糙。

(六) 被毛密度

被毛密度用 M,表示为 MX,X 为评分。

M3——被毛密度达中等以上。

M2——被毛密度达中等或很密。

M1——密度差。

(七)被毛纤维细度

(1)细羊毛的细度应是 60 支以上或毛纤维直径 25.0 μm 及以内的同质毛。

(2)在测定毛长的部位,依不同的测定方法需要取少量毛纤维测细度,以 μm 表示,现场可暂用支数或 μm 表示。

(八)细度匀度

细度匀度用 Y,表示为 YX,X 为评分。

Y3——被毛细度均匀,体侧和股部细度差不超过 2.0 μm;毛丛内纤维直径均匀。

Y2——被毛细度较均匀,后躯毛丛内纤维直径欠均匀,少量浮现粗绒毛。

Y1——被毛细度欠均匀,毛丛中有较多浮现粗绒毛。

(九)弯曲

弯曲用 W,表示为 WX,X 为评分。

W3——正常弯曲(弧度呈半圆形)。毛丛顶部到根部弯曲明显、大小均匀。

W2——正常弯曲。毛丛顶部到根部弯曲欠明显、大小均匀。

W1——弯曲不明显或有非正常弯曲。

(十)油汗

油汗用 H,表示为 HX,X 为评分。

H3——白色油汗,含量适中。

H2——乳白色油汗,含量适中。

H1——浅黄色油汗。

三、综合评定

总评是综合品质和种羊种用价值的评定。按 10 分制评定。

10 分——全面符合指标中的优秀个体。

9 分——全面符合指标的个体,综合品质好。

8 分——符合指标的个体,综合品质较好。

7 分——基本符合指标的个体,综合品质一般。

6 分——不符合指标的个体,综合品质差。

6 分以下不详细评定。

四、等级标志及耳号

(一)等级标志

细毛羊两岁鉴定结束后,在右耳做等级标志。

等级分为特级、一级和二级。不符合等级的一律不打标记。

特级——在耳尖剪一个缺口。

一级——在耳下缘剪一个缺口。

二级——在耳下缘剪两个缺口。

(二)耳号

在羊的左耳佩带耳号或耳内侧无毛处打耳刺号。第一位应为出生年号。其他自行确定，允许有各种代号。

五、下列术语和定义适用本标准

1. 剪毛量(wool yield)

又称原毛量，在剪毛季节受测羊只所剪毛的总质量。

2. 净毛率(clean wool yield)

受测羊只所剪的毛经洗净后的质量用公定回潮率修正后与原毛质量的百分比。按公式(1)计算。

$$净毛率=\frac{净毛绝对干燥重\times(1+16\%)}{污毛重}\times100\% \qquad (1)$$

3. 个体净毛率(individual clean yield)

种公羊、后备公羊、核心群母羊测个体净毛率。用体侧毛样 100～150 g 测定。

4. 净毛量(clean wool yield)

污毛产量乘以净毛率即为净毛量。

5. 体重(body weight)

羊空腹剪毛后即称重，重量以 kg 表示，精确到 0.5 kg。

6. 产羔率

出生的活羔羊数与分娩母羊数的百分比。结果修约至两位小数。按公式(2)计算。

$$产羔率=\frac{产活羔羊数}{分娩母羊数}\times100\% \qquad (2)$$

7. 羔羊成活率(lamb livability)

断奶成活羔羊数与出生活羔数的百分比。按公式(3)计算。

$$羔羊成活率=\frac{断奶成活羔羊数}{出生活羔羊数}\times100\% \qquad (3)$$

断奶日龄一般为 120 日龄。

8. 胴体重

将待测羊悬吊后肢，屠宰并充分放血后去皮毛、头(由环枕关节处分割)、管骨及管骨以下部分和内脏(保留肾脏及肾脂)，剩余部分静置 30 min 后称重并记录结果，单位为千克(kg)。结果保留至一位小数。

9. 屠宰率(killing out percentage)

胴体重加上内脏脂肪重(包括大网膜和肠系膜的脂肪)与宰前活重的百分比。结果修约至两位小数。按公式(4)计算。

$$屠宰率=\frac{胴体重+内脏脂肪重}{宰前活重}\times 100\% \tag{4}$$

任务2 饲养管理

【任务描述】

科学的饲养管理技术是保证养羊生产高效益的基础。种公羊、种母羊对提高羊群生产性能和繁殖育种关系重大,种公羊在饲养上比较精细。种母羊为顺利完成配种、妊娠、哺乳等繁殖任务,要保证较好的营养供给,以实现多胎、全产、全活、全壮的要求。羔羊和育成羊生长发育快,可塑性很大,应着重培育出高生产水平和优良种用品质的绵、山羊个体,从而对提高养羊生产水平和提高羊群品质具有重要作用。

【任务分析】

通过本任务的学习,学生在了解羊的生长发育规律及羊的饲养方式的基础上,掌握种公羊饲养管理要点,不同阶段繁殖母羊饲养管理的中心任务;羔羊补饲、断奶和保健、育成羊饲养、组群和调教等;学会如何合理利用、组织好羊生产,获取最大的经济效益。结合羊场生产活动,在教师指导下,分组训练羊的驱虫、药浴、剪毛等实践活动。

【任务实施】

一、种公羊的饲养管理

(一)配种期的饲养管理

配种前40～45 d就应进入配种期的饲养管理。这一时期日粮营养水平应逐步提高,到配种开始时达到标准。日粮体积不能过大,以免形成草腹,影响配种或采精。日粮可按混合精料1.2～1.4 kg、青干草2 kg、胡萝卜0.5～1.5 kg、食盐15～20 g、骨粉5～10 g的标准喂给,胡萝卜须切碎之后再喂,精料每天分2～3次饲喂,饮水每天2～3次。有条件者还可根据种公羊的利用情况喂给牛奶或鸡蛋等。可每天让种公羊饮食新鲜牛奶0.5～1.0 kg或灌服(或拌料)鸡蛋2～3枚。

在配种前1个月开始采精,可每周一次,进行精液品质检查,调整日粮。舍饲时应坚持每天让种公羊运动2～3 h,以驱赶运动为主,合理控制运动速度和时间,冬季可安排在中午暖和时运动,夏季安排在早晚凉爽时运动。为避免种公羊之间角斗损伤,减少体力消耗,最好进行单圈或单栏饲养。配种期间为保证其种用体况,延长利用年限,应合理利用种公羊,在公母混群饲养自由交配时应注意公母比例,一般绵羊为1∶(20～30),山羊为1∶(30～40);在公母分群,人工辅助交配时,合理控制配种次数,一般成年公羊每天1～2次,青年公羊减半,配种间隔8 h左右,使公羊有足够的休息时间;人工授精时成年公羊每天采精可达3～4次,青年公羊每天采精1～2次，两次采精间隔时间2 h以上。连续使用4～5 d，让其休息1～2 d。种公羊须根据体质和精液品质确定其利用年限，一般为6～8年。

（二）非配种期的饲养管理

配种期结束时，就应逐渐降低日粮营养水平，逐步减少精料的给量，但仍不能忽视饲养管理工作。除有条件放牧外，应补给足够的能量、蛋白质、维生素和矿物质饲料。精料的喂量须根据种公羊的体质和季节的不同进行调整，枯草季节可适当增加喂量，如舍饲应加强运动量。

另外，在选种时应注意，种公羊必须具有明显的品种特征，体型外貌良好，结构匀称，中上等膘情，体躯发育好，腰部强有力，四肢端正而粗壮，眼大有神，性情活泼，性欲旺盛，睾丸大小适中而匀称，有弹性。其本身可度量的体尺、体重、毛色、羊毛品质和产量等主要指标应符合该品种理想型要求。不可选用隐睾、单睾、精液品质不良或有顶人恶习的公羊作为种公羊。

二、母羊的饲养管理

（一）空怀期的饲养管理

由于各地产羔季节不同，母羊空怀季节也有差异。我国北方地区产冬羔的母羊一般5～7月份为空怀期；产春羔的母羊一般8～10月份为空怀期。母羊因在哺乳期营养消耗较大，所以此阶段主要任务是使母羊恢复体质，抓膘，贮备营养，为下次的配种受胎做准备。在空怀前期有条件的地区放牧即可，无条件放牧只喂干草即可。配种前1个月进行短期优饲，根据母羊的体况，开始补精料，精料的喂量逐渐增加到每天0.2～0.3 kg，如果母羊体质较差，可适当增加喂量，如果膘情较好，则可减少喂量或不喂精料，防止过肥。管理上重点应注意观察母羊的发情情况，做好发情鉴定，及时配种，以免影响母羊的繁殖。

（二）妊娠期的饲养管理

1. 妊娠期的饲养

（1）妊娠前期　妊娠期的前3个月，因胎儿生长缓慢，需要的营养并不太多，故一般除放牧外，根据草场条件适当补饲一定量的精料，如舍饲一般喂给干草1～1.5 kg、青贮饲料1.5～2.0 kg、胡萝卜0.5 kg、食盐和骨粉各15 g、精料0.4～0.5 kg。

（2）妊娠后期　妊娠期的后2个月，是胎儿生长发育最快的时期，其体重的增加占初生重的90%左右。若在此阶段营养不足，则会导致羔羊初生重小，成活率低，母羊泌乳量减少，从而影响羔羊断奶重。因此，必须加强饲养，母羊如放牧，每天应根据具体情况补饲适量精料，舍饲时一般喂给干草1.5～2.0 kg、青贮饲料1.0～1.5 kg、胡萝卜0.5 kg、食盐和骨粉各15 g、精料0.5～0.6 kg。在产羔期为防止乳腺炎，应适当减少精料和多汁料的喂量。

2. 妊娠期的管理

妊娠期的管理应重点做好母羊的防流保胎工作。饲喂时应注意满足母羊的营养需求，严禁喂给发霉、腐败、变质、冰冻或有毒有害的饲料。冷季不能让母羊空腹饮水或饮冰碴水。在日常管理上要求饲养员不能粗暴的对待羊，不能拳打脚踢，在出入圈门、饮水、喂料等方面都要慢、稳，防止拥挤、滑跌，禁止无故捕捉、惊扰羊群。放牧时也要注重稳放，防止母羊跳崖或跳沟，临产前1周左右不得远牧。圈舍要求保暖、干燥、通风良好。同时羊场要建立合理的防疫制度，严格执行，定期消毒，做好羊场的防疫工作，防止发生疾病而导致母羊流产。

(三)哺乳期的饲养管理

1. 哺乳期的饲养

母羊哺乳期一般为3～4个月。这一阶段的主要任务是保证母羊有充足的奶水来哺乳羔羊。母羊泌乳量越多，羔羊发育越好，生长越快，抗病能力越强，成活率越高。因此，为了促进母羊泌乳，应根据母羊的膘情和带羔数的不同，加强饲养管理。

泌乳前期精料一般单羔母羊每天喂给0.5 kg，双羔母羊0.7 kg，若双羔以上精料每天喂量可达0.9 kg；哺乳中期单羔母羊减至0.3 kg，双羔母羊减至0.5 kg。哺乳前期和中期每天喂给干草3～3.5 kg、多汁饲料1.5 kg。哺乳后期放牧或只喂干草即可。另外，母羊在产羔后3 d内要求喂给适口性好，容易消化的饲料，尽量少喂精料和多汁料，防止消化不良或引起乳腺炎。产羔3 d后可逐渐增加喂量。母羊如因泌乳体质较差者后期也可补喂一定精料，但在羔羊断奶时，要停止或减少喂量。

2. 哺乳母羊的管理

哺乳母羊的管理，要求圈舍应保持清洁、干燥，每天打扫1～2次。产羔后应注意看护，及时清除胎衣，防止母羊吞食。同时清除舍内毛团、塑料、绳子等杂物，以防羔羊误食而引起疾病。

三、羔羊的饲养管理

1. 羔羊生后应尽早吃初乳

羔羊出生后应在0.5 h内吃上初乳。因为，初乳中免疫物质的含量会随母羊产后时间的延长而下降，羔羊的消化系统对初乳中免疫物质的吸收能力也会随之下降，若不能及时吃上初乳则会影响羔羊的抗病能力。对初生弱羔、初产母羊或护仔行为不强的母羊所产羔羊，需人工辅助其吃乳。

2. 应尽早安排运动

为增强羔羊体质，随着羔羊日龄的增长，应尽早安排运动。若舍饲，10日龄可让羔羊在运动场内自由运动。若放牧，10日龄开始可以随母羊放牧，开始时应距羊舍近一些，以后可逐渐增加放牧距离。

3. 适时补饲

为促进羔羊瘤胃消化机能的完善，出生后0.5个月龄左右，即可训练采食干草，1月龄左右补饲精料。为防止浪费应注意喂量，少给勤添，有些羊场饲喂干草时将干草捆成小捆，从羊舍棚顶上吊起让其采食，羔羊补饲精料最好在补饲栏中进行，防止母羊抢食。羔羊一般每天每只给精料1月龄为50～100 g，2月龄为150～200 g，3月龄为200～250 g，4月龄为250～300 g。同时保证草料的干净，及时清理料槽，防止引起疾病。

四、育成羊的饲养管理

育成羊是指断奶后至第一次配种前的青年羊。

1. 育成羊的饲养

育成羊生长发育快，增重强度大，如不能满足其营养物质的需要，则会导致生长发育受阻，出现胸浅体窄、腿高骨细体质弱、体重小、剪毛量低等情况。育成期饲养重点应加强补饲，使其在配种时达到要求体重标准。放牧应安排在较好的草场，保证采食量，根据季节的不同补饲营养丰富的精料。舍饲则饲喂优质青、粗饲料，充足饮水。精料的喂量应根据品种和各地具体条件而定，一般每天 0.2～0.3 kg，注意钙、磷补充。在配种前对体质较差的个体应进行短期优饲，适当提高精料喂量。

2. 育成羊的管理

断奶之后应根据性别单独组群，放牧时要注意训练头羊，控制好羊群，舍饲要加强运动，有利于羊的生长发育。育成公羊配种前还应进行采精调教。当体重达到成年羊体重的 70%左右时可开始参加配种。同时搞好圈舍卫生，做好羊的防疫、驱虫等日常管理工作。

【知识链接】

一、羔羊断奶

一般 3～4 月龄断奶，这时是属于羔羊生长发育较危险的时期。如果饲养管理不当，会使羔羊体质下降，增加死亡率。因此，羔羊应断奶分群后在较好的草场放牧，需要适量补饲。如果进行舍饲，除干草自由采食外，喂给一定量适口性好，容易消化的精饲料。

羔羊断奶时间应根据其消化系统、免疫系统的成熟程度(采食和发病情况)和羊场具体条件而定。国外有 8 周龄断奶，如早期断奶(2 月龄前断奶)，必须给羔羊提供符合其消化特点和营养需要的代乳料，否则，会影响羔羊成活率，造成损失。

羔羊断奶常用一次性断奶法。但若为双羔或多羔，且发育不整齐时，可采用分次断奶法，先将发育好的羔羊断奶，发育较差的留下继续哺乳一段时期再断奶。

二、注意卫生，防止下痢

下痢是羔羊阶段对其健康影响较大的疾病之一，特别是羔羊出生后 1 周内最容易发生，此时应注意搞好圈舍、草料和料槽等的卫生，并注意观察，发现患病应及时隔离治疗。

三、做好孤羔和缺奶羔的寄养或人工哺乳工作

若母羊产后即死或泌乳量过低，则应进行寄养或人工哺乳。在寄养选择保姆羊时，应选择营养状况良好、健康、泌乳性能好，产单羔的母羊。由于母羊的嗅觉灵敏，拒绝性强，所以将保姆羊的乳汁涂在羔羊身上，使母羊难于辨认，有利于寄养。寄养工作最好安排在夜间进行。

若羊场找不到合适的保姆羊，须进行人工哺乳。选用新鲜牛奶，要求定时、定温、定质，奶温 35～39℃，初生羔羊每天哺乳 4～5 次，每次喂 100～150 mL，以后酌情决定哺乳量，逐渐减少哺乳次数。哺乳初期采用有乳嘴的奶瓶进行哺乳，防止乳汁进入瘤胃异常发酵而引起疾病，同时严格控制哺乳卫生条件。

【知识拓展】

一、羊的放牧饲养

(一)四季放牧技术要点

1. 春季放牧

春季气温回升,牧草开始返青。羊群由于经过漫长的枯草季节,膘情一般都较差,体质较弱,牧草又青黄不接,因此为了让羊极早恢复体质,为抓膘创造条件,要适当补饲。放牧时草场宜选择在避风向阳、青草萌发较早、距离羊圈较近的阳坡、丘陵地带,以便气候突变时能及时将羊赶回羊圈,避免损失。为防止瘤胃鼓气,尽量不要到豆科类牧草多的草场放牧。出牧宜迟,归牧宜早,中午可不回圈,使羊群多吃些草。初春放牧时,前挡后让宜慢放,防止羊"跑青"。春季易发生寄生虫病,羊只应普遍进行驱虫。另外,为防止羊因贪青而造成下痢,可在出牧前饲喂些干草。

2. 夏季放牧

夏季应尽量延长放牧时间,出牧宜早,归牧宜迟,但在露水较大时可晚出牧。气温酷热,羊有"扎窝子"现象,应尽量避免,中午让羊多休息。放牧场地选择高燥、凉爽、水源充足的草场,高燥的草场有凉风,蚊蝇少,羊可安心采食。在高山草原放牧时,为使羊凉爽,上午放阳坡,下午放阴坡,上午顺风放,下午逆风放。夏季羊出汗多,饮水多,易缺盐,注意补盐。另外,也应注意羊采食过多豆科类牧草而发生瘤胃鼓气。

3. 秋季放牧

秋季牧场应选在牧草枯黄较晚的草场,继续抓膘,为配种做准备。在农区和半农半牧区,充分利用收割之后的茬地放牧,是羊抓膘的好机会,羊可以吃到一些农作物籽实和鲜嫩的牧草。但要注意在豆科田地或草地里不可放牧过久,以防胀肚;高粱和玉米二茬苗较多的地或蓖麻地等也不能放牧过久,防止中毒;尽量避免到针茅草等有芒刺的草地放牧,以免污染羊毛。秋季放牧注意延长放牧时间,早出牧,晚归牧。但霜冻降临后,要适当晚出牧,以防羊吃霜草。

4. 冬季放牧

冬季牧场应选择在避风、向阳的山谷、盆地或洼地。羊群在冬季牧场停留时间较长,羊舍应位于冬牧场中心,便于避风防寒。晚出牧,早归牧,并注意天气变化,顶风出牧,顺风归。对妊娠母羊放牧时应速度慢些,不跳沟、不惊吓、不饮冰碴水、不空腹饮水,有利于保胎。同时,注意适当补饲精料。

(二)划区轮牧

为合理利用和改良草场,减少牧草浪费,节省草场面积,恢复和提高草场的载畜量,科学利用和保护草场,提高羊生产力,放牧时把草场划分成不同季带,每个季带再分成若干轮牧小区。根据小区的大小,确定羊群数量和轮牧时间,应施行划区轮牧。

(三)放牧的基本要求

放牧要求做到"三勤"、"四稳"。"三勤"就是腿勤、眼勤、嘴勤。"四稳"是出牧稳、归牧稳、放牧稳、饮水稳。其中放牧稳最为重要。为便于放牧管理,应根据羊的类型、品种、年龄、性别和草场条件等因素合理组群。

放牧时还应根据草场条件，运用一定的放牧队形。放牧队形有“一条鞭”式和“满天星”两种。在牧区通常有“早出一条鞭，中午满天星，晚归簸箕掌”、“冬春一条线，夏秋一大片”的说法。在放牧时控制羊群不宜太紧，要“三分由羊，七分由人”。如控制太紧，羊群走动不开，影响采食和抓膘。放牧保证羊能在一天之内吃到3～4次饱为宜。

二、羊的舍饲

毛用羊的舍饲饲养，适合于无放牧场所或草场条件不理想的地区。舍饲时首先应备足草料，每年每只羊平均可按干草和秸秆400～500 kg，精料100～200 kg准备，并精心管理。粗料以干草和秸秆为主外，应尽量多样化。干草和秸秆一般可让羊自由采食，精料和其他辅料则因各地条件、羊的品种、性别、年龄和季节的不同而异。要求以粗料为主，精料为辅，并保证羊全年营养均衡，以免影响羊毛品质。

三、毛用羊一般管理技术

(一)去角

1. 烙铁法

用300 W的手枪式电烙铁或丁字形烙铁在角突部位烧烙。烙掉皮肤，再烧烙骨质角突，直至破坏角芽细胞的生长。烧烙时应注意保定，固定头部时，用手握住嘴部，使羊不能摆动而发出叫声为宜，防止用力过度而使羊窒息。有些羊场用羔羊保定箱进行保定，防止羔羊挣扎，烙伤头部其他部位。每次烧烙一般10 s左右为宜，全部完成需要3～5 min的时间。

2. 化学法

首先剪掉角突周围羊毛，然后在角突周围涂一圈凡士林，以防药液流入眼睛或损伤周围其他组织。再用苛性钾棒在两个角芽处轮流涂擦，以去掉皮肤，破坏角芽细胞的生长为宜。

3. 锯断法

对于幼龄时未去角或没有去净的羊只，可用去角锯将其角顶端锯断。锯断后涂消炎药物，用纱布包扎，防止出血过多。

【知识窗】

去角

去角的目的是为了便于管理，防止羊角斗引起损伤或顶伤饲养管理人员，一般在羔羊出生后5～10 d进行。

(二)驱虫

为了防止寄生虫病的发生，不影响羊的生长发育和羊毛、羊皮的品质，养羊场必须根据当地的寄生虫病流行情况，每年定期进行驱虫。一般每年两次，一次在春季，另一次在秋季进行。对于寄生虫病较严重的地区，在5～6月份可再驱虫一次。秋季对妊娠母羊驱虫时应严格控制用药剂量，一般按正常剂量的2/3给药。常用驱虫药有敌百虫、咪唑类药物、虫克星、驱虫净等，须按照药物说明和要求用药。驱虫后10 d内的粪便，应统一收集，进行无害化处理。

(三)药浴

药浴就是把配好的药浴液放在池子里，让羊在药浴池里停留2～3 min然后出池，目的是为了防治羊体外寄生虫病，如疥癣病、羊虱等。药浴时除2月龄以内的羔羊、病羊、妊娠2月龄以上的母羊和有外伤的羊外，其余羊只一律进行药浴。一般在剪毛后10 d左右，晴暖的天气进行。在体外寄生虫病较严重的地区，可每年进行2次，一次在春季，另一次在夏末秋初进行。

【知识窗】

药浴

药浴方式有池浴、淋浴和盆浴三种。淋浴基建设备要求高、药浴效果欠佳，故采用较少。盆浴适用于羊只少的养羊户。目前，大多数采用池浴形式。

(四)羊的剪毛

1. 准备工作

(1)羊只的准备　应按剪毛顺序准备羊只。剪毛一般从价值低的羊开始，熟练剪毛技术。同一品种，应按羯羊、试情羊、幼龄羊、母羊和种公羊的顺序。不同品种，应按粗毛羊、杂种羊、半细毛羊、细毛羊的顺序，患病羊只一般最后剪毛；剪毛前羊只应停食、停水、停止放牧12 h左右，防止剪毛时粪便污染羊毛或发生胀肚等意外情况。

(2)剪毛场地的准备　大型羊场有专门剪毛舍(包括羊毛包装、贮存)。小型羊场、农户养羊剪毛场地，应根据羊群大小和具体条件而定。剪毛场地应干净、避风，可铺上席子或篷布，以免污染羊毛。

(3)剪毛用具的准备　包括剪毛剪或剪毛器、毛袋、秤、记录表、磨刀器、5%的碘酊等。

2. 手工剪毛

手工剪毛时，剪毛前要准备好剪刀、磨刀石、席子、麻绳和碘酒，育种场还要做好称量和记录。空腹剪毛比较安全。剪毛羊不放牧、不补饲和饮水，一般选择无风的晴天，在上午进行剪毛。

剪毛时，先用绳子把羊左侧前后肢捆住，使羊左侧卧地，剪毛人员蹲在羊的背后，由羊后肋向前肋直线开剪，然后按此平行方向剪腹部及胸部的毛，再剪前后腿毛，一侧剪完后，翻转羊只剪另一侧羊毛。最后剪颈部和头部的被毛。

剪毛时，剪刀要放平，紧贴羊的皮肤，以便使毛茬留得短而整齐。若剪得不整齐，不要再剪。剪毛过程中要注意不要剪破皮肤，一旦剪破，要涂碘酒消毒，以防感染。剪毛员将羊放倒保定之后，先从体侧开始剪，从后躯剪至腋窝向前剪一条线，并向下腹部及胸部剪去。再剪臂部及腿部毛。

3. 机械剪毛

第一道工序：剪毛工将羊放倒，腹部朝上，并将羊的右后腿夹在右腿关节之后，呈下蹲姿势，从羊腹部右侧后腿之间剪开，依次向左侧剪完腹部毛，剪公羊包皮附近时要特别小心需横向推进，母羊乳房后部的毛也应在此时剪掉，为了避免剪掉或剪伤乳头应用左手手指扭住乳头后剪毛(图 5-2-1)。

第二道工序：翻转羊呈右侧卧状态。剪毛工左手拉羊左后腿，呈半蹲姿势，剪羊左后腿外部毛和左侧毛(图 5-2-2)。

图 5-2-1　机械剪毛工序 1

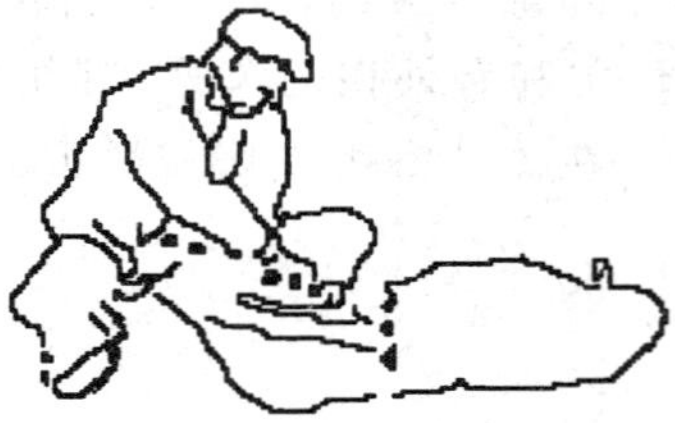

图 5-2-2　机械剪毛工序 2

第三道工序：用右膝轻压在羊后腿上部，左手拉住羊左前腿，依次长行程剪去左侧、前腿和左肩的毛。此时要剪过脊椎骨(图 5-2-3)。

第四道工序：剪毛工上身向前倾，左手按直羊头。剪掉羊左颈部和面部毛(图 5-2-4)。

图 5-2-3　机械剪毛工序 3

图 5-2-4　机械剪毛工序 4

第五道工序：剪毛工右膝轻压住羊左腿上侧部，左手抬起羊头，剪掉绵羊头部毛(图 5-2-5)。

第六道工序：左手将羊头拉向剪毛工右小腿使羊颈右侧皮肤拉紧，剪掉羊颈右侧的毛(图 5-2-6)。

图 5-2-5　机械剪毛工序 5

图 5-2-6　机械剪毛工序 6

第七道工序：剪毛工的腿移到羊背部，两腿呈左右夹羊姿势。左手握住羊下颚用力拉起，把羊头按在两膝上。剪羊颈下垂部右侧毛，此后把羊头推到两腿后两腿夹住羊的脖子剪胸部右前腿的毛(图 5-2-7)。

第八道工序:剪毛工后退,羊头仍被两腿夹住,将头拉起,使羊右臀部着地,呈半坐姿势,左手拉紧羊右侧皮肤,依次长行程剪净右侧腰部毛和右后腿外部毛后将羊挂起,毛被呈一整张(图5-2-8)。

图5-2-7 机械剪毛工序7

图5-2-8 机械剪毛工序8

【知识链接】

一、药浴常用药物

药浴常用药物有敌百虫、双甲脒、除癞灵、辛硫磷乳油、溴氰菊酯、螨净等。药液配制时可根据药物说明书进行。

二、药浴时应注意的问题

(1)药浴前羊只应停止放牧0.5 d,须令其饮足水。

(2)药浴开始时,最好先让几只质量较差的羊试浴,确认安全后再正式药浴,防止大群中毒。

(3)一般一人专门负责推引羊只入池,两人手持木杆站在药浴池两边,遇有头、背部没有浴透的羊将其压入水中浸湿,有拥挤互压现象,及时疏通,防止羊呛水或淹死。

(4)羊只进入药浴池2~3 min后方可出池。

(5)药浴完一部分羊,应根据药液量的减少进行添补,以保证药液量和浓度。

(6)成年羊与羔羊分别进行药浴。

(7)药浴时应保持药浴池的清洁,及时清除污物,适时更换新的药液。

(8)羊只出药浴池后让其在滴流台或运动场停留5~10 min后方可放出,防止药液滴到草料上引起中毒。

(9)羊只药浴后要注意观察,有中毒现象,应立即抢救。

(10)药浴后,注意羊只保暖,以防感冒。

(11)药浴过程中工作人员应穿工作服,戴口罩,药浴完毕应彻底清洗手及脸。

(12)药液应现配现用,防止失效。剩余的药液要妥善处理,不能随意乱倒。

三、羊剪毛次数、时间的确定

生产同质毛的羊,一般只在每年春季剪一次毛。生产异质毛的羊,可在每年春、秋季节各剪毛一次。

春季剪毛的具体时间，依据当地的气候条件而定。因我国地域辽阔，地方间温差较大，所以剪毛时间差异也较大，有些地区5月中旬剪毛，而有些地区则6月末7月初剪毛。秋季剪毛大多在9月进行。

四、剪毛应注意的问题

(1)剪毛时毛茬留0.5 cm左右，禁止剪二刀毛。

(2)剪毛时必须按顺序进行，争取剪出套毛。

(3)剪毛员应手巧心细，精神集中，遇到皮肤皱褶处，展开再剪，防止剪伤羊皮。若不慎剪伤时，立即涂5%的碘酊进行消毒。

(4)剪下的羊毛应根据不同颜色和不同品质严格分开包装。

(5)剪毛后控制羊采食量，防止消化不良。

(6)剪毛后一周左右防止羊只淋雨，注意保暖。

任务3　羊毛、毛皮品质

【任务描述】

羊毛品质主要由羊毛细度、强度、密度、净毛率等决定的，不同品种的羊其羊毛、毛皮品质有很大差异，因此，对羊毛纤维和毛皮的选育和鉴定尤为重要。随着现代科技不断地创新，羊毛的质量也有了新的标准，羊毛纤维的细度是毛纺工业中最为重要的指标，也是决定羊毛价格的主要因素，因此人们对羊毛纤维细度检测非常重视。

【任务分析】

通过本任务的学习，使学生了解羊毛纤维的组织构造、羊毛纤维类型和羊毛种类；了解羊毛纤维有哪些物理特性和化学特性。进一步掌握羊毛样品的采集，能够在实验室组织学生分组检测羊毛的细度、密度等指标。并能够在显微镜下观测羊毛纤维组织构造，学会鉴别羊毛的品质，为绵羊育种工作服务。

【任务实施】

一、羊毛样品采集方法

1. 采样方法和毛样包装

(1)采样方法。在规定部位用剪刀贴近皮肤处剪下毛样，毛茬要求整齐。用手指捏紧样品，将其撕下，尽可能保持羊毛的长度、弯曲及毛丛的原状。测定净毛率的毛样，应在采集时称重，避免抖掉杂质，也可以在剪毛前于采样部位做记号，待剪毛完毕时，在记号处采样，同样应称重，避免抖掉杂质。

(2)采样后的毛样处理。所采毛样应用塑料袋包装,测定含脂率及制作标本的毛样应用蜡纸或玻璃包装。

(3)毛样的标记。每个毛样必须注明产地、场名、品种、羊号、性别、年龄、等级、采样部位、日期、毛样重量及采集人。

(4)需要长期保留的毛样,应加防虫剂,如樟脑等。纸或薄膜塑料仔细包裹后再装袋。

2. 采样时间和头数

分析用毛样应于每年剪毛前,采集生长足12个月的羊毛。采集头数越多,分析结果的可靠性越大,但具体应视人力、物力和时间而定。一般情况下,对种公羊和参加后裔测验的幼龄公羊,应全部采样。细毛和半细毛一级成年母羊及1.0～1.5岁半育成母羊,可按羊群中一级羊总数的5%～10%采样,亦可随机从上述羊群中抽选10头作为代表。同质毛杂种母羊应由每一等级羊群中,随机取5%或10～15头作为采样羊。裘皮和羔皮羊的羊毛分析应根据不同目的,在不同等级群里按5%或随机抽选10～15头羊采样。

3. 采毛样的部位

种公羊采样的主要部位为肩部、体侧部、股部、背部和腹部5个部位。母羊仅采体侧部一个部位。

(1)肩部　肩胛骨的中心点。

(2)体侧　肩胛骨后缘10 cm,体侧中线稍偏上方。

(3)股部　腰角至飞节连线的中间点。

(4)背部　耆甲至十字部背线的中间点。

(5)腹部　公羊在阴鞘前,母羊在乳房前一掌处的左侧。

4. 采毛样用具

剪毛剪、塑料毛样袋、标签、纸袋、铅笔、天平。

5. 采样的重量

毛样采集重量应根据分析项目不同而定。

(1)纤维类型分析用毛样。主要是鉴定杂种羊及粗毛羊羊毛品质的。在采样前应先按代数或鉴定等级确定出采样羊只。采样部位为肩部、体侧和股部。采样时,将每个部位被毛分开,随机取3～5个完整的毛辫或从根部剪取3～5 g毛样,装入采样袋,加以标记。

(2)细度、长度、强伸度、含脂率等分析用毛样。一般取肩部、体侧和股部3个部位。每部位取毛样3～5 g,分别包装,加以标记。

(3)净毛率测定用毛样。测定净毛率在羊体取样时,可分以下3种情况。

第一种从羊体五个部位(肩、侧、股、背、腹)各取40 g,共200 g组成一个分析用毛样。每个部位采三次,共采三个毛样,分别装入采样袋中,加以标记。

第二种从肩部、体侧、股部各取200 g毛样,混合后,分为三个样品进行测定。

第三种应以体侧部约10 cm×10 cm的面积上取样进行测定,毛样采集量150～200 g供分析测试用。

以上各种采样方法应根据具体条件酌情选用。

(4)制标本盒的毛样,各部位应采30 g。

二、羊毛细度测定

(一)显微镜测定法

1. 被测毛样处理

取被测毛样在乙醚溶液中进行充分洗涤,然后取出,用滤纸吸去残留溶剂,晾干备用。

2. 制片

将两个单面刀片对齐,切取长度为 0.2～0.4 mm 的纤维,用探针将短纤维拨放在载玻片上,滴一滴甘油,用探针搅拌均匀,然后轻轻盖上盖片,勿使产生气泡。

3. 校正目镜测微尺

将物镜测微尺放在显微镜的载物台上,再将目镜测微尺放在显微镜接目筒内。观察时,在显微镜视野中即见目镜测微尺(细线条)和物镜测微尺(粗线条)。调节焦距使以上两尺的一端刻度线重叠,然后在最近距离内找出另一端两个测微尺刻度上的重合点,计算出两尺各有几格。因已知物镜测微尺的一小格为 10 μm,所以即可算出目镜测微尺一小格等于多少微米。

4. 测定毛细度

将做好的标本片放在载物台上,将标本片从上到下、从左向右逐根移入视野进行测量,随时调解焦距并移动目镜筒,精确计算每根纤维所占目测微尺格数(准确到 0.5 格)。每一样品的测定数量,应视其细度的均匀性而定,一般规定同质毛不少于 400 根,异质毛不少于 600 根。在教学实训中可根据时间酌情减少。

(二)显微投影仪测定法

(1)毛样的处理及制片,同显微镜测定法。

(2)置物测微尺于显微投影仪的载物台上,调整显微镜,使物测微尺经投影仪放大后影像每刻度为 0.5 cm,则显微投影仪的放大倍数为 500 倍。

(3)取下物测微尺,置短纤维标本片于显微投影仪的载物台上。然后用楔形尺逐根测量从投影仪投射出来的纤维影像,测量时随时调整楔形尺的位置,使纤维刚好嵌在楔形尺上下两线中间,在二者宽度吻合处用铅笔划线。测定顺序、数量和原则与显微镜测定法相同。

(三)羊毛纤维平均细度的快速测定法

快速测定羊毛纤维平均细度的主要仪器有 Y145A 型气流式羊毛细度仪。

(1)称取洗净的同质毛 6 g(标准度在 1%内),该羊毛要求含脂率不超过 1%,如超过则需再次洗涤。

(2)将试样用镊子夹入试样筒内,勿使纤维外露,并盖紧试样筒盖。

(3)开动抽气泵,并通过调节阀将水柱调在 60 cm 处,然后读取流量计的刻度数。

(4)依流量计的刻度数查细度查对表,即可得到试样的纤维平均细度。

三、羊毛长度测定

羊毛的长度分为自然长度和伸直长度两种。以厘米(cm)为单位。

1. 自然长度

是指毛丛在自然弯曲状态下两端距离。一般是在羊只活体上量取，精确到 0.5 cm。实验室测定时是把已剪下的毛样，按其自然状态，置于黑绒板上，用小钢尺按毛丛平行方向量取其长度。在羊场毛用羊品质鉴定、羊毛收购分级时采用。

2. 伸直长度

是指把单根毛纤维拉直至弯曲正好消失时两端的直线距离。属羊毛纤维真实长度。羊毛伸直长度的量取，同质毛可直接测定，若为异质毛则需按纤维类型分开后，再按不同类型量取。测定时，先把毛样和小钢尺按顺直方向摆在黑绒板上，然后再用尖头镊子由毛丛根部一根一根抽出纤维，每抽出一根后，用镊子夹住纤维两端，拉到弯曲刚刚消失为止，在小钢尺上量其长度，准确到 0.1 cm，记录测定的结果。同质毛每个毛样测 150～200 根，异质毛每种纤维类型测 100 根。主要在毛纺工业和科研工作中采用。

3. 实验结果的整理

根据实验测得的数据，计算该毛样的平均伸直长度、标准差、变异系数。绘制羊毛长度一次累积分布曲线图。以累积根数频率为横坐标，以各组毛纤维长度为纵坐标进行绘制。

计算平均伸直率：

$$\text{伸直率}=\frac{A-B}{B}\times 100\%$$

式中：A 为平均伸直长度，cm；B 为毛束自然长度，cm。

四、羊毛密度评定方法

1. 感观评定法

羊只保定后，测定者用两手轻轻分开体侧被毛，顺毛丛方向观察皮缝的宽窄程度。皮缝越窄，羊毛密度越大；皮缝越宽，羊毛密度越差。并触摸股部、体侧部、肩胛部毛被，感觉其厚实和松软程度，若感觉厚实，密度较大；若感觉松软则密度较小。以此确定羊毛密度的大小。一般在现场进行个体鉴定时采用。

感官评定时注意，熟悉羊的皮肤皱褶、羊毛油汗、杂质的多少及羊毛长短程度。不能在阴雨天进行测定，否则均会影响评定结果。

2. 实验室测定法

(1)密度钳测定法　从羊体的欲测部位(一般为体侧，种公羊测定时除体侧外，还要求测定肩部、股部和背部、腹部的羊毛密度，看情况，也可只测前三项)，用羊毛密度钳采取下 1 cm^2 皮肤上的生长的羊毛，在实验室数其根数的多少。在科研或选种时采用。

①采样方法：由一人保定羊只，另一人在确定的样区内沿着被毛自然龟裂把毛丛分开，把一面压倒，露出整齐的采样区。把已校正过面积的羊毛密度钳沿毛丛垂直方向轻轻插入，在插入时，不要牵动皮肤，以免影响样区内毛纤维位置变化。

用标本针轻轻分开钳齿两边的羊毛，露出齿上的两孔，然后把横叉插入孔中。这样 1 cm^2 皮肤上的毛纤维就被隔在密度钳的 1 cm^2 的间隙中。

把密度钳向外移动少许，再把密度钳夹紧，用外科直剪贴皮肤整齐地把毛样剪下。用标本针把密度钳 1 cm^2 范围以外的毛纤维拨开，再把密度钳内所采得的毛样取出，并装入培养皿中。注明品种、性别、年龄及部位。

②毛样处理:用镊子夹紧样品的根端,放入乙醚中清洗。注意不要把毛纤维脱落、拉断或搞乱,以免影响测定结果。洗净后晾干,即可进行测定。

③测定:采用重量推算根数的方法。先把毛样两端整齐,取中段 2 cm 置于天平上称其重量。然后把毛样分成 16 等份小样。用镊子任取其中一份,或在 16 份中每份上各取少量合成一个小样。称小样的重量,并数其根数。

④实验结果的整理:密度计算公式:

$$N=\frac{n\times W}{W_1}$$

式中:N 为样品总根数,根/cm^2;n 为小样根数;W 为样品重量,mg;W_1 为小样重量,mg。

(2)皮肤切片测定法　用环形皮肤取样刀(直径 1 cm)在欲测部位取活体皮肤样品,在实验室利用组织学的计数方法来测定毛囊的数量。

五、羊毛纤维组织构造观察

1. 鳞片层观察方法

羊毛纤维属动物性蛋白质,呈半透明状。在显微镜下观察无髓毛的鳞片时,不需任何特殊处理,即可看清。但是,有髓毛往往由于髓层的影响,鳞片不易清晰地看到,必须将鳞片印在一些快干胶内物质上,再进行观察。现将其方法分述如下:

直接观察法:取无髓毛纤维数根,剪成 2～3 mm 长的短纤维,并将其置于载玻片上,滴一滴甘油,覆以盖玻片,在 100～400 倍的显微镜下观察,本方法主要用于观察无髓毛、两型毛和部分有髓毛鳞片层。

明胶印模法:取 1 g 白明胶加水 3～5 mL,放在水浴锅中加热,滴加少许美蓝使呈浅蓝色明胶溶液。将明胶用玻棒均匀涂于载玻片上,待其呈半干状态时,再将洗净的毛纤维直径的一半嵌入胶中,等明胶干后取下毛纤维,不加盖片置于显微镜上观察,可清晰地观察到明胶表面上印有鳞片的痕迹。

印制鳞片法:将羊毛截成 1 cm 的毛段,取市售指甲油一滴,放在载玻片上,将截好的羊毛段放在载玻片上的指甲油上,等指甲油干后取下毛纤维,不加盖片,放在显微镜下可观察到指甲油表面上印有鳞片的痕迹。

2. 皮质层观察方法

取无髓毛数根,剪成 2 mm 短纤维,置于载玻片上,滴上一滴浓硫酸,立即盖上盖玻片。2～3 min 后,用镊子柄在盖玻片稍加力磨动,此时皮质层细胞即可分离出来(鳞片层被破坏)然后将载玻片置显微镜下观察,清晰可见成条纹状结构皮质层细胞,沿纤维纵向排列。

3. 髓质层观察方法

选有髓毛、两型毛及死毛各数根,分别以甘油制片,置显微镜下观察其髓的形状和粗细。由于羊毛纤维的髓层中充满空气。所以在显微镜下观察时呈黑色。为了较清晰地看到髓层细胞的形状,观察前需将髓层细胞中的空气排除。其方法是:取有髓毛数根,以小剪刀剪到最短程度。置于载玻片中央,并在毛纤维上滴一滴蒸馏水,再覆以盖玻片。然后由盖玻片的一端不断滴无水乙醇,并在另一端用吸水纸吸取蒸馏水,如此连续约 5 min 后,置显微镜下观察,可在纤维断端见到空气已排出，透明的呈疏松的网状髓层细胞清晰可见，空气残留部分仍为黑色。

【知识链接】

羊毛纤维组织构造

一、羊毛纤维鳞片层

1. 概念

鳞片层是毛纤维的最表层，由扁平、无核的角质化细胞组成。如鱼鳞一样覆盖在毛纤维的表面，一端附着于毛干上，另一端伸向毛纤维的顶端呈游离状。按鳞片形状和排列的不同，可分为环形鳞片和非环形鳞片。

2. 作用

鳞片层有保护羊毛纤维皮质层的作用，使皮质层免遭外界各种因素的影响。鳞片层遭到任何破坏，都会影响到羊毛的品质。而且可根据鳞片排列的疏密和附着程度判断羊毛光泽。细毛鳞片排列较密，倾斜度较大，纤维表面凹凸不平，对光线反射能力较弱，所以光泽柔和。粗毛鳞片排列较稀，倾斜度小，紧贴于纤维上，因而纤维表面较光滑，对光线的反射能力较强，故光泽较亮。另外，鳞片层还影响羊毛的纺纱性、毡合性和缩绒性。

二、羊毛纤维皮质层

1. 概念

皮质层位于鳞片层下面，是毛纤维的主体部分。由皮质细胞和细胞间质组成。在毛纤维中所占比例大小，因毛纤维细度和类型的不同而异。一般羊毛愈细皮质层所占比例愈大，羊毛愈粗，所占比例愈小。从纤维类型而言，无髓毛具有发达的皮质层，有髓毛有不发达的皮质层，而死毛的皮质层则极不发达。

2. 作用

皮质层决定着毛纤维的主要品质。如果皮质层遭到破坏，毛纤维的弹性、强度、伸度等各种品质会降低或丧失。另外，还决定羊毛的天然色泽，色素主要存在于皮质层细胞的细胞壁上，有时也存在于皮质层细胞内。羊毛染色时，染色剂亦被皮质层所吸收。

三、羊毛纤维髓质层

1. 概念

无髓毛没有髓质层，有髓毛和两型毛有髓质层。髓质层由不规则薄壁空心细胞所组成，含有大量空气，位于毛纤维中央，呈连续、断续或点状。死毛的髓质层特别发达。

髓质层的发达程度一般与毛纤维细度呈正相关，毛纤维越粗髓质层越发达，皮质层所占比例越少，毛纤维的相对强度、伸度、弹性较差，易拉断，不易着色，纺织价值低。

2. 作用

髓质层可降低毛纤维的导热性，故冬季可减少羊体热量散发，夏季可防止羊体受热。野生绵羊和原始品种羊的粗毛髓质层都较发达，这是属于对自然环境的一种适应。

【知识拓展】

羊毛、毛皮品种

一、羊毛品质

(一)羊毛的构造

羊毛的形态学结构及附属组织：

(1)羊毛的形态学结构　可分为毛干、毛根和毛球3部分。

毛干：是指毛纤维露出于皮肤表面的部分。

毛根：是指毛纤维在皮肤内部，正在角质化而又没有长出皮肤的部分。其上端与毛干相连，下端与毛球相连。

毛球：是指位于毛纤维最下端，膨大如球状包围着毛乳头的部分。它依靠从毛乳头中获得营养物质，使毛球内的细胞不断增殖，而促使毛纤维的生长。

(2)附属组织　在毛纤维的周围还有一些附属组织，包括毛乳头、毛鞘、毛囊、皮脂腺、汗腺和竖毛肌等。

毛乳头：由真皮的乳头层细胞组成，以圆锥形伸入毛球之内，位于毛球的中央。是供给羊毛纤维营养的器官，并分布有血管和神经末梢。

毛鞘：是由表皮层细胞形成的管状物，包围毛根。可分为内毛鞘和外毛鞘两层。

毛囊：是毛鞘周围的结缔组织层，形成毛鞘的外膜，如囊状，故称毛囊。

皮脂腺：位于毛鞘的两侧，分泌油脂，有滋润皮肤和保护毛纤维的作用，开口于毛鞘的上1/3处。

汗腺：位于皮肤的较深层，分泌管直接开口于皮肤表面，有时靠近毛孔。有调节体温，排出代谢产物的作用。在皮肤表面和油脂混合，被称为油汗，对毛纤维有保护作用。

竖毛肌：在皮肤内的很小的肌纤维束。它的收缩和松弛，可调节皮脂腺和汗腺的分泌，同时促进血液和淋巴液的循环。

(二)羊毛纤维类型和羊毛种类

毛纤维类型是指单根纤维而言，羊毛种类则是指羊毛纤维集合体而言。

1. 羊毛纤维类型

(1)刺毛　也称覆盖毛。着生于绵羊的面部、四肢下部和尾端，对羊体有保护作用。特点是粗、短、硬，呈微弓形，光泽较强，长度1.5 cm左右；组织学构造分三层，即鳞片层、皮质层和髓质层，无纺织价值，故剪毛时不剪。

(2)有髓毛　分为正常有髓毛、干毛、死毛。

正常有髓毛：也称粗毛、发毛或刚毛。是一种粗、长、无弯曲或少弯曲的毛纤维。细度一般为40～120 μm。组织学构造由鳞片层、皮质层和髓质层构成。鳞片为非环形鳞片，光泽较强，毛纤维中央有较发达的呈连续状的髓质层，宽度占纤维总宽度的60%以下。在粗毛羊及其低代杂种羊的被毛中含有这种毛纤维。被毛中所占比例及细度因不同品种、杂交代数和个体而差异较大。由于这种毛手感粗糙，缺乏柔软性，工艺性能低于无髓毛，一般只作粗纺原料，如制毛毯、地毯和毡制品等。

干毛：是一种变质的有髓毛，在组织学构造上和正常粗毛相同，其特点是因受雨水冲刷而油汗含量下降，以及风吹、日晒等因素，毛纤维上端变得干枯粗硬、色黄、易断、缺乏光泽、不易染色，工艺价值极低。

死毛：是指髓质层特别发达的有髓毛，宽度占纤维总宽度的 60%及以上，毛纤维粗、硬、脆、无光泽、弯曲无规则、颜色灰白，因髓质层特别发达，皮质层极少，故不能染色，完全失去了弹性，无纺织工艺价值。

(3)无髓毛　也称细毛或绒毛。组织学构造无髓质层而有发达的皮质层，鳞片为环形鳞片，光泽较柔和，羊毛纤维横切面直径在 30 μm 以下，弯曲多而明显，品质高于有髓毛，工艺特性良好，是毛纺工业上的优质原料。

(4)两型毛　也称中间型毛。其细度、长度、组织学构造均介于有髓毛和无髓毛之间，横切面直径在 30～50 μm。组织学构造上具有较细、断续或点状的髓质层，鳞片大多为环形。粗毛羊及其低代杂种羊的被毛中含有一定两型毛，大部分半细毛羊及其高代杂种羊的被毛由两型毛组成。这种毛纤维是织造提花毛毯、长毛绒、工业用呢及地毯等的优质原料。

2. 羊毛种类

(1)同质毛　也称同型毛。是由同一类型的毛纤维所组成。所含毛纤维的细度、长度、弯曲及其他品质基本相同。细毛羊、半细毛羊及其高代杂种羊产同质毛。根据羊毛的来源和工艺性能将同质毛又分为超细毛、细毛和半细毛 3 种。

①超细毛：是指品质支数 70 支以上，横切面平均直径 18 μm 或 18 μm 以下的同质毛。是生产高档精纺织品的理想原料。目前，世界上澳大利亚等一些国家生产超细毛，价格较高，我国新疆、辽宁等地也已经培育出了自己的超细毛羊品种或品系，并初具规模。

②细毛：是指品质支数 60～70 支，横切面平均直径在 18.1～25 μm 的同质毛。也是由品质基本一致的无髓毛所组成。细毛的纺织价值高，主要用于织造精纺品，如华达呢、凡立丁等。

③半细毛：是指品质支数在 32～58 支，横切面平均直径在 25.1～67 μm 的同质毛。由同一种较粗的无髓毛纤维或同一种两型毛所组成。半细毛在毛纺工业上主要用于线纺及制造呢绒、毛毯和工业用呢等。

(2)异质毛　又称混型毛。是由两种以上不同类型的毛纤维所组成，即羊只被毛中有髓毛、无髓毛、两型毛、干毛和死毛都可能有。粗毛羊及其低代杂种羊所产的毛属于异质毛。异质毛的纺织价值不如同质毛，主要用于织造粗纺织品、长毛线、地毯和擀毡等。

(三)羊毛的脱换

1. 季节性脱毛

又称周期性脱毛。这种现象是属于羊对外界环境的适应。粗毛羊及其低代杂种羊一般在春季脱掉被毛底层的绒毛，到秋、冬季节长出。通常饲养管理越粗放，季节性脱毛现象越明显。

2. 年龄性脱毛

与季节无关，主要是指细毛羊羔羊生长到一定年龄时的脱毛现象。一般出生 4 月龄左右时细毛羊羔羊会脱掉胚胎期由初级毛囊长出的较粗毛纤维(犬毛)。

3. 连续性脱毛

是一种不定期脱毛现象。主要原因是由于毛球的生理状态，如衰老、角质化等所造成。羊只一般 6 岁以后，由于毛球细胞衰老，发生连续性脱毛现象。

4. 病理性脱毛

羊只患病后，因新陈代谢发生障碍，皮肤营养遭到破坏而引起脱毛。如羊只患疥癣病，严重时会导致局部被毛脱落或全身皮肤裸露，对羊毛生产造成严重影响。

(四)被毛

被毛是指生长在羊体上的所有羊毛。根据其剪下来之后的形状分为套毛、片毛和碎毛。从羊体上剪下来，由于羊毛密度大，油汗多，纤维间紧密贴附，形成完整的一套称套毛。剪下来的毛不成为整张的，而是一片一片的称为片毛。比片毛更小的称碎毛。细毛羊、半细毛羊及其高代杂种羊一般都能剪成套毛，粗毛羊及其低代杂种羊往往呈片毛或碎毛。

(五)羊毛纤维的性质

1. 羊毛密度

羊毛密度是指单位皮肤面积上生长的羊毛纤维根数，用“根数/cm^2”来表示。密度与羊只产毛量成正相关。在其他条件相同的情况下，密度越大则产毛量越高。密度与羊的类型、品种、个体、性别、营养状况及生长部位等有关。一般细毛羊 4 000～8 000 根数/cm^2，半细毛羊 2 000～4 000 根数/cm^2，粗毛羊 1 000～3 000 根数/cm^2。

2. 羊毛油汗、原毛和净毛率

(1)油汗　是指羊皮脂腺分泌的油脂和汗腺分泌的汗液的混合物。油汗具有保护羊毛，滋润皮肤的作用，并有助于毛丛的形成。根据洗毛时，油汗溶解于水中的程度可分为易溶性油汗和难溶性油汗两种。羊毛油汗含量的多少与羊的品种、性别和营养水平有关。油汗含量一般细毛羊为 20%～30%，半细毛羊为 15%～20%，粗毛羊为 10%左右。

(2)原毛　又称污毛。是指从羊体上剪下来之后没有经过任何加工处理的羊毛。原毛中除净毛外，含有粪尿、泥沙、草屑、皮屑、油汗等物质。各成分含量与羊的品种、性别、个体、自然条件和饲养方式的不同而有差异。

(3)净毛及净毛率　原毛经过洗涤除去杂质和油汗之后称为净毛。净毛重占原毛重的百分比称净毛率。

净毛率与羊的类型、品种、性别、个体、饲养管理和当地气候条件有关。一般细毛羊净毛率为 40%～60%；半细毛羊为 50%～65%；粗毛羊为 60%～75%。同一品种中，公羊的净毛率略低于母羊。放牧饲养净毛率低于舍饲。风沙大的地区净毛率低。

3. 羊毛的物理特性

(1)羊毛细度　羊毛细度是指羊毛的粗细程度，可用羊毛纤维横切面直径的大小来表示，以微米(μm)为单位。它是确定羊毛品质和使用价值的最重要指标。在长度相同的情况下，羊毛愈细，纺成的毛纱也愈均匀细致，织品愈薄，品质愈精致，各种特性愈好。

羊毛细度常用“品质支数”表示，这是国内外应用最广泛的羊毛工艺性细度指标。分公制和英制。公制是以 1 kg 净梳毛，能纺出的 1 000 m 长毛纱支数多少来表示。英制是以 1 磅净梳毛，能纺出的 560 码(512 m)长毛纱支数多少来表示。羊毛横切面直径与品质支数的关系见表 5-3-1。

表 5-3-1 羊毛横切面直径与品质支数的关系

品质支数/支	平均直径/μm	品质支数/支	平均直径/μm
80	14.5～18.0	50	29.1～31.0
70	18.1～20.0	48	31.1～34.0
66	20.1～21.5	46	34.1～37.0
64	21.6～23.0	44	37.1～40.0
60	23.1～25.0	40	40.1～43.0
58	25.1～27.0	36	43.1～55.0
56	27.1～29.0	32	55.1～67.0

羊毛细度与长度、弯曲、强度等特性有一定关系，一般羊毛愈细，长度愈短，单位长度内的弯曲数愈多，鳞片愈密，光泽愈柔和，绝对强度愈小，相对强度愈大，吸湿性越高，缩绒性越强。

羊毛细度受羊的类型、品种、性别、年龄、个体、羊体部位、营养条件等的影响。

(2)羊毛长度　羊毛的长度因羊的品种、性别、年龄、个体、羊体部位、饲养条件等而有差异。一般半细毛比细毛长，粗毛比半细毛长，公羊毛比母羊毛长，成年羊毛(指一年生长长度)比老龄、幼龄羊毛长，饲养条件好的羊比饲养条件差的毛长，颈部的毛比其他部位稍长。

(3)羊毛弯曲　羊毛弯曲是指羊毛纤维在自然状态下有规则的波浪形状，也称羊毛卷曲。有助于毛丛结构的形成，也可防止杂质入侵被毛。按其形状可分为正常弯曲、弱弯曲和强弯曲三种。有正常弯曲的羊毛，毛丛结构较好，工艺价值高。一般羊毛愈细，弯曲愈小，单位长度内弯曲数愈多。

(4)羊毛强度与伸度

①强度：是指拉断羊毛纤维所需用的力，即羊毛纤维的抗断能力。羊毛强度直接影响织品的结实性。有两种表示方法，即绝对强度和相对强度。

绝对强度是指拉断单根毛纤维所用的力，用克或千克表示。一般羊毛越粗，绝对强度越大，但随着有髓毛中髓质层的发达程度，其强度下降。

相对强度是指拉断羊毛时，在单位横切面积上所用的力，通常以千克/平方毫米(kg/mm^2)表示。一般细毛、半细毛相对强度大。

②伸度：是指将已经拉到伸直长度的羊毛纤维继续用力拉到断裂时，所增加的长度占原来伸直长度的百分比，称羊毛伸度。伸度越大，羊毛织品越结实。

(5)羊毛弹性和回弹力

①弹性：是指羊毛在外力作用时变形，当除去外力后可恢复到原来形状的特征。羊毛弹性越大，毛纺织品保持原形的能力就越强。

②回弹力：是指羊毛恢复原来形状和大小的速度。

(6)羊毛的毡合性　羊毛在水湿、温热和外力的作用下，可以相互缠结毡合在一起，这种特性叫毡合性，亦称缩绒性。由于羊毛纤维鳞片的形状和排列不同，所以毛纤维毡合性也有差异。

(7)羊毛的光泽和颜色

①光泽：指洗净之后的羊毛对光的反射能力。光泽的强弱取决于鳞片形状、排列和覆盖情况。分为玻光、丝光、银光和弱光。

②颜色：是指羊毛洗净之后的天然色泽。羊毛的颜色有白色、黑色、灰色(深灰、浅灰)、杂色等。毛纺工业上以白色羊毛最好，易于染色，染色效果好。

(8)羊毛的吸湿性和回潮率

①吸湿性：羊毛在自然状态下吸收水分和保持水分的能力称吸湿性。主要取决于羊毛鳞片结构的多孔性、羊毛中存在的羟基、羧基和酰胺基以及毛丛结构等。

②回潮率：羊毛自然状态下的吸收水分和保持水分的程度用回潮率来表示。可用下列公式计算：

$$回潮率=\frac{原毛重(g)-绝对干燥羊毛重(g)}{绝对干燥羊毛重(g)}\times 100\%$$

4. 羊毛的化学组成与化学特性

(1)化学组成　羊毛纤维主要由角蛋白组成，与角、蹄化学组成相似。组成的化学元素主要包括C、H、O、N、S等。其中含S量的多少与羊毛的品质，如羊毛的细度、弹性、强度等有很大的关系。羊毛愈细，含硫量愈高，而且羊毛中含硫量增加时，弹性和强度也增加，从而提高羊毛的工艺性能。

(2)化学特性　羊毛在酸性溶液当中，有耐弱酸不耐强酸的特点。羊毛耐弱酸是由于其化学结构中含有碱基的缘故。在毛纺工业的加工过程中一般用弱酸“碳化”的方法，除去植物性杂质。强酸对羊毛有破坏作用。试验证明，当 $pH\leqslant 4$ 时，羊毛开始被破坏。此外，与溶液温度和作用时间也有关。

羊毛在碱性溶液当中，较敏感，容易受到碱的破坏，羊毛受到碱破坏后发黄变脆，手感粗糙，易断裂、甚至被完全溶解。试验证明，当 $pH>8$ 时，羊毛就明显受到破坏，并随着作用时间的延长、温度的提高，破坏程度增强。

此外，羊毛也受到阳光、水、高温、热空气、氧化剂、还原剂等的影响。

(六)缺陷毛的产生和预防

(1)弱节毛　也称“饥饿痕”毛，纤维直径某些部分明显变细，形成弱节。这种羊毛在加工处理时，非常容易断裂，增加短毛含量，影响梳条。主要原因是由于羊只在某一阶段时间内，营养不足，妊娠、哺乳或患病等造成。

(2)圈黄毛　被粪尿污染的羊毛，称为圈黄毛。易出现在羊的腹部、四肢及大腿外侧。粪尿对羊毛有侵蚀作用，羊毛被粪尿污染之后，强度和弹性下降，同时颜色变黄，洗毛时不易洗净，不能制成上等织品，其工艺性能降低。主要原因是由于饲养管理不当引起的。如羊圈潮湿，不及时清理粪尿，垫草经久不换或羊只下痢等疾病所造成。

(3)疥癣毛　从患疥癣病的羊体上所剪下的羊毛称疥癣毛。毛细而短，强度小，品质差，羊毛干枯粗糙，有较多皮肤痂块和皮屑，洗毛时不易除去，染色时颜色不均，工艺性能低，不能织造坚实的织品。

(4)毡片毛　羊的被毛紧紧缠结毡合在一起，形似毡片，称毡片毛。毡片毛很难洗涤，经过开松处理损伤较大，短毛增加，强度下降，不能织造较好的织品。

形成毡片毛的因素较多，外界气候条件的影响，如雨淋、日晒等，或患病脱毛、挤压、摩擦、尿浸等。

(5)打印毛　也叫染色毛或印记毛。养羊业中为了识别羊只或羊群，用染料在羊体上标记的羊毛称打印毛。如用难溶性物质(沥青、油漆、油墨)给羊标记，在工厂洗毛时不易洗掉，因而影响羊毛品质，甚至使羊毛失去价值。

(6)重剪毛　又称二刀毛，主要是由于剪毛时，剪毛员技术不熟练，不能一次整齐的将羊毛剪下，为了补救，又重剪一次所造成。为了避免重剪毛的发生，剪毛时应严格按照技术规程操作，一次将羊毛剪下，不要重剪，以免造成更大的损失。

(7)草刺毛　羊毛中混有植物性杂质称草刺毛。这种毛会使毛纺工艺过程发生困难，降低织品品质。因此，在羊只放牧时，牧场应尽量清除有刺植物，如羽茅草、刺苍耳等。

(8)皮块毛　羊毛中带有小皮块，称为皮块毛。主要是由于剪毛技术不熟练或思想不集中，将羊毛和皮肤一起剪下所造成。

(9)水残毛　羊毛因在羊体上受雨淋、仓库堆放时受潮或在运输中受雨等，品质严重受影响，形成水残毛。

(10)虫蛀毛　羊毛被虫蛀后称虫蛀毛。虫蛀后的羊毛各种性能均受到破坏，严重影响使用价值。主要是由于羊毛仓库湿热不通风造成。

二、毛皮品质

羊只屠宰后剥取的鲜皮，没有经过鞣制之前称为生皮。生皮分为毛皮和板皮。板皮是指皮上的毛没有实用价值，鞣制时脱毛处理的皮，脱毛后叫作革。毛皮是指带毛鞣制的羊皮，可分为羔皮和裘皮。

(一)羔皮和裘皮的基本特点

羔皮是指流产或生后 1～3 d 内羔羊宰杀剥取的皮。裘支是指羊只出生后 1 月龄左右或 1 月龄以上宰杀剥取的皮。裘皮在我国分为二毛皮、大毛皮和老羊皮。二毛皮是 1 月龄左右的羊皮；大毛皮是 6～12 月龄，未剪过毛的羊皮；老羊皮则是 12 月龄以上的羊皮。

羔皮具有毛短而稀、毛卷类型美观、皮板薄而轻的特点，主要用以制作毛向外翻的皮帽、皮领及皮大衣等。

裘皮具有毛股长、底绒多、皮板厚而结实、保暖性好、花穗美观的特点。主要制作外毛面向内的皮夹克、大衣或皮鞋等御寒衣物。

我国羔皮品种有湖羊、卡拉库尔羊、济宁青山羊等；裘皮品种有滩羊、中卫山羊、贵德黑裘皮羊、甘肃岷县黑裘皮羊等。其中，卡拉库尔羔皮被国际市场誉为波斯羔皮，因我国主要分布在东北、西北、华北地区，故称三北羔皮。毛色以黑色、灰色为主，有少数白色、棕色、金黄色、粉红色、彩色等。毛卷类型较多，图案美观，光泽宜人；湖羊羔皮被毛白色，被称为“软宝石”。其花案主要有波浪形和片花形两种；滩羊二毛皮毛色也为白色，光泽强，由细小毛股形成，适时屠宰毛股长度 8 cm 左右。弯曲多而整齐，花穗美观，保暖性好。

(二)羔皮和裘皮的品质鉴定

1. 羔皮的品质鉴定

(1)花案卷曲　一般是要求美丽、全面和对称。美丽是好看、悦目,全面是指周身全有花案卷曲,对称是指毛皮的前部和后部、脊线两边的花案卷曲均匀对称。凡标准花案面积越大,则其利用价值越大。

(2)毛绒空足　毛空是指毛绒比较稀疏,毛足是指毛绒比较紧密。一般来讲,毛足比毛空好,但要求适中为好。鉴定方法一般是用手把毛皮先抖几下,使羔皮的毛绒松散开来,然后用手戗着毛去摸,毛足的会有挡手之感,并立即恢复原样。毛空的会感到稀薄或散乱不顺。毛绒的空足和季节性生产关系很大,一般是春夏季生产的羔皮,毛绒较空疏;秋冬季生产的羔皮较厚足。

(3)颜色和光泽　随羔皮羊品种不同而各有其一定的标准。一般毛被的颜色有白、黑、褐、花数种,其中以纯黑或纯白色的最受欢迎。光泽也很重要。病死的羔皮,大都缺乏良好的光泽。如保管不好,颜色和光泽都会发生变化,白色的逐渐变为淡黄色,黑色的逐渐发红,光泽也差。

(4)张幅大小　在品质相同的情况下,皮张面积越大,可制成品愈多,价值越大。因此在收购上,其他条件都合格,张幅小的也要降级。量皮部位:正身长度由前肩至尾根,宽度在两臁直线以内。量皮方法:以颈部中间至尾根,选腰间适当部位,长宽相乘求面积。

(5)皮板质地　一般可分 3 种情况:第一种皮板良好,厚薄适中,经得起鞣制的处理;第二种带有轻微伤残,鞣制以后,虽然仍有痕迹,但损失不大;第三种有严重伤残,如霉烂、焦板等,经过鞣制,皮板部分甚至整张皮板完全被破坏。在鉴定皮板质量时,应抓住季节特点。一般来说,秋冬季生产的皮板比较厚实,春夏季生产的皮板比较薄弱。对皮板的要求是厚薄适中为最好。

(6)完整无缺　羔皮要具有完整性,因为羔皮的任何部分都有利用价值。如头、尾及四肢都可成为制衣的辅料。皮板如有空洞、伤残等都能影响皮板的结实性和利用价值。

2. 裘皮的品质鉴定

(1)结实性　凡皮板致密肥厚、柔韧有弹性的,则裘皮结实耐穿、导热性小、保暖力强。

(2)保暖性　裘皮保暖性的好坏,首先决定于绒毛和有髓毛的比例,绒毛多于有髓毛的,其保暖性好。其次是毛密且长的。皮板致密而厚实,可防止热气散发、冷气入侵。

(3)轻软度　为了减轻重量和降低硬度,在加工时,可适当地削薄皮板、剪短毛股或梳去部分过密的毛纤维等,以达到轻裘的要求。

(4)擀毡性　凡裘皮的毛绒密而且长,则擀毡性强;有髓毛密且长,则擀毡性小,甚至不擀毡。因此,在选择裘皮时,为了防止擀毡并且兼顾轻暖的要求,除注意皮板厚薄、松软适度外,还要考虑毛绒的比例适当。

(5)美观性　毛股的弯曲形状、大小、多少、色泽和光亮等都和裘皮的美观性有关。我国一般以颜色全黑或全白、毛股的弯曲多而整齐为上品。

(6)面积和伤残　羊皮的张幅越大,其利用价值越大。伤残越小,尤其是主要部位无伤残,则利用价值越高。

【学习自测】

一、知识自测

(一)填空题

1. 超细毛羊和细毛羊颈部一般有________的皮肤皱褶,体躯也有较小的反肤皱褶,皮肤松软;半细毛羊________;粗毛羊体躯________皮肤皱褶。

2. 夏季应尽量延长放牧时间,出牧宜________,归牧宜________,但在露水较大时可晚出牧。气温酷热,羊有________现象,应尽量避免,中午让羊多休息。

3. 春季出牧宜________,归牧宜________,中午可不回圈,使羊群多吃些草。初春放牧时,前挡后让宜慢放,防止羊________。

4. 秋季放牧注意延长放牧时间,________出牧,________归牧。但霜冻降临后,要适当晚出牧,以防羊吃________。

5. 冬季________出牧,________归牧,并注意天气变化,________出牧,________归。对妊娠母羊放牧时应速度________,不跳沟、不惊吓、不饮________水、不空腹________,有利于保胎。同时,注意适当补饲精料。

6. 放牧要求做到“三勤”、“四稳”。“三勤”就是________、________、________。“四稳”是________稳、________稳、________稳、________稳。

7. 药浴一般在剪毛后 10 d 左右,晴暖的天气进行。在体外寄生虫病较严重的地区,可每年进行 2 次,一次在________,另一次在________进行。

8. 细毛纤维的组织学构造由鳞片层和皮质层构成,没有________,故称________。而粗毛纤维由鳞片层、皮质层和________构成,称________。

9. 羊只屠宰后剥取的鲜皮,没有经过鞣制之前称为________。________分为毛皮和板皮。板皮是指皮上的毛没有实用价值,鞣制时脱毛处理的皮,脱毛后叫作________。毛皮是指带毛鞣制的羊皮,可分为________和________。

10. ________具有毛短而稀、毛卷类型美观、皮板薄而轻的特点,主要用以制作毛向外翻的皮帽、皮领及皮大衣等。________具有毛股长、底绒多、皮板厚而结实、保暖性好、花穗美观的特点。主要制作外毛面向内的皮夹克、大衣或皮鞋等御寒衣物。

(二)判断题

1. 裘皮是指羊只出生后 1 月龄左右或 1 月龄以上宰杀剥取的皮。

2. 羊毛在碱性溶液当中,不容易受到碱的破坏。

3. 羊毛在酸性溶液当中,有耐弱酸不耐强酸的特点。

4. 弱节毛主要原因是由于羊毛贮存不当,或受外界不良环境影响形成的。

5. 弹性是指羊毛在外力作用时变形,当除去外力后可恢复到原来形状的特征。羊毛弹性越大,毛纺织品保持原形的能力就越弱。

6. 同质毛也称同型毛。是由同一类型的毛纤维所组成。所含毛纤维的细度、长度、弯曲及其他品质基本不相同。

7. 两型毛也称中间型毛。组织学构造上具有较细、断续或点状的髓质层,鳞片大多为环形。

8. 羊毛的形态学结构可分为毛干、毛根和毛球三部分。
9. 剪毛时如果毛茬留得较长,可以再剪一次毛。
10. 药浴前羊只应停止放牧 0.5 d,须令其禁止饮水 0.5 d。

(三)问答题

1. 如何根据毛用羊的外貌特征选择优良个体?
2. 羊的四季放牧应注意哪些问题?
3. 怎样合理利用种公羊?
4. 毛用羊一般管理包括哪些方面?

二、技能自测

1. 种公羊的选择应注意哪些问题?
2. 怎样提高羔羊成活率?
3. 简述羊毛品质应根据哪些方面进行鉴定?
4. 何为羔皮和裘皮? 各有哪些特点? 怎样鉴定?

三、案例分析

1. 结合生产实际分析妊娠母羊流产的原因。
2. 在毛用羊生产中个别羊只会出现缺陷毛,分析产生缺陷毛的原因及预防措施?

【课外学习指南】

一、学习网站

1. 爱课程网(http://www.icourses.cn/home),《牛羊生产》国家精品资源共享课程网页。
2. 牛羊生产国家精品课程网站(http://58.222.253.142/2007/niuyang/)。
3. 中国养殖网(www.chinabreed.com)。
4. 中国羊网(http://www.chinasheep.com/ywscShow.asp? sid=11)。
5. 中国农业推广网(http://www.farmers.org.cn/)。
6. 中国农业信息网(http://www.agri.gov.cn/)。
7. 细毛羊网(http://www.ximaoyang.com/)。

二、规范、标准

1. NY 1—2004 细毛羊鉴定项目、符号、术语。
2. GB/T 11603—2006 羊毛纤维平均直径测定法 气流法。
3. GB/T 14269—2008 羊毛试验取样方法。
4. GB/T 14270—2008 毛绒纤维类型含量试验方法。
5. GB/T 6978—2007 含脂毛洗净率试验方法烘箱法。

三、参考文献

1. 岳斌．细毛羊的饲养管理技术．http://www.doc88.com/p-4009051623243.html.
2. 孙政才．细毛羊技术100问．北京:中国农业出版社,2009.
3. 岳炳辉,闫红军．养羊与羊病防治．北京:中国农业出版社,2013.
4. 范颖．宋连喜．羊生产．北京:中国农业大学出版社,2008.
5. 田树军．王宗仪．胡万川．养羊与羊病防治．2版．北京:中国农业出版社,2006.

项目6

肉用羊生产

知识目标

- 了解肉用羊的特性、外貌特征、生长发育特点。
- 掌握无公害肉羊的基本概念,理解无公害肉羊生产的基本要求,了解各生产环节中的质量监督与控制等基本理论知识。
- 掌握现代肉羊生产的基本理论,标准化肉羊生产的基础知识。

技能目标

- 能根据肉羊的外貌特征选择出优秀的肉用羊个体;
- 能够讲述各类肉羊的饲养管理要点和育肥技术;
- 能根据我国的法律、法规和标准讲述和指导无公害肉羊生产技术,组织无公害肉用羊标准化生产。
- 能根据无公害羊肉的质量检验指标进行无公害羊肉的品质鉴定。

我国肉羊生产比较落后,生产力水平不高,多数的羊肉在生产加工中,未能执行的食品加工卫生安全的有关规定,导致微生物或有毒有害物质对羊肉的污染,从而严重影响了我国羊肉产品的质量和对外出口。所以,大力发展我国的肉羊产业的标准化,无公害化饲养,对于我国改善生态环境,保护人民群众身体健康,发挥我国羊肉的产量优势,提高我国羊肉在国际市场上的竞争能力,促进我国养羊业的持续健康发展具有十分重要的意义。

任务1 外貌鉴定

【任务描述】

肉用羊本身表现包括体质外貌、体重、体型大小、繁殖力和生产性能等,其中肉用羊的体形外貌是衡量养羊经济效益的直接指标。通过对肉用羊的外貌特征进行综合评价分析,选优去劣,将生产性能和繁殖力高的母羊选留,达到肉羊生产的理想指标。

【任务分析】

完成本任务学习需利用羊的图片、照片、影像资料，了解不同类型羊的外貌特征，在实训基地反复训练，掌握羊的体尺测量、体重估测和年龄鉴定等工作，能进行羊的个体品质鉴定。

【任务实施】

一、肉羊的体型特征及特点

1. 具有明显的肉用体型

肉用绵羊的体型外貌特点是：头短而宽，颈短粗，胸部宽圆，肋骨开张良好，左右肩胛骨之间的距离呈"∩"形，背腰平直，肌肉紧实丰满，后躯发育良好四肢相对较短，腿直，两腿间距离较宽，后档宽圆呈"∩"形，整个体躯呈长方形。

肉用山羊的体型外貌特点是：体质结实，结构匀称，头大小适中，颈短而粗，颈肩结合良好，前胸发达，背腰平直，肋骨拱圆、肋间距较宽，臀部宽大，后躯发育良好，尻略斜，四肢端正，蹄质结实、整个体躯呈长方形。

2. 具有良好的产肉性能

国外培育的肉用绵羊品种，生长发育快，早熟，饲料报酬高。大多数品种的羔羊在3～6个月龄时期生长速度快，在正常饲养条件下，肉羔4月龄胴体重公羊24 kg、母羊20 kg，一般日增重在250～300 g，屠宰率55%～60%。如夏洛来羊7月龄公羔平均体重50～55 kg，母羊40～45 kg，日增重200～350 g，肉料比达到1∶3。一般肉羊品种到成年1.5岁以后，公羊体重在100～110 kg，母羊在60～70 kg。肉质好、出肉率也高，屠宰率在50%以上。后腿肉和肩胛肉所占比重大、肉质细嫩、肉块紧凑美观，肉间脂肪含量高，呈大理石样。胴体倒挂，后腿之间呈"∩"形，胴体第六肋骨横切面呈"○"形。

3. 具有较高的繁殖性能

在肉羊品种选育过程中，除了注重增重速度、饲料报酬、羊肉品质等肥育性能外，还特别重视对繁殖性能的选择，所以多数的专门化肉羊品种具有较高的繁殖性能，表现为性成熟时间早，四季发情，多胎多产，母性好，泌乳能力高。例如，在良好的饲养管理条件下，杜波羊可2年3产，产羔率200%；兰德瑞斯羊产羔率可达300%，夏洛来可达180%以上。英国用4个品种经复杂杂交方法培育的达姆兰(Damlinge)肉用羊具有极高的繁殖力，三产母羊的产羔率在255%以上。

二、肉用羊的个体品质鉴定

肉用羊的个体品质鉴定包括体型外貌、生长发育和生产性能的评定。体型外貌鉴定主要按身体各部位的表现和重要性，规定一个满分标准，不符合标准的适当扣分，最后将各项评分相加计算总分，再按外貌评分等级标准对被选个体定出等级。生长发育和生产性能评定主要按测定项目的量化结果，对照品种等级标准，确定个体等级，最后完成对羊只的综合鉴定。下面以南江黄羊为例介绍其鉴定标准。

1. 体型外貌

南江黄羊的外貌鉴定评分标准见表6-1-1。南江黄羊的外貌评分等级标准见表6-1-2。

表 6-1-1 南江黄羊外貌鉴定评分标准

项目		评定标准	评分	
			公	母
外貌	毛色	被毛黄褐色，富有光泽，有明显或不明显的黑色背线	14	14
	外形	体躯近似圆桶形，公羊雄壮，母羊清秀	6	6
	头	头大小适中，额宽平或平直，鼻微拱，耳长大或微垂，眼大有神，有角或无色	12	12
体躯各部	颈	公羊粗短，母羊中等，与肩结合良好	6	6
	前躯	胸部深广，肋骨开张，鬐甲高平	6	6
	中躯	背腰平直，腹部发育良好，且较紧凑	6	6
	后躯	荐宽、尻丰满、倾斜适度，母羊乳房梨形，发育良好	12	12
	四肢	粗直端正，蹄质坚实，圆形	18	18
发育情况	外生殖器	发育良好，公羊双睾对称，母羊外阴正常	6	4
	羊体发育	肌肉充实，膘情偏中上	6	6
	整体结构	各部位结构匀称、紧凑、体质较结实	8	10
总 计			100	100

表 6-1-2 外貌评分等级标准

性别	特级	一级	二级	三级
公羊	95	85	80	75
母羊	95	85	70	60

2. 生长发育评定

分别在 2 月龄、6 月龄、12 月龄和成年四个阶段进行。

特级：2、6、12 月龄公羊体重占成年公羊体重的 20%、40%、60%以上，母羊体重占 30%、50%、70%以上，而且公、母羊体重均高于一级 15%以上；公、母羊体尺分别占成年羊的 65%、75%、85%，并且公羊高于一级 8%，母羊高于 5%以上。

3. 生产性能评定

母羊繁殖成绩评定标准见表 6-1-3。公羊连续两个繁殖季节配种 30 只经产可繁母羊，母羊产羔率达到 220%为特级，200%为一级，180%为二级，150%为三级。后备公、母羊的繁殖性能由系谱审查，参考同胞旁系资料评定。

表 6-1-3 繁殖性能评分标准

性别	特级	一级	二级	三级
年产胎数	2.0	1.8	1.5	1.2 以上
房产羔数/只	2.5	2.0	1.5	1.2 以上
断奶窝重/kg	32.0	23.0	15.0	11.0 以上
断奶成活率/%	90	85	80	75 以上

南江黄羊周岁羯羊平均胴体重 15.0 kg，屠宰率 49.0%，净肉率 38% ，以其为基础来进行产肉性能等级的划分。南江黄羊产肉性能标准见表 6-1-4。

表 6-1-4 南江黄羊产肉性能标准

项目	特级	一级	二级	三级
屠宰率/%	52.0 以上	49.0 以上	47.0 以上	45.0 以上
宰前活重/kg	35.0 以上	30.0 以上	26.0 以上	22.0 以上

屠宰前活重可以采用产肉指数和膘情评估相结合的方法估测。种羊的产肉性能可以用同胞、半同胞羯羊的产肉性能测定值来估测或评定。

任务 2 肉羊肥育技术

【任务描述】

肉羊肥育的目的，就是利用羊自身的生长发育规律，通过相应的饲养管理措施，使羊体内肌肉和脂肪的总量增加，并使羊肉的品质得到改善，当体重达到一定要求时即屠宰上市。不同品种适于屠宰利用的时间和体重不同，另外根据市场主体消费需求不同，肉羊可以分为羔羊育肥和成年羊育肥，羔羊育肥又可分为羔羊早期肥育和断奶羔羊肥育，从而满足不同层次的市场需求。无论是羔羊肥育还是成年羊肥育，只有充分了解羊的生长发育规律，才能合理利用、组织肉羊生产，获取最大的经济效益。

【任务分析】

在充分了解羊的生长发育规律基础上，结合当地肉羊育肥的特点，选择适宜的饲养方式、饲料配方，制定育肥方案，进行羔羊早期肥育，断奶羔羊肥育或成年羊肥育，同时借鉴国外先进国家的肥羔生产技术。

【任务实施】

肥羔生产技术

作为肉羊生产的一种形式，羔羊早期育肥技术，具有投资少，产出高，方式灵活，能充分利用早龄羔羊饲料转化率高的有利条件等显著特点。一般而言，哺乳羔羊育肥的耗料增重比为(2～2.5)∶1，1.5 月龄断奶羔羊育肥的耗料增重比为(2.5～4)∶1，而 4 月龄断奶后的羔羊育肥为(6～8)∶1。该种肉羊的生产方式被世界上许多发达国家，尤其是粮产比较丰富、肉粮比价较高的国家所普遍采用。

(一)1.5 月龄断奶全精料育肥

羔羊生后 3 个月内，相对生长速度最快，早期育肥，可使胴体组成部分的重量增加大于非胴体部分，因而可获得较高的屠宰率。

羔羊断奶前以母乳为营养来源，乳汁不经瘤胃作用而由食道沟直接进入真胃，这种消化方式与单胃家畜近似。1.5月龄早期断奶的羔羊，瘤胃功能差，利用全精料补饲，瘤胃开始发育，到3月龄时基本发育完全。因此，3月龄之前，利用瘤胃发育不完全，微生物作用弱，固体谷粒，特别是整粒玉米通过瘤胃被破碎后进入真胃，然后转化为葡萄糖被吸收，所以饲料利用率高。

1. 育肥前的准备

(1)羔羊1.5个月断奶前半个月实行隔栏补饲，或在早、晚有一定的时间将羔羊与母羊分开，让羔羊在一专用圈内活动，活动区放有精料槽和饮水器，其余时间仍母子同处。

(2)补饲的饲料应与断奶后育肥的饲料相同，在刚开始补饲时，谷粒可稍加粉碎，待羔羊习惯后则以整粒喂为宜，不要加工成粉状。

(3)羔羊活动区的地面应干燥，防雨、通风良好。地面上铺少许垫草。

(4)做好防疫注射。育肥羔羊常见传染病有肠毒血症和出血性败血症。肠毒血症疫苗可在产羔前给母羊注射，或在断奶前直接给羔羊注射。

2. 全精料育肥技术要点

(1)选择育肥饲料。任何一种谷粒饲料都可以做育肥饲料用，其中育肥效果最好的是玉米等高能量饲料。育肥饲料按配方拌匀后，由羔羊自由采食。谷粒不用破碎，其育肥效果优于破碎谷粒，主要表现在饲料转化率高，胃肠疾病少。

(2)按比例配制日粮。通过多次验证，最优饲料配合比例为：整粒玉米83%，黄豆饼15%，石灰石粉1.4%，食盐0.5%，微量元素和维生素0.1%。微量元素和维生素添加量按每千克育肥饲料计算：硫酸锌150 mg，硫酸锰80 mg，氧化镁200 mg，硫酸钴5 mg，碘酸钾1 mg，维生素A 5 000 IU，维生素D 1 000 IU，维生素E 20 IU。上述配方中的蛋白质饲料如用鱼粉代替黄豆饼，改为鱼粉10%加整粒玉米88%。

(3)育肥全期(50～60 d)，不要变更饲料配方，如改用其他饼类饲料代替黄豆饼时，可能会导致日粮中钙磷比例失调，应注意防治尿结石。

(4)羔羊自由采食饲料，应及时调整饲槽的高度，以防止羔羊四蹄踏入槽内，污染饲料，造成饲料的浪费，扩大球虫病和其他病菌的传播。饲槽中的饲料以无堆积和溢出为准。

(5)育肥期间不能断水断料，饮水器中始终保持有清洁的饮水。必要时，如见有羔羊啃食围墙等现象，可在运动场内设置盐槽或舔砖，任羔羊自由采食。

(6)羔羊在采食整粒玉米初期，会有玉米粒从口内吐出，随着日龄增长，此种现象会逐渐减少和消失。羔羊采食后的反刍活动也是初期少，后期增加，这属于正常现象，不影响育肥效果。

(7)正常情况时，羔羊粪便呈团状，黄色，粪便内无米粒。羔羊对气候的温度变化比较敏感，如遇天气变化或阴雨天，可能出现拉稀，所以羔羊的防雨和保温极为重要。

(8)羔羊的育肥终重与品种有关，大型肉羊品种羔羊3月龄终重可达35 kg以上。一般细毛羔羊和非肉用品种羔羊育肥终重与1.5月龄断奶重有关。断奶重在13～15 kg时，育肥50 d体重可达30 kg以上，断奶重小于12 kg时，育肥终重25 kg左右。因此，选择合适品种，做好断奶前的补饲工作和保证母羊体壮奶足，是提高育肥效果的重要技术措施。

(二)哺乳羔羊育肥

1. 哺乳羔羊育肥的特点

该种育肥方式不属于强度育肥,羔羊仍按舍饲饲养方式饲养,只是提高隔栏补饲水平,从大群的断奶羔羊中选出达到屠宰体重要求的羔羊出栏上市。不够屠宰标准的羔羊,断奶后仍可转入一般羊群继续饲养。其次,哺乳羔羊不采取提前断奶的做法,仍保留原有的母子对,这就减免了因断奶而改变羔羊生活环境所产生的应激反应,有利于羔羊的稳定生长。

2. 哺乳羔羊育肥的用途

该种育肥方式不是肉羊生产的主要方式,它是为节日应时需要的一种特殊的补充育肥方式,虽然也同样着眼于3月龄左右出栏上市,但其特殊意义在于重点利用可以全年繁殖的母羊,安排在秋季或初冬季节产羔,生产元旦和春节等节日特需的羔羊肉。该种肉羊生产方式不仅要取决于母羊的繁殖特性,又与当地居民的民族和宗教习惯有关,并按其需要确定产羔日期。

3. 哺乳羔羊育肥的要点

该种育肥方法基本上以舍饲为主,从羔羊群中选择体格大,早熟性能好的公羔作为育肥对象。为了提高育肥效果,母子同时加强补饲,要求母羊母性好泌乳多,哺乳期间每日喂足量的优质豆科牧草,另加0.5 kg的精料。对羔羊进行隔栏补饲,要求开饲越早越好。一天补饲两次,以谷粒饲料为主,搭配适量大豆饼,每次喂量以20 min为吃净为宜。另给优质的苜蓿干草,任羔羊自由采食。如干草品质欠佳,每千克补饲日粮中应添加50～100 g蛋白质饲料。矿物质和维生素添加剂,食盐和饮水要求同全精料育肥方式一样。

3月龄后,从羔羊群中分批选出活重达到27 kg以上的羔羊出栏上市,达不到活重标准的羔羊留群继续饲养,一直到4月龄断奶为止。断奶后再转入舍饲育肥群,进行短期强度育肥。不做育肥用的羔羊,可以优先转入繁殖群饲养。

(三)羔羊断奶后肥育技术

从肉羊生产的总周转来看,正常断奶羔羊育肥是基本的生产方式,也是促进我国肉羊生产向集约化过渡的主要途径。羔羊3～4月龄正常断奶后,除部分羔羊选留到后备群外,其余羔羊多半出售处理。这时,体重小或体况差的羔羊通过适度育肥,而体重大的羔羊通过短期强度育肥,都可以进一步提高经济效益。

羔羊断奶后肥育方式有如下几种:

1. 放牧育肥

放牧育肥的主要特征是以牧草为育肥羔羊的主要营养来源,饲养方式以天然放牧为主,主要适合于我国的内蒙古、青海、甘肃、新疆和西藏等省区的牧区。该种育肥方式的突出特点是可以加快羊群的周转,减少羊群对冬春草场的压力,而且经营投资少,饲养管理成本低,经济效益显著。

放牧育肥的关键是水、草、盐缺一不可。放牧前半期可选用差一些的草场、草坡,后期尽量选择好的草场放牧。最后阶段,在优质草场如苜蓿草地或秋茬子地放牧,以便充分利用天然牧草资源生产优质羊肉。育肥前对公羔进行去势,羊群按月龄、体况、性别分组,药浴,驱虫。肥育一般在8～10月份开始,此时牧草开始结籽,营养充足、易消化,羊只抓膘快,肥育效果好。

一般放牧育肥 90～120 d，在较好的放牧条件下，羔羊日增重可达 150～200 g。

2. 混合育肥

该种育肥方式的主要特征是放牧加补饲，以天然牧草和农副产物和谷物饲料为主要饲料来源。该种育肥方式既能缩短羊肉生产周期，增加肉羊出栏数、出肉量，又可以充分利用有限的饲草资源，降低生产成本提高经济效益。

一般每天放牧 8 h 左右，同时分早晚两次补饲草料，日补料 0.2～0.3 kg。后期舍饲，精料喂量为每日每只 250～500 g，粗料不限量。混合育肥适用于两种情况：一是秋末冬初，牧草枯萎后，对放牧育肥后膘情仍不理想，采取补饲精料，延长育肥时间，进行短期强度育肥，育肥期一般 30～40 d，使其达到屠宰标准，提高胴体重和羊肉品质；二是由于草场质量或放牧条件差，仅靠放牧不能满足快速育肥的营养需要，在放牧的同时，给肥育羔羊补饲一定的混合精料和优质干草，使育肥羊的日粮满足营养标准的要求。育肥羔羊每天放牧 6～8 h，早晚补饲优质青干草和精料，精料由玉米、高粱、麸皮、花生饼、豆饼、菜籽饼、葵花饼、贝粉、食盐、尿素及矿物质、维生素添加剂组成。每千克风干日粮中含干物质 0.87 kg，消化能 13.5 MJ，粗蛋白质 12%～14%，可消化蛋白质 106 g。粗饲料主要利用作物秸秆、树叶、青干草、青贮饲料等。精料每日每只喂 250～500 g，粗料不限，自由采食，每日饮水 2～3 次。

3. 舍饲育肥

该种育肥方式的主要特征是专门化、集约化式的生产，羔羊所获得生活和生产物质完全靠人工喂养，吃的大多是加工过的草料，自由饮水，管理水平高，并采用完善的兽医防疫措施，经营者投入大，饲养方式以集中的批量饲养方式为主。该种生产方式适用于粮产丰富的地区。该种育肥有利于组织规模化，标准化，无公害化肉羊生产，有利于保证产品质量，有助于我国羊肉质量标准与国际通用准则接轨，进而打入国际市场。

在羔羊舍饲育肥期间，由于羔羊育肥与其生长发育同时进行，因此舍饲期间饲料应营养丰富、全面、适口性好，具有全价蛋白、高能量，另需供给各种必要的矿物质、维生素以及生长促进剂、瘤胃调节剂等。日粮组成应含有 60%～70%的粗饲料（其中有 10%～20%秸秆）和30%～40%的精饲料。精饲料的配合可参照混合育肥中的精料配合的标准进行。羔羊育肥期间自由采食、饮水。我国的羔羊育肥主要是充分利用工农业加工副产物，饲养期通常为 60～90 d，在良好的品种来源和饲料条件下，一般羔羊可增重 10～15 kg。在国外，舍饲育肥主要用于肥羔生产，日粮组成主要为精饲料，育肥期 60 d 左右，育肥期可增重 15～20 kg。

4. 异地育肥

异地育肥的主要特征是，优化不同地区的饲料饲草资源优势配置，羔羊的繁殖和育肥在不同的区域内异地完成。具体包括以下两种方式：一是山区繁殖，平原育肥；二是牧区繁殖、农区育肥。山区和牧区耕地面积少、精料紧缺，饲养环境差，交通不便，距离优质的肥羔产品销售市场距离较远。把这两个地区所繁殖的断奶羔羊转移到精料、环境条件较好的平原和农区，可有效地提高羔羊的育肥效果和产出水平，从而获取更大的经济效益和生态效益。

【知识窗】

肥羔生产

当年所产的羔羊，经过放牧、舍饲或放牧与适当补饲等形式进行育肥后，当年出栏上市屠宰产肉叫肥羔生产。

【知识链接】

一、肥羔生产的优点

(1)羔羊肉质具有鲜嫩、多汁、精肉多、脂肪少、味美、易消化、膻味轻等优点,深受消费者欢迎,国际市场需求量逐年增加。

(2)羔羊生长快,饲料报酬高,成本低,收益高。

(3)国际市场上羔羊肉的价格高,一般比成年羊肉高 1/3～1/2,甚至 1 倍。

(4)羔羊当年屠宰,加快了羊群周转,缩短了生产周期,提高了出栏率和产肉率,可以获得较大的经济效益。

(5)羔羊当年屠宰,减轻了越冬度春人力和物力的消耗,避免了羊只在冬春时节掉膘甚至死亡的损失。

(6)羔羊当年屠宰,可以不养或少养羯羊,压缩了羯羊的饲养量,从而可以优化羊群结构,大幅度增加母羊的饲养比例,有利于扩大再生产,提高草场和饲料资源的利用效率,增加经济和生态效益。

(7)9 月龄羔羊所产的毛、皮价格高,所以在生产肥羔的同时,又可以生产优质的毛、皮,增加多项产出的经济收益。

二、肥羔生产的主要技术措施

1. 广泛开展经济杂交

选择早熟、多胎、生长快的母羊为母本,用生长速度快、饲料报酬高、肉质好的肉用品种的公羊为父本,利用杂种优势为肥羔生产提供羔羊。

2. 提前配种产羔

根据我国不同地区的气候类型,合理地安排产羔季节,以最大限度地利用牧草资源和环境条件。在北方地区应多安排在早春产羔,这样可以延长生长期而增加胴体重。

3. 加强母羊饲养管理

羔羊初生重和母羊泌乳量与母体营养状况关系密切,这就需要在母羊妊娠后期和泌乳前期加强饲养管理,以提供优质的育肥羔羊。利用激素对母羊进行同期发情处理,使羔羊的年龄整齐,对于羔羊育肥专业化、工厂化整批生产具有重要作用。

4. 早期断乳

控制哺乳期早期断乳,缩短母羊产羔间隔和控制繁殖周期,达到 1 年 2 胎或 2 年 3 胎,多胎多产的目的。羔羊在 3 月龄应断乳单独组群放牧育肥或舍饲肥育。

5. 建立档案

一是建立饲养管理档案。将羊群按大、小、强、弱分组编号分群饲养,做好每个阶段羊的体重、体长的测量记录,以便根据生长情况适时调整日粮配比。二是建立疫病防治档案。根据当地羊病的流行特点,坚持"防重于治"的原则,有计划地对羊群进行药物预防和免疫接种,防止传染病和寄生虫病的发生。

6. 改进饲养方式

要改单一的用青饲料饲喂为干粗饲料和精饲料混合饲喂,改放牧散养为集中圈养。在日常管理中要做到心勤手勤,经常对羊群用心观察,发现病羊及时诊治。做好防暑、防寒、防潮、防缺水。

7. 环境洁净 定期驱虫

做到圈舍净、用具净、饲料净、饮水净、空气净、羊体净。对育肥羔羊定期驱虫,至少在断奶后和入秋时分别驱虫一次。

8. 适时出栏

育肥羔羊一般在6～8月龄、体重达30～40 kg时出售屠宰。时间过长,育肥羊的肥育速度减慢,肉质下降,育肥成本增加。

【知识拓展】

一、羔羊生长发育的规律

1. 羊的生长发育阶段

一般,把羊的整个生命期可划分为胚胎时期和生后时期两大阶段。把胚胎时期又可划分为胚期、胎前期和胎儿期。把生后时期又可划分为哺乳期、幼年期、青年期、成年期。

(1)胚期 指从受精卵开始逐渐发育到与母体建立联系时为止。绵羊胚期的发育在第28天完成,此期特点是细胞强烈分化,单个胚胎总重量不足2 g。胎前期的主要特征是各种器官迅速形成,逐渐出现品种特征,此期内完全形成胎盘,并通过绒毛膜与母体子宫建立牢固的联系,绵羊的胎前期从受精后的第29天持续到第45天。单个胚胎的总重量约15 g。胎儿期的主要特征是体躯及各组织器官迅速生长,胎儿体重增加较快,胎儿出生时的重量主要是在胎儿期生长的,且主要是在胎儿期后期即妊娠的后2个月内完成的。

(2)哺乳期 指羔羊出生到断奶的这段时期,一般3～4个月。羔羊由出生前依靠母体供应营养物质和氧气到出生后依靠自身的呼吸机能和消化机能获得氧气和营养物质,但是,羔羊的主要营养物质来源仍依靠母羊的乳汁。出生后最初1～2周内,羔羊的体温调节机能、消化机能、呼吸机能都发育不全,适应环境的能力很差,加之,这一时期羔羊的生长发育又非常迅速,如小尾寒羊公、母羔初生重分加为3.0 kg、2.87 kg,3月龄时与初生时相比,公、母羊体重分别增加约6倍和5倍。因此,哺乳期若对羔羊饲养管理不精细很容易造成死亡。

(3)幼年期 指羔羊由断奶到性成熟这段时期,幼年期羔羊由依赖母乳过渡到食用饲料,采食量不断增加,消化能力大大加强,骨骼和肌肉迅速增长,各组织器官也相应增大,绝对增重逐渐上升,是生产肥羔的最有利时期。

(4)青年期 指由性成熟到生理成熟的这段时期,羊的各组织器官的结构和机能逐渐完善,绝对增重达最高峰,以后则下降,对于肉羊而言,这一时期往往也是有效的经济利用时期。成年期羊能迅速沉积脂肪。

2. 羊生长发育的不平衡性

羊的生长发育具有明显的阶段性。各阶段的长短因品种而异,且可通过一定的饲养管理条件加快或延迟。另外,大量的研究表明:羊的肌肉、脂肪、骨骼等组织器官以及外形在各阶段的生长发育是不平衡的。如,胚胎期羊的四肢骨骼生长强度大,主轴骨生长缓慢,羊出生后则相反。因此,羔羊出生时体型表现为头大,四肢高,体躯相对短、浅而狭窄,随着年龄的增加,则各部分比例趋于协调,达到品种特征;羊只出生后肌肉的增多主要是肌肉纤维体积的增大,因而，老羊肉肌纤维粗糙，而羔羊肉肌纤维细嫩；脂肪沉积的部位一般首先贮存于内脏器官附近，继而在皮下，最后贮积于肌肉纤维中，所以早熟品种其肉质相对细嫩。成年羊经过肥育，脂肪沉积于肌纤维间，肉质改善。生产实践中，利用羊只这些生长发育规律合理组织生产，将会收到良好的效果。

3. 羔羊肥育特点

羔羊生长发育快，3 月龄以前骨骼生长最快，4～6 月龄肌肉生长最快，以后脂肪生长加速，到 1 岁时肉脂同时生长。据我国大量的研究资料报道，对 3 月龄断乳后的肉用杂交羔羊进行舍饲育肥，在中等营养条件下育肥到 6 月龄，日增重可达 190 g，料肉比为 3∶1，胴体重可达 17 kg，接近国外肥羔生产水平。根据国外经验，羔羊育肥出栏时间以 5～6 月龄最佳，结合我国肉羊的品种的构成和生产实际，以 7～8 月龄为宜。幼龄公羊生长旺盛，增重比同龄去势公羊和母羊高，虽然肌纤维相对去势羊粗，不及去势羊鲜嫩，但产肉多，3 月龄断乳后，育肥到 6～8 月龄即可出栏。

二、国外肥羔生产技术

1. 开展经济杂交

各国均选择适合本国条件的优秀品种，研究出最佳杂交组合方案，实行三四个品种的杂交，把高繁殖性能、高泌乳性能和高产肉性能有机地结合起来，保持高度的杂种优势，组织商品肉羊生产。在英国，根据不同地区的海拔、气候和农业生产的特点，对肉羊生产进行了合理的分工。高山地区，由于冬季寒冷，气候恶劣，主要以饲养粗毛型的绵羊为主；丘陵地区，以饲养长毛型和杂交型绵羊及其杂交后代为主；在低地及农区，以饲养肉用绵羊品种及商品肥羔为主，使全国的养羊业形成了一条既紧密联系又相互补充的产业链，极大地提高了生产效益。

2. 密集繁殖、早期断奶

(1)充分利用多胎绵羊品种，或采用现代繁殖技术调节母羊的繁殖周期，缩短产羔间隔，增加产羔数，实现母羊全年均衡产羔。在不同的地区，根据不同的气候条件、品种及市场需求，实行母羊 1 年 2 产、2 年 3 产或 3 年 5 产的繁殖配种制度，或对母羊实行分组配种繁殖，2 个月左右一批，全年每个季节都有羔羊生产。

(2)早期断奶。早期断奶的时间一般采用两种：第一，生后 1 周断奶，用代乳品进行人工育羔。第二，生后 7 周左右断奶，断奶后就可以全部饲喂植物性饲料或放牧。在美国、俄罗斯等国采取羔羊超早期(1～3 日龄)或早期(30～45 日龄)断奶。澳大利亚大多数地区推行 6～10 周龄断奶，在干旱时期牧草枯萎时，羔羊在 4 周龄时就断奶。早期断奶还要考虑到羔羊的活重。法国认为羔羊活重比初生重大 2 倍时断奶为宜，羔羊的断奶时间通常为 28 日龄，既可以降低羔羊人工哺育的成本，又有利于羔羊的生长发育，具有较高的实用价值。英国认为只要羔羊活重达到 11～12 kg 就可以断奶。而超早期断奶羔羊必须用人工乳(脱脂乳、脂肪、磷脂、微量元素、矿物质、维生素、氨基酸、抗生素配制而成)或代乳粉(按羊奶成分配制而成)进行哺育。

3. 同期发情、早期配种、诱发分娩

这些技术是现代羔羊生产中重要的繁殖技术，对于肥羔专业化、工厂化整批生产更是不可缺少的一环。利用激素使母羊发情同期化，可使配种时间集中，有利于羊群抓膘，节约劳动力。最重要的是利于发挥人工授精的优点，扩大优秀种公羊的利用，使羔羊年龄整齐，便于管理。

近年来，许多国家开始采用母羊在发育良好的条件下，6～8 月龄早期配种。这样使母羊初配年龄提前数月或一年，从而延长了母羊使用年限，缩短了世代间隔，提高了终身繁殖力。

在母羊妊娠末期，一般到 140 日龄后，用激素诱发提前分娩，使产羔时间集中，有利于大规模批量生产与周转，方便管理。诱发分娩的方法有：傍晚注射糖皮质激素或类固醇激素，12 h 后即有 70% 母羊分娩；或预产前用雌二醇苯甲酸盐、前列腺素等，90% 母羊在用药后 48 h 内产羔。

4. 人工控制环境条件

采用最佳环境参数按市场需要组织生产。一些国家采用现代化羊舍，对温度、湿度和光照等采用自动控制技术，使羊的生产、繁殖基本不受自然气候环境变化的影响。饲养管理的机械化、自动化程度高，尽量减少人、羊直接接触。同时，肉羊日粮的配制严格按照生产要求和不同类型羊的营养需要和饲养标准组织生产。在许多国家，优质人工草场的建设，围栏分区放牧是肉羊生产管理的重要内容，大部分人工草地实现了饲喂和饮水的自动化，劳动生产率显著提高。

5. 工厂化生产

工厂化生产系指在人工控制的环境下，不受自然条件和季节的限制，一年四季可以按人们的要求与市场需要进行规模大、高度集中、流程紧密连接、生产周期短及操作高度机械化、自动化的养羊生产。试验证明，3 月龄肉用羊羔体重可达 1 周岁羊的 50%，6 个月龄可达 75%。从生长所需要的营养物质来看，饲料报酬随月龄增长而降低。例如：1 月龄、2 月龄、3 月龄羔羊，每增长 1 kg 体重，所需要的饲料分别为 1.8 kg、4 kg 及 5 kg；可消化蛋白质分别为 225 g、450 g 及 600 g。在一些养羊业发达的国家，都在繁育早熟肉用羊的基础上建立专业化肥羔企业，进行肥羔生产，而且具有明显的区域性专业化分工。

6. 专业化生产

专业化的肥羔企业规模很大，每批可育肥上万只，甚至数万只的羔羊。有的本身就是一个大型的高度机械化的工厂，内设若干育肥羊舍，还有颗粒饲料与混合饲料加工车间、剪毛间、兽医室等。用于生产肥羔的羊，多是一些早熟的肉用品种及其杂种羔羊。在羊的选育中都特别注意提高早熟性和产羔率。

三、成年羊肥育技术

成年羊育肥时应按品种、体重和预期增重等主要指标确定育肥方式和日粮标准。育肥方式可根据羊只来源和牧草生长季节来选择，目前主要的育肥方式有放牧与补饲混合型和颗粒饲料型两种。但无论采用何种育肥方式，放牧是降低成本和利用天然饲草饲料资源的有效方法，也适用于成年羊快速育肥。

(一)育肥方式

1. 放牧—补饲型

夏季，成年羊以放牧育肥为主，其日采食青绿饲料可达 5～6 kg，精料 0.4～0.5 kg，合计折成干物质 1.6～1.9 kg，可消化蛋白质 150～170 g，育肥日增重在 140 g 左右。秋季，主要选择淘汰老母羊和瘦弱羊为育肥羊，育肥期一般在 60～80 d，将羊先转入秋场或农田茬子地放牧，待膘情好转后，再转入舍饲育肥；选择体躯较大、健康无病、牙齿良好的羊育肥。此种育肥方式的典型日配方如下：

配方一：禾本科干草 0.5 kg，青贮玉米 4.0 kg，碎谷粒 0.5 kg。此配方日粮中含干物质 40.60%，粗蛋白质 4.12%，钙 0.24%，磷 0.11%，代谢能 17.974 MJ。

配方二：禾本科干草 1.0 kg，青贮玉米 0.5 kg，碎谷粒 0.7 kg。此配方日粮中含干物质 84.55%，粗蛋白质 7.59%，钙 0.60%，磷 0.26%，代谢能 14.379 MJ。

配方三：青贮玉米 4.0 kg，碎谷粒 0.5 kg，尿素 10 g，秸秆 0.5 kg。此配方日粮中含干物质 40.72%，粗蛋白质 3.49%，钙 0.19%，磷 0.09%，代谢能 17.263 MJ。

配方四：禾本科干草 0.5 kg，青贮玉米 3.0 kg，碎谷粒 0.4 kg，多汁饲料 0.8 kg。此配方日粮中含干物质 40.64%，粗蛋白质 3.83%，钙 0.22%，磷 0.10%，代谢能 15.884 MJ。

2. 颗粒饲料型

此法适用于有饲料加工条件的地区和饲养的肉用成年羊或羯羊。颗粒饲料中，秸秆和干草粉可占 55%～60%，精料 35%～40%。现推荐两个典型日粮配方，供参考。

配方一：草粉 35.0%，秸秆 44.5%，精料 20.0%，磷酸氢钙 0.5%。此配方每千克饲料中含干物质 86%，粗蛋白质 7.2%，钙 0.48%，磷 0.24%，代谢能 6.897 MJ。

配方二：禾本科草粉 30.0%，秸秆 44.5%，精料 25.0%，磷酸氢钙 0.5%。此配方每千克饲料中含干物质 86%，粗蛋白质 7.4%，钙 0.49%，磷 0.25%，代谢能 7.106 MJ。

(二)饲养管理要点

1. 选羊与分群

要选择膘情中等、身体健康、牙齿好的羊只育肥，淘汰膘情很好和极差的羊。挑选出来的羊应按体重大小和体质状况分群，一般把相近情况的羊放在同一群育肥，避免因强弱争食造成较大的个体差异。

2. 入圈前的准备

对待育肥羊只注射肠毒血症三联苗和驱虫。同时在圈内设置足够的水槽和料槽，并进行环境(羊舍及运动场)清洁与消毒。

3. 选择最优配方配制日粮

选好日粮配方后严格按比例称量配制日粮。为提高育肥效益，应充分利用天然牧草、秸秆、树叶、农副产品及各种下脚料，扩大饲料来源。合理利用尿素及各种添加剂(如育肥素、喹乙醇、玉米赤霉醇等)。

4. 安排合理的饲喂制度

成年羊只日粮的日喂量依配方不同而有差异，一般为 2.5～2.7 kg。每天投料两次，日喂量的分配与调整以饲槽内基本不剩为标准。喂颗粒饲料时，最好采用自动饲槽投料，而天不宜在敞圈饲喂，午后应适当喂些青干草(每只 0.25 kg)，以利于反刍。

任务3 无公害肉羊生产

【任务描述】

无公害肉羊生产是现代肉羊生产发展的趋势，其特点是规范化、无污染、无公害，其产品优质、安全。其产地必须得到省级农业行政主管部门的认定，获得无公害农产品产地认定证书，其产品必须经认证合格，方可使用无公害农产品的标志。

【任务分析】

主要从羊场及羊舍环境、羊只选购、饲养管理过程中对饲养管理人员的要求、对消毒的要求以及对饮水、饲料、饲料添加剂和兽药的使用方面的要求、运输、资料记录等诸多生产要素和生产环节着手进行组织生产过程中，相关的操作以及产品使用要遵照国家、省、市级农业主管部门的规章要求，达到主管部门的合格认定后方可标志着所从事的肉羊生产是无公害肉羊生产。

【任务实施】

一、羊场环境及羊舍

(一)羊场环境

羊场环境应符合 GB/T 18407 的规定。场址用地要充分考虑羊场的放牧和牧草、饲料条件，羊场应建立在地势干燥、排水良好、通风、易于组织防疫的地方。羊场周围 3 km 以内无大型化工厂、采矿场、皮革厂、肉品加工厂、屠宰场或畜牧场等污染源。

羊场周围要有围墙或防疫沟，并建立绿化隔离带。距离干线公路、铁路、居民区及公共场所 1 km 以上。场区内净道、污道分开，互不交叉。空气环境中氨气、硫化氢。二氧化碳、恶臭以及可吸入颗粒、总悬浮颗粒物等含量均应符合 GB/T 18407.3—2001 规定要求。羊场具有清洁、无污染的水源。土壤的卫生条件必须符合安全食品的生产条件，重金属和农药等有害物质及病原体不得超标。

(二)羊舍

一个适宜的环境有利于发挥羊生产潜力，提高饲料利用率。所以修建羊舍时必须符合肉羊对各种环境的要求，即包括温度、湿度、通风、光照和空气等，羊舍设计应该保温、隔热，地面、墙壁利于消毒、通风，采光良好，空气中有毒、有害气体含量应符合 GB/T 18407.3—2001 的规定。

应按照肉羊性别、年龄、生长阶段设计羊舍，充分考虑到本场羊群的组成、周转、送草料、饲喂、饮水、清粪以及称重、防疫注射、采精输精、接羔护理等生产环节。

通过合理修建羊舍，将会有效地防止或减少疫病的发生。修建羊舍时应特别注意卫生要求，合理地进行场地的规划和布局，以利于兽医防疫制度的执行。

二、羊只选购

无公害肉羊应坚持自繁自养的原则，引种时应正确选择品种，慎重选择个体，应严格按照《种畜禽管理条例》中的第 7，8，9 条执行，并按照国家标准 GB 16567 进行检疫。

所选肉羊品种除考虑饲养地气候因素外，还应具备体重较大，生长速度快，繁殖效率高，肉用性能好等特征。避免有痒病或海绵状脑病及高风险国家和地区引进羊只、胚胎及卵。

购入的羊只要在隔离场(区)观察至少 30 d,经兽医检查确定为健康合格后,方可转入生产群。

三、饲养管理

(一)对管理人员的要求

羊场日常管理工作人员应定期进行健康检查,有传染病者不应从事饲养工作。场内兽医人员不应对外诊疗羊或其他动物疾病;羊场配种人员不应对外开展羊的配种工作,防止周围其他动物进入场区。

(二)消毒

必须选择高效、安全的抗寄生虫药,定期对羊只进行驱虫、药浴,控制程序符合 NY 5148 的要求。所用的消毒剂应符合 NY 5148 的规定。

(三)饮水、饲料、饲料添加剂和兽药的使用

无公害肉羊的饮水应符合《无公害食品畜禽饮用水水质》(NY/T 388)的规定,饲料应符合《无公害食品肉羊饲养饲料使用准则》NY/T 5150 的规定。药物饲料添加剂使用应遵守《饲料药物添加剂使用规范》。各种饲料及添加剂中有毒、有害物质应符合 GB 13078 的规定。饲料的贮存应符合 GB/T 16764 的要求,饲料运输不应用运输畜禽的车辆运送。运输工具应符合 GB/T 16764 的要求。

严格执行《无公害食品肉羊饲养兽药使用准则》NY 5148 的规定。兽药应符合《中华人民共和国兽药典》、《中华人民共和国兽药规范》、《兽药质量标准》和《进口兽药质量标准》的相关规定。优先使用符合《中华人民共和国兽用生物制品质量标准》、《进口兽药质量标准》的疫苗,预防肉羊疾病。允许使用消毒预防剂对饲养环境、厩舍和器具进行消毒,并应符合 NY 5151 的规定。所用兽药必须来自具有《兽药生产许可证》和产品批准文号的生产企业,或者具有《进口兽药许可证》的供应商。

建立并保存免疫程序记录和全部用药记录。包括肉羊编号、发病时间及症状、药物名称、给药量、给药途径、治疗时间等。

四、运输

装运前对羊只进行严格的兽医卫生检疫,羊只在装运及运输过程中不得接触其他偶蹄动物,必须避开疫区。运输车辆应做过彻底清洗和消毒。长途运输事先要做好运输途中所需的各种物质、物品准备。为防止长途运输所导致的掉膘,应在启运前 7~10 d 逐渐过渡到运输途中所饲喂的日粮。

五、资料记录

每群肉羊都应有相关的生产记录,内容包括羊只来源,饲料消耗情况,发病率、死亡率及发病死亡原因,无害化处理情况,实验室检查及其结果,用药及免疫接种情况,消毒情况,羊只发

运目的地等。所有记录应妥善保存。

【知识窗】

无公害羊肉的内涵及特点

无公害羊肉是指来自非疫区,依据无公害食品生产技术规程生产的无公害活羊,屠宰加工后经兽医卫生检验符合无公害羊肉标准,经认证合格获得认证证书并允许使用无公害农产品标志的羊肉。其产地、环境、生产过程及产品质量符合国家有关标准和规范,产地必须具备良好的生态环境;生产过程中允许使用限定的兽药饲料添加剂,禁止使用对人体和环境造成危害的化学物质;产品实行全程质量控制,羊肉中微生物和有毒有害物质含量必须在国家法律、法规以及国家或有关行业标准规定的安全标准范围内。实行产地认定和产品认证,确保其使用安全性。

【知识拓展】

一、无公害肉羊的检验

(一)宰前检验

1. 检验方法

宰前检验采用群体检查与个体检查相结合的临床检查方法,必要时辅以实验室检验。

(1)群体检查　指对来自同一地区或同一批次的羊,或对同一圈羊所进行的健康检查。常用的方法有静态观察、动态观察和饮食状态观察。经检验,凡有异常者,应标上记号,以便隔离和进一步做个体检查。

(2)个体检查　指对群体检查时发现的异常个体或在正常羊群中随机抽取的5%～20%个体,逐只进行的详细检查。常用视诊、触诊、叩诊等方法检查,可归纳为“看、听、摸、检”4大要领。

2. 检验要点

(1)检疫对象　重点检查的疫病有炭疽、布鲁氏菌病、巴氏杆菌病、羊快疫、羊肠毒血症、恶性水肿、羊链球菌病、羊痘、口蹄疫、蓝舌病、痒病、肺丝病等。

(2)检验要点

①群体检查:注意观察羊的站立或卧地姿势,呼吸状态,有无跛行或转圈运动。对不合群、独立一隅,以及对外界刺激反应迟钝、呼吸困难、咳喘严重、跛行或转圈、拒食不饮、反刍困难以及腹泻的羊,应剔出做进一步检查。

②个体检查:视检羊的精神外貌、被毛和皮肤、可视黏膜的色泽、分泌物和排泄物的色泽和性状等。触检体表淋巴结,检测体温、呼吸及脉搏。必要时应进行听诊和叩诊。

(二)宰后检验

宰后检验指应用兽医病理学、传染病学和寄生虫病学的基本理论知识和实验技术对屠宰解体羊的胴体和内脏等所实施的卫生质量检验与评定。

1. 检验方法

宰后检验以视检、触检、嗅检和剖检为主，必要时应进行细菌学、血清学、寄生虫学、病理组织学和理化检验。在检验中应实施同步检验，即在屠宰加工过程中，将胴体和头、蹄、内脏等各种脏器的检验，控制在同一个生产进度上实施，便于检验人员发现问题时及时交换情况，进行综合判定与处理。

2. 检验程序

(1)头部检验　视检头部皮肤、唇、口腔黏膜及齿龈，注意有无羊痘、口蹄疫、羊传染性脓疱(羊口疮)等传染病时出现的痘疮或溃疡；观察眼结膜、咽喉黏膜和血液凝固状态，注意检查有无炭疽及其他传染病的病变。

(2)内部检验　开膛后，检验“白下水”(胃、肠、脾、胰)和“红下水”(心、肝、肺)的色泽、大小、性状、质地等有无异常，注意有无病理变化或寄生虫。视检脾脏有无出血、肿大、肝脏有无寄生虫和肝硬变。检验胃肠时应特别注意肠系膜和肠系膜淋巴结，重点检查假结核病和细颈囊尾蚴。

(3)胴体检验　通常羊胴体不劈半，故一般不剖检胴体淋巴结，而以视检为主。主要检查胴体表面及胸、腹腔。当发现可疑病变时，再进行详细剖检。

(4)终末检验　对胴体进行复检、评定与盖章。

3. 盖检印

经过全面复检，无论胴体和脏器属于上述哪一种情况，都必须在胴体、副产品上加盖与判定结果相一致的、国家规定有统一的检验印章，以防止混乱、漏检和不合格的羊肉出厂或上市。凡符合卫生标准的胴体可以食用，盖“兽医验讫”印章。对病羊的屠体或胴体、内脏以及其他副产品，应根据国家有关标准和规定，按羊的疾病性质不同，盖“食用油”、“高温”、“化制”或“销毁”印戳。

4. 疫病控制

发现疫病后立即采取防疫措施，上报疫情，彻底消毒。并在动物防疫检验部门监督下，在厂内或指定地点处理病羊肉尸及其产品。

二、无公害羊肉的质量指标

(一)无公害羊肉的质量指标

生产无公害羊肉是我们追求的最终目标，故在饲养管理、生产加工等方面应遵循无公害羊肉的质量要求，进行规范化生产，具体标准(NY 5147—2002)如表 6-3-1 至表 6-3-3。

表 6-3-1　无公害羊肉感官指标

项目	指标
色泽	肌肉呈红色，有光泽，脂肪呈白色或淡黄色
黏度	肌纤维致密，有韧性，富有弹性
气味	外表微干或有风干膜，切面湿润、不黏手
煮沸后肉汤	具有羊肉固有的气味，无异味，澄清透明，脂肪团聚于表面
肉眼可见异物	不应检出

表 6-3-2　无公害羊肉理化指标

项目	指标
挥发性盐基氮/(mg/100 g)	≤15
汞/(mg/kg)	≤0.05
铅/(mg/kg)	≤0.10
砷/(mg/kg)	≤0.50
铬/(mg/kg)	≤1.0
镉/(mg/kg)	≤0.20
滴滴滴/(mg/kg)	≤0.20
六六六/(mg/kg)	≤0.10
金霉素/(mg/kg)	≤0.10
土霉素/(mg/kg)	≤0.10
四环素/(mg/kg)	≤0.10
磺胺类(以磺胺类总量计)/(mg/kg)	≤0.10

表 6-3-3　无公害羊肉微生物指标

菌落总数/(cfu/g)	$\leq 5\times10^{5}$
大肠菌群/(PN/100 g)	$\leq 1\times10^{5}$
沙门氏菌	不应检出
志贺氏菌	不应检出
金黄色葡萄球菌	不应检出
溶血性链球菌	不应检出

(二)感官检验

1. 色泽与黏度

(1)方法　将样品置于白色瓷盘中,在自然光线下观察。注意肉的外部状态、色泽、有无干膜或污物,肉表面和深层组织的状态以及发黏的程度,肉表面的清洁度。

(2)鉴定　羊肉外表具有干膜,肌肉和脂肪有其固有的色泽,表面湿润,切面有渗出液、不发黏。腐败变质羊肉颜色变暗,呈褐红色、灰色或淡绿色,表面干膜更干或发黏,有时被覆有霉层,切面发黏。

2. 组织状态与弹性

(1)方法　用手指按压羊肉表面,观察指压陷的恢复速度和状态。

(2)鉴定　新鲜羊肉富有弹性,结实紧密,指压陷很快恢复。变质羊肉无弹性,指压陷不能恢复。

3. 气味

(1)方法　在常温(20℃)下检查羊肉的气味。首先判定外部气味,然后用刀切开立即判定深层的气味，注意检查骨骼周围组织的气味。

(2)鉴定　新鲜羊肉具有其固有的气味，无异味。腐败变质羊肉有酸臭味、霉味或其他异味。

4. 煮沸后肉汤

(1)方法　称取 20 g 切碎的肉样，置于 200 mL 烧杯中，加水 100 mL，用表面皿盖上，加热至 50～60℃，开盖检查气味。继续加热煮沸 20～30 min 后，迅速检查肉汤的气味、滋味、透明度及表面浮游脂肪的状态、气味和滋味。

(2)鉴定　新鲜羊肉的肉汤透明、芳香，具有令人愉快的气味；肉汤表面浮有大的油滴，脂肪气味正常。变质羊肉的肉汤浑浊、有絮片，具腐臭气味；肉汤表面几乎不浮油滴，具酸败脂肪的气味。

(三)理化检验

理化检验内容包括挥发性盐基氮的测定，重金属、农药和兽药残留检测。由具有相应的专业技术和资格条件的专职人员按国家有关规定组织实施。

资料卡 1

HACCP

HACCP 是 Hazard Analysis and Critical Control Point 的缩写，即危害分析和关键控制点。确保食品在消费的生产、加工、制造、准备和食用等过程中的安全，在危害识别、评价和控制方面是一种科学、合理和系统的方法。

HACCP 并不是新标准，它是 20 世纪 60 年代由皮尔斯伯公司联合美国国家航空航天局(NASA)和美国一家军方实验室(Natick 地区)共同制定的，体系建立的初衷是为太空作业的宇航员提供食品安全方面的保障。近年来，随着全世界人们对食品安全卫生的日益关注，食品工业和其消费者已经成为企业申请 HACCP 体系认证的主要推动力。世界范围内食物中毒事件的显著增加激发了经济秩序和食品卫生意识的提高，在美国、欧洲、英国、澳大利亚和加拿大等国家，越来越多的法规和消费者要求将 HACCP 体系的要求变为市场的准入要求。一些组织，例如美国国家科学院、国家微生物食品标准顾问委员会以及 WHO/FAO 营养法委员会，一致认为 HACCP 是保障食品安全最有效的管理体系。

【学习自测】

一、知识自测

(一) 概念

羔羊肥育　经济杂交　四季放牧　无公害肉羊

(二)填空

1. 产冬羔，母羊配种期一般在(　　)月份。

2. 放牧时的三勤是指(　　)、(　　)、(　　);四稳是指(　　)、(　　)、(　　)、(　　);四看是指(　　)、(　　)、(　　)、(　　)。

3. 肉羊的肥育方式主要有(　　)、(　　)、(　　)三种。

4. 肉羊的无公害生产技术要从(　　)、(　　)、(　　)、(　　)、(　　)等五个方面都要符合相关的标准和条例。

5. 放牧的队形基本有(　　)、(　　)、(　　)。

(三)简答题

1. 羔羊断奶后的育肥方式有哪些?
2. 肉羊的体型外貌的特征有哪些?
3. 肉羊的生产性能有哪些特点?
4. 我国的肉羊生产与先进国家相比有哪些差距?
5. 无公害肉羊生产应把握哪些技术环节?
6. 无公害羊肉的质量安全指标有哪些?

二、技能自测

1. 结合当地情况,试述在当地发展肉羊生产应采取哪些措施?
2. 根据自己家乡的自然条件和饲料资源,设计一个羔羊肥育方案。

【课外学习指南】

一、学习网站

1. 中国养殖网(www.chinabreed.com)。
2. 爱课程网(http://www.icourses.cn/home),《牛羊生产》国家精品资源共享课程网页。
3. 牛羊生产国家精品课程网站(http://58.222.253.142/2007/niuyang/)。

二、规范、标准

1. GB 7959 粪便无害化卫生标准。
2. GB 13078 饲料卫生标准。
3. GB 16548 畜禽病害肉尸及其产品无害化处理规程。
4. GB 16549 畜禽产地检疫规范。
5. GB 16567 种畜禽调运检疫技术规范。
6. GB/T 18407 农产品安全质量 无公害畜禽肉产地环境要求。
7. GB 18596 畜禽养殖业污染物排放标准。
8. NY/T 388 畜禽场环境质量标准。
9. NY 5027 无公害食品 畜禽饮用水水质。
10. NY 5148 无公害食品 肉羊饲养兽药使用准则。
11. NY 5149 无公害食品 肉羊饲养兽医防疫准则。
12. NY 5150 无公害食品 肉羊饲养饲料使用准则。

13.129NY/T 5151—2002 无公害食品 肉羊饲养管理准则。

三、参考文献

1. 范颖,宋连喜. 羊生产. 北京:中国农业大学出版社,2007.
2. 杨和平. 牛羊生产. 北京:中国农业出版社,2001.
3. 赵有璋. 羊生产学. 北京:中国农业出版社,2011.
4. 肖西山,郑中朝. 羊生产. 北京:中国农业出版社,2008.
5. 闫明伟. 牛羊生产. 北京:北京师范大学出版社,2011.

项目7

羊奶生产

知识目标

- 了解影响奶山羊产奶性能的因素,掌握提高奶山羊产奶性能的关键技术。
- 掌握奶山羊的饲养管理技术。

技能目标

- 能解决奶山羊饲养管理过程中碰到的各种问题。
- 掌握山羊奶的初加工技术

奶山羊生产是我国奶业生产的重要组成部分,在经济发展中有不可替代的作用。近几年来,由于奶品市场需求增长很快,因此,奶山羊生产作为畜牧业中具有较强活力的产业,越来越被人们重视,并呈现不断发展的趋势。

任务1 奶山羊特点

【任务描述】

奶山羊业是我国畜牧业的重要组成部分,在国民经济及人民生活中具有重要地位。近几年来,随着人民生活水平的不断提高和消费观念的转变,我国奶品市场需求逐年增加,奶业生产得到了迅速发展。因此奶山羊生产作为畜牧业中具有较强活力的产业,越来越被人们所重视,并呈现不断发展的趋势。

【任务分析】

奶山羊生产具有周期短、投资少、效益好的优势,加快奶山羊的发展符合我国的国情。奶山羊生产需了解奶山羊特性,熟悉生产性能的影响因素,采用合适的饲养管理技术,提高山羊奶产量和品质。

【任务实施】

一、奶山羊的生产特点

1. 奶山羊的饲料转化率高

在畜牧业生产过程中，奶用家畜的饲料转化率是最高的。产奶利用饲料中的粗蛋白效率为26%，产肉为15%，产蛋12%，产毛8.2%。奶山羊将所采食饲料转化成奶的效率比转化为肉的效率高3～4倍，前者为24%，后者为4.7%～6.7%，据研究测定，奶山羊每千克体重产奶12 kg，而奶牛每千克体重产奶10 kg，奶山羊的相对产奶量比奶牛高。

2. 奶山羊的生产能力强

一只体重60 kg的萨能奶山羊平均年产奶800～900 kg，是自身体重的14倍，而且还平均产羔2只。奶山羊10月龄即可配种，怀孕150 d，产羔后即可产奶。因此，生产周期短，投资回报早。奶山羊产奶量世界领先水平超过1 000 kg，个体最高产奶纪录为萨能奶山羊，一个泌乳期产奶3 080 kg。可见奶山羊的生产能力极强，潜力非常大。

3. 奶山羊的饲养效益高

一只奶山羊年产800 kg鲜奶，平均产羔2只，按照目前鲜奶和饲料价格水平计算，可实现纯收入1 000元以上。一个农户如果饲养20只奶山羊，可实现年纯收入2万元，是一个致富的好项目。奶山羊正常生产情况下，完成产奶产羔，获得高效益。达到利用年限后，还可以当成肉羊食用，皮张也可出售。可见饲养奶山羊的效益很高。

4. 奶山羊以食草为主

饲草和农作物秸秆由于含有大量的粗纤维，很多杂食动物利用率都很低。但是，奶山羊的反刍对粗纤维的消化能力很强，饲养奶山羊应当以粗饲料为主。在农区，它可以消耗大量的农作物秸秆，变废为宝，而生产出大量供人们消费的羊奶。

二、奶山羊的泌乳规律

奶山羊的泌乳规律包括奶山羊一生泌乳规律和每个产奶周期的泌乳规律两个方面。

从奶山羊的终生泌乳来看，第一胎产奶量相对较低，第二、三、四胎产奶量上升，而以第三、四胎产奶量最高，第五胎产奶量开始下降，第二、五胎均占最高胎次第三胎产奶量的90%，第六胎下降至80%，第七、八胎下降更大。因此，奶山羊一般利用年限为6～8胎。优秀高产羊可利用8胎以上。中低产羊利用6胎。在1～4胎时，要考虑发育和产奶，适当提高饲养标准。5胎以后只考虑产羔产奶，饲养标准比前三胎可低一些。

从奶山羊的单个产奶周期来看，母羊产后1周所产乳为初乳，产奶量不高，第二周产奶略有上升，产羔2周以后，由于催乳素的作用，产奶量上升很快。1个月后，可达到产奶高峰，可以延续至120 d。120 d以后产奶量开始下降，180 d以后下降加快，210 d以后下降更明显。在泌乳高峰期，母羊每天产奶所消耗的营养物质很多，高产羊泌乳高峰期营养入不敷出，主要靠干奶期贮存的营养和消耗本身的营养来补充，奶山羊膘情往往下降很快。

三、评定奶山羊生产性能的主要方法

评定奶山羊的生产能力，对于选种育种、饲料管理、生产安排都具有十分重要的意义。

1. 个体产奶量

个体产奶量是奶山羊的主要生产指标，测定产奶量的准确方法，应该是每日每次挤奶单独称重和记录。这在饲养量少的情况下很容易做到。为节省劳动力，保证测定准确性，也可采取两月测 2～3 次的产奶量，来估算全月产奶量的方法。个体产奶量又包括日产奶量和全期产奶量。日产奶量指每天的产奶量。它是最容易测定的指标，反映奶山羊的产奶能力，与全期产奶量呈正相关，同时反映当日生产情况和奶山羊的健康、饲养管理状况。全期产奶即一个产奶周期的产奶量。超过 300 d 的按照 300 d 计算，不足 300 d 而超过 210 d 的，按照实际产奶量计算，但需注明泌乳天数。因配种、管理、疾病、淘汰等原因造成不足 200 d 的泌乳期属于非正常泌乳期。在育种工作中，为了准确测定奶山羊的生产性能，用校正 300 d 产奶量来进行比较。校正 300 d 产奶量即指泌乳天数不足或超过 300 d 而没有产奶记录可查者，校正到 300 d 的近似产奶量。

2. 全群产奶量

计算全群产奶量有实产羊的全年平均产奶量和应产羊的全年平均产奶量两种评定方法。

全年每天饲养应产母羊只数，是指全年每天饲养能泌乳母羊只数的总和除以 365 d。全年每天饲养实产母羊只数，是指全年每天饲养泌乳母羊只数的总和除以 365 d。

应产羊全年平均产奶量是指全群全年总产量除以全年每天饲养应产母羊只数。实产羊全年平均产奶量是指全群全年总产奶量除以全年每天饲养实产母羊只数。应产母羊只数是指羊群中所有的成年母羊，包括产奶的、干奶的、空怀的和不产奶的。应产母羊全年平均产奶量，用于计算母羊群的饲料转化率和产品成本，它表示一个羊场的生产管理水平。泌乳羊全年平均产奶量，只包括产奶羊，不包括干奶羊和其他不产奶羊，它反映了羊群的产奶水平和羊的质量。

3. 乳脂率

乳脂率是反映鲜奶品质的重要指标。测定鲜奶中脂肪的含量，应在全泌乳期每月测定一次，代表该月乳脂率。

4. 繁殖性能

包括奶山羊的性成熟期、初配年龄、怀孕期等。最重要的是产羔数、产羔率。

5. 产肉性能

奶山羊产肉来自两个方面，即公羔育肥和羊只淘汰育肥，主要追求的指标是较高的屠宰率。

四、影响奶山羊生产性能的因素

1. 遗传因素

(1)品种　品种不同，产奶量不同。如莎能奶山羊产奶量最高，其世界纪录是一个产奶周期产奶 3 080 kg；而吐根堡奶山羊一个产奶周期产奶 2 610.5 kg，两者有较大的差距。在国内，西农莎能奶山羊产奶量最高，平均一个泌乳周期产奶 800 kg 以上。品种的影响，实质上是遗传品质上的差异。

(2)品系　同一品种不同品系间的奶山羊，其生产性能也不同。不同品系间的差异主要表现在不同种公羊后代之间的差异。

(3)个体　同一品种同一品系的奶山羊，个体之间的生产性能也不是完全一样的。凡生长发育好、乳房硕大，挤奶前后乳房体积显著变化，消化机能强的个体，泌乳性能亦强，反之则产奶性能低。

2. 生理因素

(1)年龄与胎次 奶山羊的产奶量,随着年龄与胎次的变化而产生规律性的变化。青年羊产奶量低,壮年羊产奶量高,老年羊产奶量又低下来。第一胎产奶量是成年羊的 70%~80%。3~5 岁即 2~4 胎产奶量逐渐上升,第三胎达到高峰,第四胎维持高峰,其后产奶量随胎次增加而逐渐下降,乳脂率随胎次的增加而逐渐下降。

(2)初配年龄 一般母羊在 8~10 月龄,体重 32 kg,达到成年体重的 60%~70%,为最佳配种年龄和体重。奶山羊母羊初配年龄不能过早,也不能过晚。配种过早因尚未达到体成熟,会影响生长发育,使胎次产奶、终生产奶的能力受影响而影响产奶性能。配种过迟,发情周期紊乱,准胎难,繁殖机能衰退,会加大饲养成本。

(3)产仔间隔 必须保证一年一胎,否则终生产奶量降低。

(4)泌乳期 在一个泌乳周期中,母羊的产奶量也是规律性变化。在产后 1 月内泌乳量处于上升阶段。第二、三个月达到高峰,以后逐月下降。其中产奶高峰维持时间越长,产奶就越多。

(5)干奶期 若不适时干奶,或者干奶期不能够得到良好的饲养管理,不仅会影响下一个泌乳期的产奶量,而且会影响胎儿的发育。

(6)乳房的发育 乳房是产奶的器官。其乳房的大小,与产奶性能呈正相关。因此,在选择奶山羊产奶性能这一性状时,要特别注意乳房的容积、形状和质地的选择。产奶性能高的乳房应是向前突出,向后延伸,充满于两股之间。乳房质地要柔软而有弹性,挤奶前充分膨胀,挤奶后显著缩小。

(7)配种和产羔季节 奶山羊具有季节性发情的特点。一般是秋季发情,若不能按时配种和怀孕,错过季节,造成空怀,就会严重影响产奶量。配种季节同时影响产羔季节。不同的产羔季节,对奶山羊的产奶量影响很大。一般在饲草条件好的情况下,以冬末春初产羔为宜。此时,羔羊和母羊均能充分利用良好的条件,羔羊生长发育好,母羊产奶量高。在我国黄河中下游地区,每年以 8~10 月份配种,来年 1~3 月份产羔为好。

3. 环境因素

(1)外界环境 适宜的外界环境是奶山羊高产的条件。奶山羊喜欢干燥、害怕潮湿。其最适宜的温度 4.4~15℃。高于 28℃或低于 0℃,都会引起产奶量下降。

(2)饲养管理 奶山羊泌乳性能的发挥与饲养管理水平关系十分密切。满足奶山羊对各种营养物质的要求,是保证其高产的物质基础。产前、产后、泌乳高峰期的管理及正确熟练的挤奶技术,适当的挤奶次数,必要的按摩乳房,经常的刷拭羊体,定期的修蹄等,都对提高奶山羊的健康,提高产奶性能有明显的好处。

(3)疾病 健康的机体是奶山羊高产的保证。饲养管理失常,很容易引起奶山羊疾病。疾病会影响奶山羊的健康、发育、采食、消化,不仅会造成产奶量下降,而且还会影响消费者的健康。所以,一定要搞好奶山羊疾病的防治。

五、提高奶山羊产奶性能的关键技术

奶山羊产奶是一个复杂的生理过程,受环境、遗传、生理等诸多因素的影响。应根据当地生态环境的具体情况来选择适宜发展的奶山羊品种,对于土种或杂种羊,应选择适宜的优良纯种羊进行级进杂交、改良,逐步提高其生产水平。提高奶山羊产奶性能的关键技术如下:

1. 选择适宜的生态环境

选择适宜的生态环境，是提高奶山羊产奶性能的重要措施。在建造奶山羊饲养场或者饲养奶山羊时，必须选择和创造干燥、凉爽、温暖的环境条件，提供新鲜、清洁的饮水，加上半放牧半舍饲的饲养管理方式，切忌低温潮湿和高温潮湿的环境，要注意保持栏圈干燥，有利于发挥奶山羊的生产潜力。

2. 搞好品种改良工作

品种的生产性能是由遗传因素决定的。通过品种改良，巩固发展优秀遗传性状，不断提高奶山羊的生产性能，是提高奶山羊的产奶性能的根本办法。

奶山羊育种工作主要通过本品种选育和级进杂交两种方法。在品种内部提纯选优，严格选种选配，巩固和提高优良基因的频率。对于杂种羊或地方品种，应根据实际情况选择适宜的优良纯种公羊与其母羊进行级进杂交，逐代增加其高产奶基因比例，提高生产性能。

3. 解决好饲草饲料问题

奶山羊所产羊奶中所有的成分都是通过饲草饲料转化而来的。饲草饲料的种类、品质、加工方法对提高奶山羊的产奶性能发挥着十分重要的作用。在青粗饲料方面，应搞好种植、收割、调制、贮藏和利用，尤其是要及时收获青草和重视秸秆的收获和调制工作。在精饲料方面，应积极搞好精饲料的种植、收购和贮藏工作，广开蛋白质饲料新来源，推广应用配合饲料，提高精饲料中的蛋白质含量。充分满足奶山羊生长发育、妊娠和产奶的营养需要，发挥其生产潜能，达到提高产奶性能的目的。

4. 加强饲养管理工作

奶山羊的饲养管理是一项精细的工作，每一个环节都不能忽视。根据奶山羊的生物学特点，采用正确的饲养方式和饲喂技术，提高奶山羊的产奶性能。

5. 加强疫病防治工作

羊只饲养要做到夏季防暑防蚊，冬季防寒灭癣，春秋按时驱虫，四季注意保健。羔羊期要注意预防感冒、肺炎、羔羊痢疾、传染性结膜角膜炎、传染性口膜炎(羔羊口疮)、白肌病，去角去势时防止发生破伤风。断奶羊和成年羊要注射羊快疫、猝殂、羔羊痢疾、肠毒血三联四防苗。母羊要预防乳腺炎、难产和妊娠毒血症。各种羊都要定期检查和预防布氏杆菌病、结核病、干酪样淋巴结炎(伪结核病)和山羊关节炎-脑炎。秋季要预防脑脊髓丝虫病，放牧开始和结束都要驱除体内外寄生虫。

6. 调整母羊群

为了节约开支，提高产奶量，羊群要保持合理的结构。应在断奶之后、泌乳高峰期之后和配种后期，及时淘汰老、弱、病、残的不良个体和因空怀而不产奶的羊只。

7. 提高母羊的繁殖力

母羊繁殖力是影响奶山羊产奶性能及其饲养效率的重要因素。影响繁殖力的因素主要有品种、营养、年龄和气候环境等。应根据这些影响因素采取相应的措施提高繁殖力。实际生产中常包括两个方面：其一是提高母羊生育后代的能力，其二是提高羔羊的成活率。

【知识拓展】

一、山羊奶的营养特性

山羊奶是营养成分最均衡的食品，共含有 200 多种营养物质和生物活性物质，其中包括

64 种乳酸、20 种氨基酸、20 种维生素、25 种矿物质、数十种酶和多种乳糖。

1. 干物质含量和能量高

山羊奶的干物质、蛋白和脂肪比牛奶分别高 0.9%,0.7%,0.5%,能量高出 50 cal/kg。

2. 脂肪更温和、容易消化吸收

山羊奶脂肪球直径小,一般为 2 μm 左右,仅为牛奶的 1/2 甚至 1/10,且均匀分布于奶中,在消化道中,与消化液接触面积大,易吸收。而牛奶易结成奶皮,脂肪球极容易破碎,使与之相关的酶失活而被小肠壁吸收,一旦进入血液会引起心脏和动脉血管的损伤,刺激机体释放更多的胆固醇到血液中,易导致动脉硬化。山羊奶脂肪中含 200 多种不同的脂肪酸(Renner,1982),其组成也与牛奶不同,山羊奶脂肪含较高的中链脂肪酸(33%),而牛奶为 17%(Haenlein,1992a),中链脂肪酸可以降低血中胆固醇,抑制组织中胆固醇的沉积,溶解胆结石。

3. 蛋白质优良,必需氨基酸全面

山羊奶中蛋白质主要是酪蛋白和清蛋白,羊奶、牛奶、人奶三者的酪蛋白与清蛋白之比大致是 75∶25、85∶15、60∶40,酪蛋白可由于胃酸的作用形成较大的凝固物,而影响蛋白的消化率,羊奶中酪蛋白含量低于牛奶,与人奶相似,所以羊奶蛋白质的消化率比牛奶的高,更适合作为婴儿、老人的保健食品。山羊奶中还含有人体所需的 8 种必需氨基酸(赖氨酸、色氨酸、苯丙氨酸、蛋氨酸、苏氨酸、亮氨酸、异亮氨酸、胱氨酸)和幼畜所需的 10 种必需氨基酸。

4. 矿物质含量丰富

山羊奶含钙、磷、铁比牛奶高,但钠、氯、钾比牛奶低,从营养角度讲,山羊奶优于牛奶。而且山羊奶的钙、磷含量是人奶的 4～8 倍,丰富的矿物质和维生素,对增强体质预防疾病有一定的作用。

5. 富含维生素

山羊奶的维生素总量比牛奶高,每 100 g 山羊奶中维生素的总量比牛奶高 79.2 μg。其中维生素 C 的含量是牛奶的 10 倍,人奶的 5 倍。维生素 D 含量也比牛奶高。山羊把胡萝卜素转变成无色维生素 A 的能力强,所以山羊奶中胡萝卜素含量甚微,奶油呈白色。

6. 酸度低,缓冲性好

山羊奶 pH 为 7 左右,酸度为 12～15 °T,牛奶 pH 为 6.7 左右,酸度为 17～18 °T。含多种磷酸盐类和蛋白质类,是优良缓冲剂,是胃溃疡病人的理想食品。

7. 不易感染结核,饮用安全

奶牛易感染结核病,可传染给人,羊不易感染此类病,所以在防疫条件较差的地区饮用山羊奶比牛奶更安全。另外羊尾巴短,粪便呈固体颗粒状,而牛尾巴长,粪稀薄,容易污染乳房、腹部和臀部。所以羊奶卫生条件比牛奶更好。

8. 不易引起过敏反应

山羊奶不易引起过敏反应,瑞典的研究表明,用牛奶喂养 3 个月以下儿童,其过敏反应的发生与牛奶有直接关系,有时甚至导致死亡(Lotheetal,1982),而常用山羊奶治疗。这可能因为牛奶乳蛋白种间特异性免疫较高(Hill,1939),β-乳球蛋白可能是导致过敏的主要原因。

二、奶山羊的现状与发展趋势

1. 世界奶山羊生产现状

世界动物奶的结构主要由牛奶、水牛奶、山羊奶和绵羊奶构成。世界 2002 年总产奶量是

5.94 亿 t,山羊奶(0.123 亿 t)是继牛奶(5.015 亿 t)、水牛奶(0.707 亿 t)之后的第三大奶类资源,占总产奶量的 2.07%。

世界所产的山羊奶大部分以液态奶形式出售,也用于加工干酪、奶油、糖果等。FAO(2004 年)报道,山羊奶产量较多的国家有:印度、巴基斯坦、法国、西班牙、土耳其和中国等。山羊奶产量也在逐年不断增加,1992 年全世界的总量为 960.6 万 t,1994 年为 1 050 万 t,1998 年为 1 221 万 t,2004 年为 1 239 万 t。印度是产奶山羊奶大国,产量为 276 万 t,法国的产量是 55 万 t,我国山羊奶产量约 25 万 t,位居第 16。山羊液态奶也可以用于医疗,美国用于医疗作用的山羊奶市场潜力巨大,估计每年至少需要 12,000 t(Haenlein,1992);干酪深受欧洲和地中海地区人们的喜爱,其需求量也在逐年增加。山羊干酪生产较多的国家有法国、希腊、保加利亚、挪威、西班牙、以色列,1980 年法国生产量达 3.5 万 t,而美国 1994 年生产山羊干酪大约 600 t,同时每年从法国进口 650 t 以满足市场需求。

2. 我国奶山羊生产现状

在世界的大趋势下,我国羊乳市场也日渐升温。但奶产量不高,2002～2004 年期间,我国山羊奶在世界的位次徘徊在第 16 左右。主要原因是国内山羊奶生产企业很少,没有形成规模化的生产;国内消费者对羊乳的认识也有限,更多地把它当作保健品,而非普通的饮品;售价较高,这些都是导致羊奶在市场推广方面发展缓慢的原因。羊乳市场需要一段时间的培育,才能逐渐走向成熟,成为乳品消费的一个主流。我国是奶及奶制品缺乏的国家,从长远发展看,重视奶牛产业的同时,也必须加大奶山羊产业发展的力度,它将是解决奶源的重要途径。随着我国国民经济的持续发展和国家促进奶业生产发展的一系列政策的实施,发展羊乳产业将大有作为。

目前,全国有奶山羊种羊场大小 10 多个,主要有西北农大种羊场、陕西省千阳县种羊场和山东省栖霞县种羊场等。全国现有胶东、关中、豫中、唐山、晋中 5 个奶山羊基地,64 个奶山羊基地县,年生产奶制品约占我国奶制品产量的 20%。

我国已经培育出的品种和品种群有西农萨能奶山羊、关中奶山羊、崂山奶山羊、文登奶山羊、开封奶山羊、唐山奶山羊和延边奶山羊等。其中西农萨能奶山羊 20 世纪 30 年代初引入我国,经西北农业大学的科学工作者多年培育,以适应我国气候条件,体格大、产奶多、繁殖力强、遗传性能稳定、适应性广、改良地方品种效果显著等特点而被推广。

目前,我国对奶山羊的饲养还是以散养为主,管理粗放;配套服务落后;专业技术人员和经验缺乏;品种退化严重,也制约了奶山羊品质的提高。

三、我国发展奶山羊生产的主要措施

1. 建立良种繁育体系,搞好育种工作

对于引入的品种,要加强管理,充分发挥良种的高产性能和改良作用。对于地方品种的培育,开展奶山羊的杂交利用,获得生活力强、生长发育快、生产性能良好的羊只,产生最佳效益。广泛采用经济杂交,尤其是多元杂交可产生较大的杂种优势。

2. 解决饲草饲料问题

饲料质量直接决定奶山羊的生产性能。因此要建立饲草饲料基地,提供四季均衡、优质、充足的饲草饲料,提高羊奶质量。近年来我国大量利用秸秆等低质粗饲料喂奶山羊,再加入部分精料来补充营养,这样维持了高产但降低了利用年限。利用秸秆养羊必须经加工调制——

青贮、氨化和微贮发酵等；并做好精粗饲料的合理搭配，推广混合日粮饲喂技术；发展舍饲、半舍饲与天然草场的划区轮牧相结合的饲养模式，将有助于牧草资源的可持续利用。

3. 科学的饲养管理

对各个生长阶段的羊分群饲养以满足不同羊的营养需要，加强羊舍的建设，提供干燥、干净、舒适的环境，避免引起营养不良、母羊流产、羔羊生长发育受阻、外伤等不良情况的发生。加强羔羊培育技术和疾病综合防治技术，提高整个羊群生产性能和群体质量。

4. 完善社会化服务体系

完善而配套的服务体系是现代化奶山羊生产发展的保障。做好专业人员的培训、信息管理、疾病防治、新产品开发等一系列工作，才能提高奶山羊生产水平，使羊奶生产产业化。这其中包括：

(1)提高技术人员的专业水平　重视奶山羊的遗传育种、饲料营养、疾病防治和经营管理等方面的研究。加强技术人员的业务素质及生产技术；提高广大农户的养殖实用技术，确保奶山羊生产发展的需要。

(2)加强信息化管理　加强对系谱、照片、遗传、饲料、管理、疾病和市场等各种资料的信息化管理，作好资料的收集、整理、分析及存档，为奶山羊的育种及科学的管理提供依据。同时，可通过此网络体系了解最新的行业信息和市场供求信息。

(3)疾病防治　随着奶山羊的饲养量与饲养密度的加大，疾病的种类也随之增多并增加了疾病防治的难度。由于我国是一家一户的散养，根据国外的防治经验，在养殖区可加大技术培训与宣传力度，注重卫生防范措施，以防止细菌病毒感染、寄生虫病和植物中毒，在农村的乡镇建立疫苗防治体系，每年要定期检查布病、结核病、关节炎、脑炎病，每星期要做到乳腺炎的检测，积极做好疾病防治工作。

(4)规模化、产业化的羊奶生产发展　奶山羊要根据社会经济条件和生态条件，因地制宜，适当集中，择优发展。应十分重视先进技术设备及工艺的引进，尽快建立和发展龙头企业，开发名牌产品，带动奶山羊生产，建立和完善良种繁育、饲草生产、疾病防治、产品收购加工、服务体系等，并且实行科研与推广、普及与提高相结合，促进奶山羊业生产水平和经济效益提高。

任务2　饲养管理

【任务描述】

科学合理的饲养管理，对于保证奶山羊群健康，提高其繁殖和产奶性能，充分发掘遗传潜力，促进育种工作顺利开展，具有十分重要的意义。

【任务分析】

学习本任务需通过不同途径学习奶山羊饲养管理技术的知识，在实训基地在老师或羊场技术员的指导下参与羊的饲养管理工作，加强奶山羊挤奶、修蹄等技术的练习。

【任务实施】

一、奶山羊的饲养方式

1. 放牧

放牧是一种比较粗放的饲养方式,多在地广人稀的天然草场和丘陵山区采用,全年放牧,很少补饲。奶山羊的生长、产奶受自然条件、季节和牧草盛衰的影响较大,管理粗放,省力省钱,低产羊及公羔育肥适宜采用此种饲养方式,饲养规模为60～200只。此种方式不利于提高产奶量,且常会发生草羊矛盾,需要与草场改良、贮草过冬和精料补饲相结合,才能长期稳定发展并收到良好的经济效益。

2. 半放牧半舍饲

半放牧半舍饲是奶山羊较适宜的一种饲养方式。农户将种田与养羊相结合,平原与山区自然环境相结合,饲养规模为60～100只,特别适合青年羊的培育和种公羊非配种期的饲养。羊舍建在交通方便的地方,泌乳母羊早晚挤奶,补饲精料和干草,中间放牧。此种饲养方式,羊只可以得到全面的营养、运动充足,也节省饲料开支,但放牧地不宜过远,否则会因母羊体力消耗太大而影响产奶。

3. 舍饲

在城郊和农业发达而土地资源有限的地区经常采用这种饲养方式。常与集约化生产相结合,羊群规模较大,存栏数量受市场价格、资金、饲料资源、管理技术水平的影响,一般在100只以上。饲养羊只为高产品种,有较好的羊舍、集约饲养,管理现代化、机械化程度高,但投资大,羊只运动受限制,饲养费工,饲养管理技术要求较高。

二、奶山羊各阶段的饲养管理

(一)羔羊的培育

羔羊培育的好坏,会影响奶山羊的体质、体型、主要器官的发育和功能,最终影响其生产力。羔羊的培育分为胚胎期和哺乳期。

1. 胚胎期的培育

胎儿在母体内生活的时间是150 d,主要通过母体获得营养。羔羊在胚胎期的前3个月生长发育的速度缓慢,主要生成心、肺、肝脏、胃等器官,要求营养全价,而数量的多少是次要的。母羊的日粮只要能满足产奶的需要,胎儿的发育就能得到保证。妊娠后2个月,胎儿主要是生成骨骼、肌肉、皮毛、血液,而且生长发育的速度越是接近分娩期发育越快,70%～80%的重量是在这一阶段增长的,此阶段营养需要多,胎儿的生长发育需要吸收大量蛋白质、矿物质、维生素。因此,这一阶段饲料的投放不仅是品质优良、全价的问题,更需要数量的充足,来保证胎儿生长发育的需要。

无论胚胎前期还是后期,都要有优质的青草或青干草,来保障妊娠母羊日粮的全价性。饲喂过多的精料对胎儿生长发育不利,要想获得健壮的羔羊,对于妊娠期的母羊尤其是妊娠后期要提供充足的含大量的粗蛋白、矿物质和维生素的饲草饲料。羔羊的胎儿期缺钙不利于骨骼的生成和发育,会使其生后的消化器官发育不健全,胃肠疾病增多。所以,妊娠期母羊精料中应添加2.0%的骨粉。

2. 哺乳期的培育

哺乳期是指从羔羊出生到断奶这一阶段，羔羊的哺乳期一般为2～3个月，这一阶段是羊一生中生长发育速度最快的时期，它在3个月内体重增长7～8倍。羔羊神经反应迟钝，适应性差，抗病力弱，消化机能发育不完善，饲养管理方法的不同对它的生长发育、体质类型影响很大，因此，羔羊阶段的哺乳和护理工作非常重要。

哺乳期羔羊的培育分为初乳期（出生到6 d）、常乳期（7～60 d）和由奶到草料的过渡期（61～90 d）。

（1）初乳期　从羔羊出生到第6天为初乳期。母羊产后1～6 d的乳叫初乳。初乳是羔羊生后唯一的全价天然食品。初乳营养价值全面、丰富，容易被消化吸收；初乳中含有溶菌酶和抗体，不利于病原菌的繁殖，具有舒肠健胃的作用，且含有大量的镁盐，能促使羔羊体内胎粪的提早排出，具有轻泻作用。因此，应让羔羊尽量早吃，多吃初乳，才能确保增重快，体质强，发病少，成活率高。对初生羔羊，最好让羔羊随母羊自然哺乳，6 d后再改为人工哺乳。如出生后需人工哺育初乳，宜于生后20～30 min开始，1 d内的初乳喂量，至少应为其体重的1/5。体重3 kg的羔羊，第一天喂乳0.6～0.7 kg，到生后第六日龄逐渐增至0.8～1.0 kg。日喂初乳不宜少于4次，此时羔羊日增重可达200～220 g。

为了防止关节炎-脑炎病的传染，羔羊生后必须进行人工哺乳，其喂给初乳的温度以34～40℃为宜，而加热温度以55℃为宜，温度过高初乳会发生凝固。

（2）常乳期　羔羊生后7 d进入哺喂常乳阶段。这一阶段，奶是羔羊的主要食物。从初生到45 d，羔羊的体尺增长最快，从出生到75 d，羔羊的体重增长最快，尤以30～75 d生长最快，这与母羊的泌乳高峰期30～70 d是极其吻合的。因此，在饲养方面，应保证供给充足的营养。建议应用表7-2-1羔羊哺乳方案。

常乳期羔羊哺乳分为随母哺乳和人工哺乳。随母哺乳是让羔羊跟随母羊自由哺食母乳直至断奶，这种方法有利于羔羊健康，可避免消化系统疾病，节省人力，然而母羊的产奶量无法统计，羔羊的食入量也不能确定，有时亦有传染母羊疾病的危险，此法一般适合分散饲养。

羔羊哺乳期常见哺乳方案见表7-2-1。

表7-2-1　羔羊哺乳方案

日龄	日增重/g	期末体重/kg	哺乳次数	全乳量			青干草量		混合精料量		青草或块茎类量	
				一次/g	昼夜/g	全期/kg	昼夜/g	全期/kg	昼夜/g	全期/kg	昼夜/g	全期/kg
1～5	初生重	4.0	自由哺乳									
6～10	150	4.7	4	220	880	4.4						
11～20	150	6.2	4	250	1 000	10.0	60	0.6				
21～30	155	7.8	4	300	1 200	12.0	80	0.8	30	0.3	50	0.5
31～40	155	9.4	4	350	1 400	14.0	100	1.0	60	0.6	80	0.8
41～50	160	11.0	4	350	1 400	14.0	120	1.2	90	0.9	100	1.0
51～60	160	12.6	3	300	900	9.0	150	1.5	120	1.2	150	1.5
61～70	155	14.1	3	300	900	9.0	200	2.0	150	1.5	200	2.0
71～80	150	15.6	2	250	500	5.0	240	2.4	180	1.8	250	2.5
81～90	140	17.0	1	200	200	2.0	240	2.4	220	2.2	300	3.0
合计		17.0				79.4		11.9		8.5		11.3

人工哺乳可有效提高奶山羊的泌乳性能，适宜在羊群规模较大的羊场或养羊大户应用。人工哺乳时，首先应进行调教，哺乳工具可用奶瓶、哺乳器和碗盆等。调教时，先让羔羊饥饿半天，一只手抱羊，另一只手食指伸入碗中诱导羔羊吮吸，然后逐渐将手指移开，练习数次就可学会。要注意防止羔羊将奶吸入鼻内，羊一受呛就不愿再吃。奶的温度以 38～42℃为宜，温度过低，易引起拉稀，温度过高，会烫伤口腔黏膜。喂奶时，要按羔羊的年龄、体重、强弱分群饲养，并做到定时、定量、定温、定质。饲喂的奶必须新鲜，加热时应用热水浴。人工哺乳，从 10 d 起增加奶量，25～50 d 奶量最高，50 d 后逐渐减少喂量。10 d 后的羔羊应开始诱食饲草，可将幼嫩的优质青干草捆成小把悬吊于圈中，让羔羊自由采食。在羔羊出生 20 d 后开始诱食精料，可将精料放入饲槽，并诱导羔羊舔食，反复数次即可教会。在羔羊出生 45 d 后，将从食奶为主过渡到食草为主，为了尽量减少断奶应激反应，要想办法让羔羊早日学会吃料。

(3)奶与草料过渡期　羔羊生后 60～90 d，该阶段的食物从奶、草并重过渡到草料为主，要注意日粮的能量、蛋白质营养水平和全价性，日粮中可消化蛋白质以 16%～20%为佳，可消化总养分以 74%为宜。后期奶量不断减少，以优良干草与精料为主，全奶仅作蛋白补充饲料。培育的羔羊应发育良好，外貌清秀，棱角明显，腹部突出，母羔已显出雌性形象。

(4)饮水　在冬季应饮清洁温水，天气暖和时可饮新鲜自来水。为了防止白肌病的发生，生后 5～6 d 的羔羊注射亚硒酸钠，断奶的羔羊在转群或出售前要全部驱虫，以利生长发育，避免对新环境的污染。

(二)青年羊的饲养管理

青年羊指从羔羊断奶到配种前的羊。羊的青年阶段正处在生长发育比较强烈的阶段，其体重、躯干宽度、深度和长度都迅速增长，做好本阶段的饲养管理，对促进生长发育，适时配种产羔与提高产奶量都有重要意义。

饲喂优质青干草和充足运动有利于青年羊消化器官的发育，培育成的羊骨架大，肌肉薄，腹大而深，采食量大，消化力强。乳用型明显。如果营养跟不上，便会影响生长发育，形成腿高、腿细、胸窄浅、后躯短的体型，并严重影响体重、采食量和终生泌乳能力。半放牧半舍饲是培育青年羊最理想的饲养方式，在有放牧条件的地区，最好进行放牧和补饲。断奶后至 8 月龄，每天在吃足优质干草的基础上，补饲混合精料 250～300 g，其中可消化粗蛋白质的含量不应低于 15%。18 月龄配种的母羊，每日给精料 400～500 g，如果草的质量好，可适当减少精料喂量。青年母羊一般满 8～10 月龄，体重达到 35 kg 以上即可参加配种。青年公羊的生长速度比青年母羊快，应多喂一些精料。运动对青年公羊更为重要，不仅有利于生长发育，而且可以防止形成草腹和恶癖。青年公羊在 10 月龄以上，体重达到 40 kg 以上方可进行配种。

(三)泌乳羊的饲养管理

奶山羊的泌乳期依照泌乳规律可分为四个阶段，即泌乳初期、泌乳盛期、泌乳中期和泌乳末期。各个时期的饲养管理不尽相同。

1. 泌乳初期

母羊产羔后 20 d 内为泌乳初期，也叫恢复期。由于母羊刚分娩，体质虚弱，腹部空虚且消化功能较差，生殖器官尚未恢复，泌乳及血液循环系统功能不很正常，部分羊乳房、四肢和腹下水肿还未消失。因此，此期饲养目的是尽快恢复母羊的食欲和体力，减少体重损失，确保母羊泌乳量稳定上升。产后应禁止母羊吞食胎衣，产后5～6 d内应饲喂易消化饲料，如优质青干草，饮用温盐水小米或麸皮汤，并给以少量的精料。6 d以后逐渐增加青贮饲料或多汁饲料，14 d精料增加到正常的喂量。精料的增加，应根据母羊的体况、食欲、乳房膨胀程度、消化能力等具体情况而定，防止突然过量导致腹泻和胃肠功能紊乱。日粮中粗蛋白质含量以12%～14%为宜，具体含量要根据粗饲料中粗蛋白质的含量灵活运用，粗纤维的含量以16%～18%为宜，干物质采食量按体重的3%～4%供给。

2. 泌乳盛期

产后20～120 d为泌乳高峰期，其中又以产后40～70 d产奶量最高，大约占全泌乳期产奶量的50%，这个时期母羊的饲养管理水平对泌乳能力的发挥起关键性作用。母羊产后20 d，体质逐渐恢复，泌乳量不断上升，体内蓄积的营养不断流失，体重明显下降，应特别注意增加饲喂次数及喂量，营养要完全，并给以催奶饲料。催奶从产后20 d开始，在原来精料量(0.5～0.75 kg)的基础上，每天增加50～80 g精料，只要奶量不断上升，就继续增加，当增加到每千克奶给0.35～0.40 kg精料，奶量不升时，就要停止加料，并维持该料量5～7 d，然后按泌乳羊饲养标准供给。此时要前边看食欲(是否旺盛)，中间看奶量(是否继续上升)，后边看粪便(是否拉软粪)，要时刻保持羊只旺盛食欲，并防止消化不良。

高产母羊的泌乳高峰期出现较早，而采食高峰出现较晚，为了防止泌乳高峰期营养亏损，要求饲料的适口性要好，体积小，营养高，种类多，易消化。要增加饲喂次数，定时定量，少给勤添。增加多汁饲料和豆浆，保证充足饮水，自由采食优质干草和食盐。

3. 泌乳中期

母羊产后120～210 d为泌乳后期，该期泌乳量逐渐下降，在饲养上要调配好日粮，尽量避免饲料、饲养方法及工作日程的改变，多给一些青绿多汁饲料，保证清洁的饮水，缓慢减料，加喂粥料，加强运动，按摩乳房，精细管理，使高产奶量稳定保持一个较长时期。

4. 泌乳末期

产后210 d至干奶(9～11月份)为泌乳后期，由于气候、饲料的影响，尤其是发情与妊娠的影响，产奶量显著下降，饲养上要尽量使产奶量下降得慢一些。在泌乳高峰期精料的增加，是在奶量上升之前，而此期精料的减少，是在奶量下降之后，以减缓奶量下降速度。

(四)干乳羊的饲养管理

母羊经过10个月的泌乳和5个月的怀孕，营养消耗很大，为了使其有个恢复和补充的机会，应停止产奶，停止产奶的这段时间叫干奶期。母羊在干奶期应得到充足的蛋白质、矿物质和维生素，使母羊乳腺组织得到恢复，保证胎儿发育，为下一轮泌乳贮备营养。

干奶期的长短取决于母羊的体质、产奶量高低、泌乳胎次等，干奶期母羊饲养可分为干奶前期和干奶后期。

1. 干奶前期的饲养管理

此期青贮饲料和多汁饲料不宜饲喂过多，以免引起早产。营养良好的母羊应喂给优质粗饲料和少量精料，营养不良的母羊除优质饲草外，要加喂一定量混合精料，此外，还应补充含磷、钙丰富的矿物质饲料。

2. 干奶后期的饲养管理

奶羊干奶后期胎儿发育较大，需要更多的营养，同时为满足分娩后泌乳需要，干奶后期应加强饲养,饲喂营养价值较高的饲料。精料喂量应逐渐增加,青干草应自由采食,多喂青绿饲料。

母羊分娩前一周左右,应适当减少精料和多汁饲料。干奶后应加强运动,防止顶伎、拥挤,注意保胎护羔。

三、奶山羊的一般管理技术

(一)挤奶

挤奶是奶山羊泌乳期的一项日常性管理工作,技术要求高,劳动强度大。挤奶技术的好坏,不仅影响产奶量,而且会因操作不当而造成羊乳房疾病。挤奶包括机器挤奶和人工挤奶2种方法。

1. 机器挤奶

欧美奶山羊业发达国家普遍采用机器挤奶的方法,奶山羊场一般都配有不同规格的挤奶间,挤奶间的构造比较简单,配置8～12个挤奶杯,挤奶台距地面约1 m,以挤奶员操作方便为宜。挤奶机的关键部件为挤奶杯,其设计是根据奶山羊的泌乳特点和乳头构造等确定的。发育良好的乳房围度大约为37～38 cm。乳头长短要适中,过小不利于操作。乳头距挤奶台面的距离应在20 cm以上,否则容易造成羊奶污染。奶山羊机器挤奶的速度很快,3～5 min内即可完成,前2 min内的挤奶量大约为产奶量的85%。目前的奶山羊挤奶机,每小时可挤100～200只。

2. 人工挤奶

我国的奶山羊集约化生产程度不高,以小型羊场或农户饲养为主,均采用人工挤奶的方式。

(1)挤奶室及其设备　饲养奶山羊较多的羊场,应有专门的挤奶室,设在羊舍一端,室内要清洁卫生,光线明亮,无尘土飞扬。设有专门的挤奶台,见图7-2-1,台面距地面40 cm,台宽50 cm,台长110 cm,前面颈枷总高为1.3 m,颈枷前方设有饲槽,台面右侧前方有方凳,为挤奶员操作时的座位。另外,需配备挤奶桶、热水桶、盛奶桶、台秤、毛巾、桌凳和记录表格等。

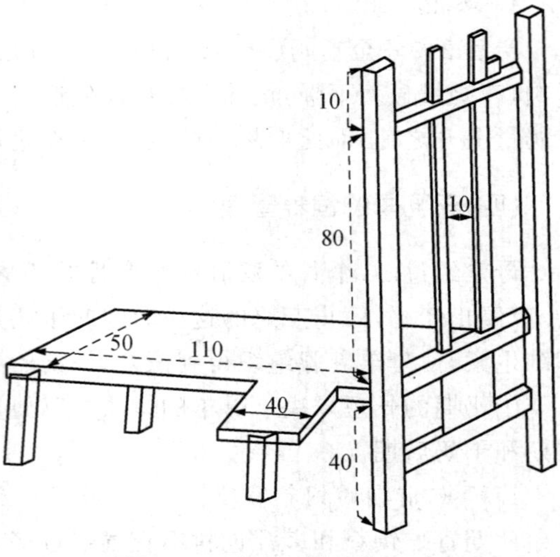

图7-2-1　挤奶台(单位:cm)

(2)挤奶操作规程和方法　为了便于操作和有利于奶品卫生,奶羊在产羔后应将其乳房周围的毛剪去,挤奶人员的手指甲应经常修剪,工作服要常洗换。挤奶员对待奶羊要耐心、和善,挤奶室要保持安静,切忌吵闹、惊扰。每次挤奶应按如下程序进行:

①挤奶羊的保定:将羊牵上挤奶台(已习惯挤奶的母羊,会自动走上挤奶台),然后再用颈枷或绳子固定。在挤奶台前方的食槽内撒上一些混合精料,使其安静采食,方便挤奶。

②擦洗和按摩乳房:挤奶羊保定以后,用清洁毛巾在45～50℃的温水中浸湿,擦洗乳房2～3遍,再用干毛巾擦干,然后按摩乳房,即两手托住乳房,先左右对揉,后由上而下按摩,动作要轻柔,促使羊的乳房变得充盈而有弹性。每次挤奶时,分别于擦洗乳房时、挤奶前、挤出部分乳汁后按摩乳房3～4次,有利于将奶挤干净。

③正确挤奶:在擦洗按摩乳房之后应立即挤奶,不要拖延。常用的人工挤奶方法有压榨法(拳握法)和滑榨法(指挤法),压榨法符合奶山羊的生理和乳房发育特点。具体操作时先用拇指和食指握紧乳头基部,防止乳汁回流,手的位置不动,然后用中指、无名指和小指依次向手心收握,把奶挤出。挤奶时要用力均匀,动作轻快,使羊有舒适感。挤奶时要用2只手分别握住2个乳头,2只手不要同时挤压或放松,要1只放松,1只挤压,交替进行。对于奶眼紧,奶流小的乳头,在挤奶前用手指轻轻捻动乳头尖,使括约肌松弛,这样便于乳汁排出。乳头过长的,手应握在乳头下端,乳头下部应与拳头相齐或稍露出乳头,见图7-2-2。滑榨法挤奶时,用拇指、食指和中指三指指尖捏住乳头,从上向下滑动,将乳汁挤出,见图7-2-3。无论使用哪种方法,挤奶的最后,应再次按摩乳房,以便将乳汁挤净。此外,挤奶时要求保持挤奶室安静清洁,挤奶员要经常修剪指甲,避免损伤乳房。对奶羊态度要温和,每天挤奶2次。如日产奶在5 kg以上,挤奶3次。每次挤奶前,最初几把奶不要。挤奶结束后,要及时称重并做好记录,必须做到准确、完整,以保证资料的可靠性。

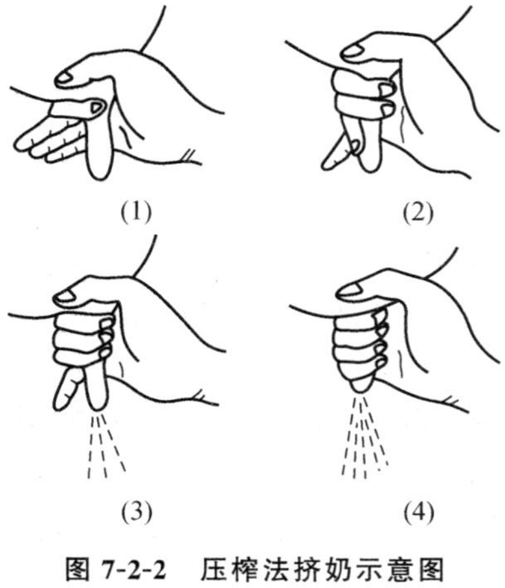

图7-2-2 压榨法挤奶示意图

图中数字表示挤奶动作的顺序

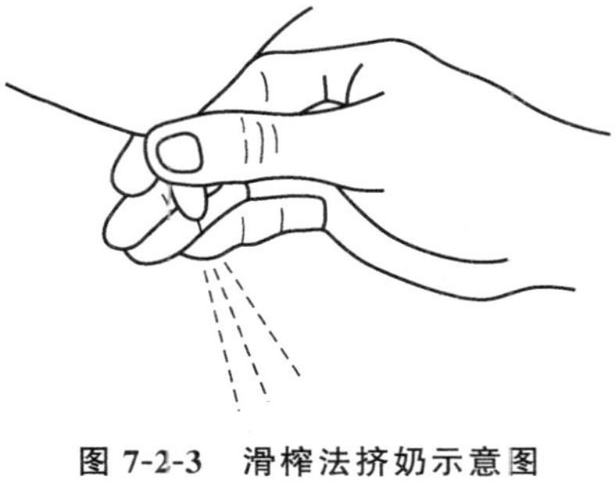

图7-2-3 滑榨法挤奶示意图

④过滤和消毒:羊奶称重后经4层纱布过滤,之后装入盛奶瓶,及时送往收奶站或经消毒处理后短期保存。消毒方法一般采用低温巴氏消毒,即将羊奶加热(最好是间接加热)至60～65℃,并保持30 min,可以起到灭菌和保鲜的作用。

⑤清扫:挤奶完毕后,须将挤奶时的地面、挤奶台、饲槽、清洁用具、毛巾、奶桶等清洗、打扫干净。毛巾等可煮沸消毒后晾干,以备下次挤奶使用。

(二)刷拭

奶羊每天都应刷拭,以保持被毛光顺,皮肤清洁,促进新陈代谢和皮肤健康。刷拭最好用硬的鬃刷或草刷,不可用铁箅去刮。刷拭要彻底、周到,从前到后、从上到下,一刷挨一刷依次地刷,每刷要先逆毛后顺毛,每天刷1～2次。通过刷拭还可训练羊温顺,愿意和人接近。刷拭应在饲喂、挤奶后进行，以免污染饲料和奶品。对于粪尿或产后血污染的后躯，应用温水洗涤，再用毛巾擦干。在温暖地区，夏季可选择晴朗天气，将奶羊赶到河边或水池内洗澡。

（三）修蹄

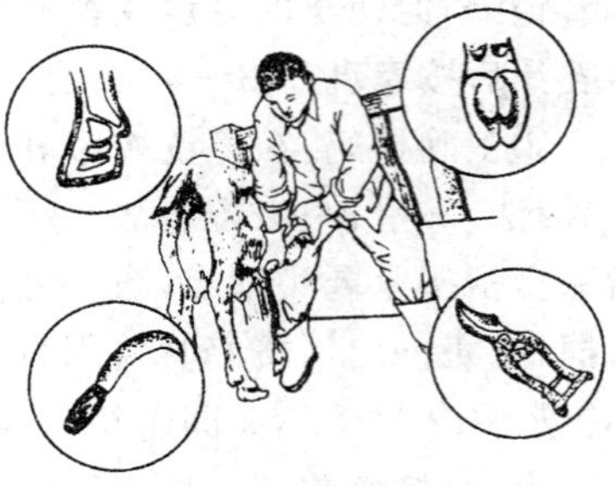

图 7-2-4　羊的修蹄

舍饲山羊，蹄子磨损小，若不定时修剪，会长得太长而变形，影响行动，甚至造成四肢发病。因此，一般每季修蹄一次。修蹄应在雨后进行。或修蹄前让羊在潮湿地面上活动 4 h 左右，当蹄角质变软时进行，修蹄时需要将羊保定好，先用果树剪将生长过长的蹄尖剪掉，然后用修蹄弯刀将蹄底的边缘修整到和蹄底一样平齐，再修到蹄底可见淡红色血管为止，千万不可修剪过度，以防出血。整形后的羊蹄，蹄底平整，形状方圆，站立端正。变形蹄须经多次剪修，逐步矫正蹄形，绝不可一次修剪过度，造成损伤，见图 7-2-4。

【知识拓展】

一、泌乳奶山羊的生理特点

奶山羊的产奶性能是体现经济效益的重要指标。奶山羊一个泌乳期的产奶量相当于体重的 10～15 倍，生产力很高。奶山羊每产 1 kg 奶需要流经乳腺的血液达 400～500 L，日产鲜奶 3 kg 的奶山羊，则在 24 h 内流经乳腺的血液多达 1 200～1 500 L，鲜奶中含有丰富的蛋白质、脂肪、乳糖和矿物质等。因此对日粮中营养物质数量和质量的要求较高。

奶山羊泌乳期一般为 8～10 个月，在正常饲养管理条件下，母羊的泌乳高峰在产后 40 d 左右。低产奶羊泌乳高峰出现比较早，在产后 20 d 左右，泌乳高峰维持时间短，产奶量下降得快。高产奶羊泌乳高峰出现较晚，在产后 40～50 d，泌乳高峰维持时间长，下降较慢。泌乳羊的产奶规律是，第 2～3 泌乳月的产奶量最高，以后逐渐下降，产奶量上升和下降的幅度大小与母羊营养水平和气候变化等有关。羊奶乳脂的变化规律与泌乳量正好相反，产奶初期乳脂率高，产奶量上升，则乳脂量渐减；泌乳高峰时，乳脂量最低；泌乳末期产奶量减少时，乳脂量又稍有增加。

奶山羊泌乳期间营养物质消耗很大，在生产中应根据产奶量和乳成分确定营养需要量，以满足不同生产水平羊群产奶所需的各种营养物质，如能量、蛋白质、纤维素、矿物质和维生素等。此外，还要考虑日粮的适口性、精料和粗料比例、饲养方式等因素，以保障羊只能吃下定额饲料，提高生产力，并确保羊只健康。

二、种公羊的饲养管理

1. 种公羊的特点

种公羊一年四季均可配种，但繁殖季节公羊性欲比较旺盛，精液品质好。非繁殖季节，种公羊性欲减弱，食欲逐渐增强，这个阶段应加强种公羊饲养，使其体况恢复，精力充沛。夏季天气炎热，影响采食量，8 月下旬日照短，配种季节来临，性欲随之旺盛，若营养不良，则很难完成秋季配种任务。配种期种公羊性欲强烈，采食下降，很难补充身体消耗，因此要尽早加强营养，才能保证配种季节种公羊性欲旺盛，精液品质优良，体况良好，利用年限长。

种公羊精液中除水分外，大部分为蛋白质，同饲料中蛋白质的品质关系很大，另外还需要维生素 A、维生素 E 和钙、磷等矿物质，要获得高质量的精液必须从粮食中供给足够的营养物质。

2. 种公羊的饲养管理

(1)配种期的饲养管理　配种前 40～45 d 就应进入配种期的饲养管理。这一时期日粮营养水平应逐步提高，到配种开始时达到标准。日粮体积不能过大，以免形成草腹，影响配种或采精。日粮可按混合精料 1.2～1.4 kg、青干草 2 kg、胡萝卜 0.5～1.5 kg、食盐 15～20 g、骨粉 5～10 g 的标准喂给，胡萝卜须切碎之后再喂，精料每天分 2～3 次饲喂，饮水每天 2～3 次。有条件者还可根据种公羊的利用情况喂给牛奶或鸡蛋等。可每天让种公羊饮食新鲜牛奶 0.5～1.0 kg 或灌服(或拌料)鸡蛋 2～3 枚。

在配种前一个月开始采精，可每周一次，进行精液品质检查，调整日粮。舍饲时应坚持每天让种公羊运动 2～3 h，以驱赶运动为主，合理控制运动速度和时间，冬季可安排在中午暖和时运动，夏季安排在早晚凉爽时运动。为避免种公羊之间角斗损伤，减少体力消耗，最好进行单圈或单栏饲养。配种期间为保证其种用体况，延长利用年限，应合理利用种公羊，在公母混群饲养自由交配时应注意公母比例为 1∶(30～40)；在公母分群，人工辅助交配时，合理控制配种次数，一般成年公羊每天 1～2 次，青年公羊减半，配种间隔 8 h 左右，使公羊有足够的休息时间；人工授精时成年公羊每天采精可达 3～4 次，青年公羊每天采精 1～2 次，两次采精间隔时间 2 h 以上。连续使用 4～5 d，让其休息 1～2 d。种公羊须根据体质和精液品质确定其利用年限，一般为 6～8 年。

(2)非配种期的饲养管理　配种期结束时，就应逐渐降低日粮营养水平，逐步减少精料的给量，但仍不能忽视饲养管理工作。除有条件放牧外，应补给足够的能量、蛋白质、维生素和矿物质饲料。精料的喂量须根据种公羊的体质和季节的不同进行调整，枯草季节可适当增加喂量，如舍饲应加强运动量。

另外，在选种时应注意，种公羊必须具有明显的品种特征，体型外貌良好，结构匀称，中上等膘情，体躯发育好，腰部强有力，四肢端正而粗壮，眼大有神，性情活泼，性欲旺盛，睾丸大小适中而匀称，有弹性。其本身可度量的体尺、体重、毛色、羊毛品质和产量等主要指标应符合该品种理想型要求。不可选用隐睾、单睾、精液品质不良或有顶人恶习的公羊作为种公羊。

任务 3　山羊奶的贮存与加工

【任务描述】

山羊奶是一种独特的奶资源，不但营养品质高，还有医疗和保健作用。过去，人们对山羊奶的营养价值认识不足，奶山羊没有得到应有的重视和发展。随着对山羊奶营养价值认识的深入，人们越来越重视奶山羊的发展。在欧美等发达国家和中东地区的穆斯林国家都很重视食用山羊肉及其奶制品。随着我国人民消费观念的转变和生活水平的提高，人们会更倾向于健康安全的奶制品。

【任务分析】

山羊奶营养丰富,是人们优质的食品和保健品,科学掌握山羊奶的加工和检验技术,是保障乳品安全的关键。

【任务实施】

一、山羊奶的初处理

刚挤出的山羊奶温度一般为37℃左右,最适于微生物的生长繁殖。如不及时处理,微生物将大量繁殖,导致酸度升高,羊奶也很快变质。

1. 过滤

收集羊奶时,先将消毒好的纱布折成两层,绑在奶桶口上,然后将奶徐徐倒入奶桶,即可滤去奶中的羊毛、泥土、皮屑、饲料、粪便等污物。

2. 冷却

刚挤出的新鲜羊奶及时冷却能够抑制奶中微生物的繁殖,保证羊奶的质量。冷却温度越低,抑制细菌繁殖的作用越大。鲜奶保存期长短与羊奶受污染程度和温度及外界气温等有关。冷却羊奶可采用以下几种方法。

(1)水桶(箱)冷却法　此法简易可行,特别适用于小型奶山羊场和饲养户,能使奶温冷却到接近所用水温。其方法是根据产奶量多少购买或自制一个较大的圆形或方形水桶,先向水桶中放入冷水或冰水,然后将装满羊奶的容器放入水桶中,为加速羊奶冷却和使羊奶冷却均匀,应定时更换、清洗。每次挤奶后应随时将奶桶浸入水桶中冷却。

(2)冷排冷却法　指用冷排冷却器冷却羊奶的方法。冷排冷却器的构造简单,价格低廉,冷却效率高,适用于收奶点和小型奶山羊饲养场使用。冷排冷却器是由上下两个配槽和中间一排管子组成,冷却水自冷却器的下部向上通过冷却器的每根冷却排管内部,以降低冷却器表面温度,奶冲上面配槽底部细孔流出形成薄层,流层冷却器排管表面而将至较低温度,最后留到贮奶槽。

(3)浸没式冷却法　指用浸没式冷却器将羊奶冷却的方法。浸没式冷却器里边带有离心式搅拌器,可以调节搅拌速度,并带有自动控制开关,能定时自动搅拌,不仅可使羊奶冷却均匀,而且防止稀奶油上浮。使用时可将冷却器插入水中或奶桶中进行冷却。

(4)喷射冷却法　只是一种渐变使用的临时冷却方法。可用带孔的管子弯成一个圆,与自来水连接,从而达到流水冷却羊奶的目的。羊奶出售前应保存于5～8℃的冷却水槽或奶桶中,以免温度升高,奶质变坏。

3. 保存

经过冷却的鲜奶,在条件许可的前提下迅速移入冷藏室内贮存,以防止奶的温度升高,若将奶冷却到1～2℃时,可保存36～48 h。奶的保存时间与冷却温度间存在一定的关系,见表7-3-1。

表7-3-1　鲜奶保存时间与冷却温度的关系

冷却温度/℃	10～8	8～6	6～5	5～4	2～1
保存时间/h	6～12	12～18	18～24	24～36	36～48

二、山羊奶的初加工

消毒鲜奶是以新鲜羊奶为原料，经净化、均质、杀菌、装瓶或装袋后，直接供应消费者饮用的商品乳。目前市售的消毒鲜奶，大部分是指全脂消毒奶，即以合格鲜奶为原料，不加任何添加剂，经过滤、消毒、装瓶或装袋后供应消费者。少部分是加入钙、磷、铁、维生素，称强化消毒奶，还有一部分是加入果汁、巧克力、咖啡等，称为风味消毒奶。不论哪一种消毒奶，其工艺流程是：原料奶的验收→过滤或净化→标准化→均质→杀菌→冷却→灌装→封口→装箱→冷藏。

1. 原料奶的验收

消毒奶的质量与原料奶的质量密切相关。因此，对原料奶的质量必须认真检验。只有符合标准的原料奶才能用于生产消毒奶。鲜奶理化指标：相对密度 1.030(1.028～1.032)，脂肪 3.4%(2.8%～5.0%)，酸度 18 °T(16～19 °T)，非乳物质不得检出。鲜奶卫生指标：细菌总数＜50 万/mL，汞＜0.1 mg/L，抗生素＜0.03 U/L。

2. 净化、匀质

净化是用离心机除去乳中被污染的极为微小的固体杂质和细菌细胞。均质即用均质机将奶中脂肪球在强力的机械作用下破碎成小的脂肪球。目的是为了防止脂肪的上浮分离，提高羊奶的消化、吸收率。均质后的脂肪球直径大部分在 1 μm 以下。

3. 标准化

我国食品卫生标准规定，消毒奶的乳脂率为 3%。因此，凡不合乎标准的奶，都必须进行标准化。当原料奶中乳脂率不足时，可以添加入稀奶油以提高乳脂率；当原料奶中乳脂率过高时，可以在其中加入脱脂奶以降低乳脂率。标准化所用设备主要为三用分离机。

4. 杀菌

为了消除奶中的病原菌和有害菌，保证人体健康，并提高奶在贮存和运输中的稳定性。鲜奶经加热处理使奶中全部微生物被破坏称灭菌，大部分微生物被破坏称杀菌。常用的方法有以下几种：低温杀菌法，杀菌条件为 62～65℃，持续 30 min；高温短时间杀菌法，杀菌条件为 72～75℃，持续 15 s；超高温灭菌法，130～150℃，1～4 s。不管采用什么杀菌方法，都必须注意设备的清洗与消毒。

5. 冷却

杀菌以后，为抑制羊奶中残存细菌的繁殖，以利于贮存，需及时进行冷却。冷却后的奶应直接分装，及时分送到消费者。不能立即发送时，应贮存于 4℃左右的冷库中。

6. 灌装

为了便于分送和零售，防止外界杂质、微生物、异味等污染乳成品，并防止维生素等成分受损失而进行灌装。灌装容器有玻璃瓶、塑料瓶、塑料袋和涂塑复合纸袋等。

7. 冷藏

灌装后的消毒奶如未能马上分送和销售，应送入冷库于 4℃左右暂时存放。巴氏杀菌乳的贮藏期，欧美国家为 7 d，我国为 1～2 d。无菌包装乳可在室温下贮藏 3～6 个月。

三、山羊奶的检验

1. 常规检验

(1)色泽、外观与气味　正常的山羊奶是白色或微黄色、均匀一致的液体。由于乳中含有一定量的挥发性脂肪酸，羊奶含有特殊的膻味，在加热时，气味更为显著。静置时乳脂浮于表面，使外观上颜色显得稍黄。

(2)密度测定　将待测羊奶充分搅拌均匀，抽取乳 150～200 mL，将乳沿量筒壁徐徐倒入量筒内，避免产生气泡，然后将比重计轻轻地插入量筒乳的中心，使其徐徐上浮，切勿使其与筒壁相撞，待静置后读数。以乳液面月牙形上部尖端部为准。同时测定乳试样的温度，如果乳的温度不是比重计的标准温度时，需进行换算。一般乳样温度越接近比重计温度，测定结果越准确。正常山羊奶的相对密度为 1.030。

(3)酸度测定

①取 2 mL 的 60%的酒精于试管中，再取等量的乳置于上述试管中，混匀后观察，若出现絮状沉淀，说明乳蛋白的稳定性较差，不予收购，无絮状沉淀出现者可予以收购。

②取被测奶样 10 mL，加入 20 mL 蒸馏水稀释，再加 0.5 mL 酚酞指示剂，然后用 0.1 mol/L 的氢氧化钠进行滴定，滴定到乳样微红色，且 30 s 内不褪色为止，消耗的 0.1 mol/L 的氢氧化钠的毫升数乘以 10，为该奶样的酸度。

正常新鲜的山羊奶酸度为 16～19 °T。

2. 抗生素检测

鲜奶中的抗生素是某些生病羊在进行药物治疗后分泌的乳汁中有药物残留所引起的，抗生素检测是乳品企业生产发酵型酸奶时的必检项目。

取 150 mL 奶样于 250 mL 三角瓶中，在电炉上加热煮沸后，冷却至 42℃，加入 15 mL 经接种后的乳酸菌菌种，然后置于 42℃的培养箱中发酵，1 h 后观察。如果奶样已发酵，证明无抗生素；反之则为异常乳。

3. 掺假山羊奶检验

(1)掺食盐乳的检验　食盐为氯化钠，当食盐掺进乳中，则乳中的氯离子(Cl^-)含量增多，可与硝酸银作用，生成氯化银沉淀，并与铬酸钾作用呈黄色。检验时，取 5 mL 0.1 mol/L 的硝酸银于试管中，加 1 滴 10%K_2CrO_4 溶液混匀呈红色。取样品乳 1 mL 加入试管中，充分摇匀。如红色消失变为黄色，说明乳中含 Cl^- 量在 0.14%以上，(正常乳为 Cl^- 0.09%～0.12%)，折合食盐 0.23%以上。可以认定掺有食盐，也是乳腺炎乳的佐证之一。同时用正常乳做空白对照试验。

(2)掺石灰水乳的检验　正常奶中含钙量小于 1%，加入硫酸钠溶液、玫瑰红酸钠溶液及氯化钡溶液后呈现红色。如果奶中掺有石灰水，则生成硫酸钙沉淀，呈白土色。检验时，取 5 mL 奶样于试管中，加入 1%硫酸钠溶液、1%玫瑰红酸钠溶液及 1%氯化钡溶液各 1 滴，同时用正常奶做空白对照试验。如果奶样中掺入石灰水，则呈白土色沉淀，而正常奶呈红色。

(3)掺碱乳的检验　取奶样 2 mL 于试管中，使试管倾斜，沿管壁小心加入 0.04%的溴百里香草酚蓝乙醇溶液 0.6 mL，然后缓慢转动 3～5 次，静置 2 min，观察环层颜色变化，根据表 7-3-2 判定掺假情况。

(4)掺米汤乳的检验　较多的是掺入小米粥的上清液，取 5 mL 样品乳，于试管中稍稍煮沸，加入数滴碘液(2 g 碘及 3 g 碘化钾溶于 100 mL 蒸馏水中)如有淀粉存在，则有蓝色或青蓝色沉淀物出现，即可判定有米汤的掺入。

表 7-3-2 掺碱乳的检验判定

环层颜色	含碱量	结论判定
黄色	无碱	合格奶
黄绿色	含碱 0.03%	异常奶
淡绿色	含碱 0.05%	异常奶
绿色	含碱≥0.1%	严重异常奶

(5)掺豆浆乳的检验 豆浆中含有皂素,可溶于热水或酒精中,并可与氢氧化钠(钾)反应生成黄色物质,据此进行检测。取样品乳 2 mL,加入乙醇、乙醚 1∶1 混合液 3 mL,25%的氢氧化钠溶液 5 mL,混合摇匀,静置 5～10 min,试管中混合液呈微黄色,则表明乳中掺有豆浆,同时用正常乳做空白对照试验,对照试管中呈乳白色。

(6)掺蔗糖乳的检验 掺杂使假乳往往口感较差,有些不法奶商常常在掺假奶中加入价格便宜的白砂糖来改善鲜奶口感。检验时取样品乳 3 mL,加浓盐酸 0.6 mL,混匀然后加入间苯二酚 0.1～0.5 g,将试管置于沸水浴锅中或酒精灯上灼烧至沸,观察颜色反应。如乳中有蔗糖存在,则试管中溶液呈微红至红色。

(7)掺防腐剂乳的检验 主要为焦亚硫酸钠的监测,取 3 mL 乳样于试管中,滴加 1 滴淀粉试剂(10 g 碘加 20 g 碘化钾溶于 500 mL 蒸馏水中),震荡摇匀 3～5 s,再加 2 滴 1%的淀粉溶液,震荡摇匀观察现象。蓝色正常,白色为含防腐剂。

(8)掺尿素乳的检验 由于各乳品厂家大部分对原料乳实行“按质论价”时往往以蛋白质为主要检测指标,部分不法奶商往往会在鲜奶中加尿素来提高蛋白质含量。取被检样乳 3 mL 放入大试管中,加入 0.05%亚硝酸钠溶液 0.5 mL,加入浓硫酸 1 mL,将胶塞盖紧摇匀,待泡沫消失后向试管中加入约 0.1 g 格里斯试剂。充分摇匀,待 25 min 后观察结果。按奶样颜色变化判定结论,乳样颜色不变色为掺尿素乳,乳样颜色为紫红是为正常乳。本法灵敏度为 0.01%。因此被检乳最少不能低于 2.5 mL。本试验最好与正常乳作对照试验,其结果会更为准确。

(9)掺哺乳动物尿乳的检验 利用方便条件掺假提高蛋白质含量。取原乳 3 mL,加 10%氢氧化钠 4 滴,混匀,加饱和苦味酸 0.6 mL,放置 5 min 后观察现象。乳样颜色为红色则判定为掺尿乳,乳样颜色为黄色则判定为合格乳。该方法掺尿量越多,显色愈快,颜色愈深,最低检出量为 2%。

【知识拓展】

一、常见山羊奶产品加工方法

山羊奶通过加工后,减少了膻味,更容易被消费者接受。下面介绍几种常见的山羊奶产品的加工方法。

(一)奶粉

山羊奶的主要加工产品为奶粉,我国的奶山羊生产基地都建有奶粉加工厂,这些奶粉加工厂对奶山羊的发展起到了很大的推动作用。

奶粉加工的工艺流程为原料奶的检验收购、原料奶的标准化、杀菌、浓缩、喷雾干燥、出粉与包装、出厂。生产奶粉的原料奶必须新鲜、干净、无污染，酸度不应高于20°T。不能及时加工的原料奶可在4～6℃条件下保存。原料奶的成分受品种、泌乳阶段、季节、饲料等因素的影响而不稳定，但产品质量却有一定的规格标准，因此必须对原料奶进行标准化，使原料奶的乳脂率符合产品要求，然后进行杀菌处理，目的是杀死乳中微生物和破坏酶的活性。一般采用高温短时间杀菌法，或超高温瞬时间杀菌法。杀菌后的原料奶接着进行浓缩处理，使干物质含量提高，大多数奶粉厂使用盘管浓缩罐进行"真空浓缩"。喷雾干燥是奶粉加工的主要工艺过程，其原理是将浓缩奶在喷雾干燥器，利用高压或高速离心的方法，将乳汁分散成雾状乳滴，增加表面积，同时送入热风，雾滴与热风接触后其水分能在瞬间蒸发完毕，被干燥成球形的颗粒，落入干燥底部。水蒸气被热风带走，干燥后的奶粉应迅速从干燥室中排出并冷却，速度越快越好，否则会影响奶粉的外观和品质。冷却到28℃以下时即进行包装，然后库存出厂。

(二)酸奶

1. 原料奶的要求

制作酸奶的原料奶质量要求最高，即含细菌数最低，同时不含青霉素、噬菌体、清洗剂和消毒剂等，初乳、乳腺炎乳、掺假乳和其他异常乳也不能作为制作酸奶的原料奶。

2. 标准化和均质

根据所生产的酸奶新产品的要求调整乳脂率，通过均质提高酸奶的稳定性、稠度和防止脂肪上浮。小规模生产的酸奶一般可省去酸奶的标准化和均质。

3. 杀菌

制作酸奶的原料奶在接种前还需要进行巴氏杀菌，在90～95℃下保持5 min的杀菌效果最好。乳清蛋白的变性，可增加酸乳的稳定性。

4. 冷却与接种

杀菌后的原料奶可用自来水冷却，至40～45℃时接种。制作酸奶时一般使用保加利亚乳酸杆菌和嗜热链球菌的混合菌种，比例为1∶1或1∶2，国内外目前均有商品化的混合菌种，用菌种接种时必须对接种量、时间和湿度进行严格控制。家庭制作时也可用酸奶作为发酵剂接种，加入量一般为3%～5%。菌种加入量控制不严格时，容易导致酸奶酸度过高、过低或产生其他不良风味物质。

5. 发酵

原料奶接种后可立即装瓶，在容器内发酵，发酵温度为37～42℃，但低温度发酵的酸奶质量较好，温度过高，容易造成乳清析出，影响组织结构和外观。发酵的同时应注意监测pH，当pH超过4.5～4.7这个范围时，即可停止发酵。37℃发酵时间为8～12 h。

6. 冷藏

酸奶发酵达到所要求的pH后，应迅速降温至10～15℃，进行冷藏，如果消费者喜欢口味较甜的酸奶，可在杀菌前加入蔗糖或葡萄糖等。

(三)黄油

1. 稀奶油的分离

就是利用乳脂分离机将鲜奶中的脂肪分离出来，分离后所得的脂肪即稀奶油，其余部分为脱脂乳。稀奶油的含脂率依分离机和工艺的不同而异，一般为25%～45%。

2. 原料的标准化

制造黄油的稀奶油含脂率以30%～35%为宜，这样可以保证黄油的质量并减少损失，稀奶油含脂量应适当，有利于乳酸菌的繁殖，制作出的黄油香味也浓，但若脂肪含量过高，则会造成堵塞分离机，损失乳脂的现象，因此黄油制作时一定要进行稀奶油标准化。

3. 杀菌

稀奶油一般采用95℃或更高温度下的巴氏杀菌，热处理必须到破坏其中过氧化物酶活性的程度，但过高会引起蒸煮味。

4. 细菌发酵

制作酸性黄油必须在杀菌冷却后的稀奶油中加入产酸细菌，在发酵罐中进行生物化学成熟，使发酵剂在稀奶油中成熟产生强烈的香味和酸度，然后进行物理成熟，稀奶油中添加工作发酵剂的量随稀奶油中脂肪的软硬而变化，含硬脂肪高用1%，含软脂肪高则用7%。制作普通(甜性)黄油时，可将稀奶油直接送入发酵罐中进行物理成熟。

5. 热处理与搅拌

热处理可使黄油成品有合适的硬度，并易于搅拌，搅拌前先将稀奶油的温度调整到适宜范围，冬季10～14℃，夏季8～10℃，搅拌器中的稀奶油不能装得过满，以40%～50%为宜，以便预留起泡空间。搅拌一定要充分，排除酪乳的含脂率应在0.5%以下。

6. 洗涤与压炼

洗涤奶油粒的水应是放凉的沸水，温度为3～10℃，夏季宜低，冬季略高，一般洗涤2～3次，发酵过度的可多洗，经洗涤后的黄油以颗粒状存在，尚有一定的水分和空气，不利于切块成型，容易产生霉菌，压炼可排除多余的水分。一般多采用手工压炼，压炼后的黄油是干燥的，肉眼看不到水分，凝结成特定结构的团块。

7. 包装与冷藏

包装黄油可防止与空气接触，减轻氧化程度，延长保存期，冷却到5℃的小包装黄油可存放24～48 h，需要长期保存的黄油必须在−25℃下冷冻。

(四)奶酪

1. 原料奶的杀菌

制作奶酪的原料必须新鲜，不含青霉素一类抗菌素。原奶杀菌一般采用巴氏杀菌，处理温度71～72℃，保持15 s即可。

2. 冷却与接种菌种

将盛装杀菌后原料奶的容器浸入自来水中搅拌冷却，待奶温降低至30～32℃后按原料奶0.5%～1%的比例加入菌种，同时轻轻搅拌均匀。

3. 添加凝乳酶

加入菌种后静置10 min左右再添加凝乳酶(添加量根据活性确定)，搅拌均匀后加盖。

4. 切割

静置30 min之后，检查凝乳，若符合要求即可切割成1 cm^3 左右的小块。

5. 排出乳清

切割静置15 min后乳清已有析出，即可排乳清，为了排出更多的乳清，可加入60℃左右的热水(加入量要严格控制,不能使温度高于 30℃),促使凝块收缩和乳清排出。

6. 加盐与压模

排出乳清后可加入凝块重量 2.5%左右的食盐,然后装模压榨。

7. 成熟与保藏

压榨后的奶酪块可至于温度为 10~4℃,相对湿度为 88%~89%的环境中成熟。成熟后的奶酪应在 7~10℃条件下贮藏。

【学习自测】

一、知识自测

1. 羊奶营养丰富,易于吸收,被人们称为________。

2. 奶山羊的泌乳期依照泌乳规律可分为 4 个阶段,即________、________、________和________。

3. 母羊产羔后 20 d 内为________,也叫恢复期。

4. 母羊产后 21~120 d 为泌乳高峰期,其中____ d 产奶量最高,大约占全泌乳期产奶量的________。

5. 人工挤奶的方法有________和________法。

6. 每天挤奶要做到"三定"。即每天挤奶要________、________、________,不要随意变更。

7. 羊奶品质检验的指标是________ 。

A. 密度　　B. 气味　　C. 卫生检查　　D. 以上都是

8. 母羊产后________ 天为泌乳后期。

A. 密度　　B. 气味　　C. 卫生检查　　D. 以上都是

9. 目前的奶山羊挤奶机,每小时可挤________只羊。

A. 10　　B. 20　　C. 30　　D. 100~200

10. 山羊奶中的蛋白质含量很高,其中 10 种必需氨基酸除________氨基酸外其他 9 种都比牛奶中含量要高。

A. 蛋氨酸　　B. 亮氨酸　　C. 苏氨酸　　D. 精氨酸

二、技能自测

1. 奶山羊的挤奶方法有哪些? 各有什么优点?
2. 怎样给奶山羊干奶?
3. 奶山羊人工挤奶的操作规程。

【课外学习指南】

一、学习网站

1. 爱课程网(http://www.icourses.cn/home),《牛羊生产》国家精品资源共享课程网页。
2. 牛羊生产国家精品课程网站(http://58.222.253.142/2007/niuyang/)。

3. 中国养殖网(www.chinabreed.com)。

二、规范、标准

1. 100NY/T 1236—2006 绵、山羊生产性能测定技术规范。
2. 238GB/T 5009.46—2003 乳与乳制品卫生标准的分析方法。
3. 244GB/T 5413.30—1997 乳与乳粉 杂质度的测定。
4. 339SN/T 1749—2006 鲜乳中菌落总数快速测定 阻抗法。

三、参考文献

1. 范颖,宋连喜.羊生产,北京:中国农业大学出版社,2008.
2. 张英杰.羊生产学.北京:中国农业大学出版社,2010.
3. 刘海霞.牛羊生产.北京:中国农业出版社,2012.
4. 赵有璋.羊生产学.北京:中国农业出版社,2002.
5. 杨和平.牛羊生产.北京:中国农业出版社,2001.
6. 岳文斌.现代养羊.北京:中国农业出版社,2000.
7. 李健文.奶山羊高效益饲养技术.北京:金盾出版社,2005.
8. 崔中林.奶山羊无公害养殖综合技术.北京:中国农业出版社,2002.

【资料卡】

山羊奶的去膻技术

1. 破坏角间腺　在羔羊出生后 5～10 d(不要超过 15 d),在去角的同时,用火烙或电烙铁烧烙除去产生膻味的脂质细胞团,即可达到去膻的目的。

2. 鞣酸脱膻　煮奶时加入少许茉莉花茶,煮开后,将茶叶滤除即可脱去膻味。这种方法处理的羊奶,色泽虽略微发黄,但奶味清香,别具风味。

3. 杏仁酸脱膻　煮奶时,放入一些杏仁、橘皮、红枣,不仅气味芳香,顺气开胃,而且还可大补气血。

4. 生物脱膻　在羊奶中加入乳酸菌,通过发酵产生香味掩盖羊奶膻味,如生产酸奶、干酪,就可减除膻味。

项目8

绒山羊生产

知识目标

- 了解影响山羊绒生长及山羊绒品质的主要因素。
- 基本掌握山羊绒的生长机理。
- 掌握我国现行的山羊绒分类定等标准及方法。

技能目标

- 了解绒山羊的饲养方式。
- 熟练掌握绒山羊的一般管理技术。
- 掌握绒山羊舍饲饲养管理技术规范。

山羊绒被誉为纤维宝石，它洁白如玉，轻盈如云，其制品以其柔软温暖、高雅靓丽而著称于世，备受消费者青睐。受地理分布、气候条件和生态环境的影响，世界的山羊绒资源十分有限，其发展空间也较为狭窄。据业内专家预测，山羊绒作为高档精纺工业的原料，在未来的几十年时间里将一直是供不应求的紧俏商品。我国是山羊绒生产大国，具有世界领先的品种优势，山羊绒生产所使用的品种均来自于具有自主知识产权的地方品种，年产山羊绒约 1.5 万 t，山羊绒产量和国际贸易量均占世界总量的 60%左右。

任务1　绒山羊的一般管理技术

【任务描述】

日常管理是绒山羊生产中很重要的环节。通过整群编号、梳绒、药浴、修蹄等管理，以保证绒山羊的产绒量、绒毛质量、繁殖率、羔羊成活率等生产性能。因此，掌握科学的管理方法，对于绒山羊高效益生产具有决定性意义。

【任务分析】

学习本任务要密切联系生产实际，了解山羊绒毛生长发育的规律，影响山羊绒毛生长和山羊绒品质的因素，熟悉绒山羊日常管理技术，通过校内外实训基地的训练，熟练掌握山羊的整群与编号、梳绒、药浴及修蹄等管理工作。

【任务实施】

一、整群与编号

1. 整群

羊只的整群一般在一个生产年度结束后进行，即羔羊断乳后进行，通常在9月份。具体操作是：羔羊达4月龄断乳后组成育成公、母羊群，上一年度的育成羊转成后备羊，后备羊转入成年羊群。每年都要对羊群进行整顿，对生产性能差、有繁殖障碍的、年老的、有特殊病的羊只进行淘汰，及时补充同类羊只。每年每群的淘汰率应保持在15%～20%，以保证羊群的正常生产。对于同类羊只难以组群的，应选择生产性能、年龄、体质等相近的羊组成一群，以利于生产和育种。

羊群结构比例为：成年公羊20～30只/群、后备公羊30～40只/群、育成公羊50～60只/群、成年母羊50～60只/群、后备母羊60～70只/群、育成母羊60～70只/群。成年公羊应占羊只总数的15%，后备母羊、育成母羊应占羊群总数的20%，以便羊只能够得到更新换代。

2. 编号

羊只的个体编号是绒山羊育种工作中一项不可缺少的技术工作，要求有一定的科学性和系统性，简明，易识别，字迹清晰耐久，不易脱落，便于进行资料的统计、保存和管理。

耳标法是目前最常用的方法，通常用塑料耳标书写或烫印羊只编号，具有易于识别、字迹清晰耐久等优点。一般耳标可编有年号、圈号、个体号。个体号一般用单数代表公羊，双数代表母羊，这样便于进行资料统计和微机管理。

二、梳绒

脱绒是绒山羊固有的生物学特性，季节性很强，只有在脱绒季节才能梳绒。

1. 梳绒时间

绒山羊每年梳绒一次，当绒毛根部与皮肤脱离时(俗称“起浮”)，梳绒最为适宜，一般在4～5月份进行。绒山羊脱绒有一定的规律：从羊体位上来看，前躯先于后躯脱绒；从羊的年龄和性别来看，年龄大的比年龄小的先脱绒，母羊比公羊先脱绒；从不同生理时期来看，哺乳羊比妊娠羊先脱绒，妊娠羊比空怀羊先脱绒；从营养状况来看，膘情好的比膘情差的先脱绒；个别病羊由于用药也容易早脱绒。总之，个体之间由于饲养水平、个体差异等不同脱绒时间有所不同，应根据具体情况来定梳绒时间。

2. 梳绒工具

梳绒用的钢丝梳子分两种：一种是稀梳，由8～10根钢丝组成，钢丝间距为1～1.5 cm；一种是密梳，由12～14根钢丝组成，钢丝间距为0.5～1.0 cm。钢丝直径均为0.3 cm，梳子前端弯成钩状，磨成秃圆形，顶端要整齐，钢丝之间由一个中间一排均匀的略大于钢丝直径圆眼的整钢片连接，钢片可平行滑动，使之梳绒时保持钢丝平行。

3. 梳绒方法

梳绒前一周要培训好梳绒人员，检修梳绒工具，准备好梳绒场所，进行清扫、消毒，备好梳绒记录。梳绒时先用剪子将羊毛打梢(不要剪掉绒尖)。然后将羊角用绳子拴住，随之将羊侧卧在干净地方，其贴地面的前肢和后肢绑在一起，梳绒者将脚插入其中(以防羊只翻身，发生肠捻转)。首先用稀梳顺毛方向，轻轻地由上至下把羊身上沾带的碎草、粪块及污垢清理掉。然后用梳子从头部梳起，一只手在梳子上面稍下压帮助另一只手梳绒。手劲要均匀，并轻快有力地弹打在绒丛上，不要平梳，以免梳顺耙不挂绒。一般梳子与羊体表面呈 30°～45°角，距离要短，顺毛沿颈、肩、背、腰、股、腹等部位依次进行梳绒。梳子上的绒积存到一定数量后，将羊绒从梳子上退下来(一梳子可积绒 50～100 g)，放入干净的桶中。这样，羊绒紧缩成片，易包装不丢失。稀梳抓梳完后，再用密梳逆毛抓梳一遍至梳净为止。一侧梳好后再梳另一侧，并做好梳绒记录。因起伏程度不同，有的羊只一次很难梳净，过 1 周左右再梳绒一次。对羔羊、育成羊和个别比较难梳绒的个体采取剪绒。剪绒的方法有手工剪和机械剪两种。剪绒时将羊保定，一般从尾根部或四肢开始剪，这样利于操作。每只羊每次梳绒后要及时填写梳绒记录。

4. 注意事项

要选晴天梳绒，梳绒前后避免雨淋，预防感冒。羊只梳绒前要禁食 12～18 h。梳绒时要轻而稳，贴近皮肤，快而均匀，切记过猛，以防伤耙(皮肤脱离肌肉，损伤绒毛囊，伤后将不再生长绒毛)。羊的后背十字部位最易伤耙，梳该部位绒时应加倍小心。注意保定羊的头部，避免机械性创伤；对妊娠羊只动作要轻，以防流产，最好产羔后梳绒；对无法梳绒的个体可用长剪紧贴皮肤将绒毛剪下。春羔一般在当年 6 月上旬剪绒毛为宜。冬羔一般在翌年 7 月份才开始脱绒，该季节因气候炎热，不利于机体散热，易造成皮肤病，且不便体表驱虫，对生长发育有不良影响，应在 5 月中旬剪下绒毛为宜。育成羊只大多数脱绒较晚，特别是绒毛密度好、产绒量高的个体脱绒时间更晚，如果硬梳不但损伤绒毛囊，还易损伤羊只，因此，也应在 5 月上旬将绒毛剪下。有的羊只因趴卧，腿、腹部绒毛粘连在一起无法梳绒，只能采取类似于绵羊剪毛的方法将绒毛一并剪下，对于这类羊只剪绒后应单独饲养一段时间，以防被其他羊顶伤。对患有皮肤病的羊只要单独梳绒，耙子用后要消毒，以防传染；对体弱羊只也应单独梳绒。梳绒时要注意羊只的眼部、耳部安全，还应保护好乳房、包皮等器官，扯坏的地方，要涂碘酒消毒，必要时做缝合处理。放倒羊时要按一个方向，即从哪侧放倒，要从哪侧立起，以防羊只大翻身出现肠捻转、臌气而导致猝死。梳绒以后，要注意羊舍温度，以防羊只感冒。随时观察羊只有无异样，如发现精神不振、不食草，应检查是否有伤疤或其他原因，以便及时治疗。

三、药浴

定期药浴是防治羊体表寄生虫的一个重要的保健环节。常用药品有敌杀死、蝇毒灵、螨净等。一般在专用的药浴池内或大的容器内进行浸浴。浸浴的方式较笨重，费工费药，但药浴效果较彻底。目前，由于各种便携式的手动、电动喷淋设备的普及，无论是各类规模的羊场还是农户，都在应用喷雾法进行药浴，这种方法经济、简捷，便于定期对羊群进行体表寄生虫的防治。

药浴过程中要注意药品的对症应用和浓度的配比。药品应用要对症，浓度配比要按说明准确配制，既要防止过量造成羊只中毒，又要防止因浓度不足而达不到好的防治效果。在进行大批羊只药浴前，要用少量羊只进行试验，确认不会引起中毒时，才能大规模地进行全群药浴。

四、修蹄

由于舍饲的奶山羊运动量小，蹄角质的磨损速度小于生长速度，常因过度生长造成蹄变形。变形蹄影响行动，甚至导致四肢患病。所以，要按时检查，发现变形蹄要及时修蹄。修蹄时用削蹄刀削去生长过长的蹄角质，先修前蹄，后修后蹄，注意要使蹄前壁和蹄底保持适合的角度，前蹄45°角，后蹄50°角。不要过度切削蹄底，以免出血。若有轻微出血可涂以碘酊，出血多可用烙铁法止血，用烙铁止血时动作要快，否则会烫伤羊蹄。

五、羯羊育肥

去势的羊称为羯羊。羯羊肥育的目的就是将不能作种的公羊去势，在较短的时间内进行肥育，以换取最大的经济效益。

1. 选择育肥羊

选择不宜作种用的5～6月龄公羔在早秋去势，经4～6个月的肥育至翌年的3～4月份抓绒以后出售或屠宰。这样即保障了绒的价值，又保证了增重。去势的公羊较未去势的公羊可增加产绒量30%～40%，增加体重10%～20%，可获较高经济效益，正常情况下每头可盈利100～200元。

2. 育肥方法

主要分为放牧育肥和短期优饲育肥，放牧育肥主要在牧区较为普遍，而在农区则通常采用短期优饲肥育方法。短期优饲育肥所需营养要全面，能量水平要高。粗饲料可利用农区丰富的玉米秸秆、豆秸、麦秸、地瓜秧、各种树叶、蒿草等；优质牧草如苜蓿草、三叶草、杂花草等；糟渣类如白酒糟、豆腐渣、甜菜渣等。精料如玉米、豆粕、棉籽粕等。精粗料的比例一般在(60%～70%)：(40%～30%)。建议日粮：粗料0.5～0.7 kg，苜蓿草0.2～0.3 kg，混合精料0.3～0.5 kg。混合精料推荐配方：①玉米55%，麸皮15%，棉籽粕20%，豆粕8%，食盐1%，维生素、矿物质、微量元素1%(具体数量按说明)；②玉米40%，酒糟20%，棉籽粕20%，豆粕8%，麸皮10%，食盐1%，维生素、矿物质、微量元素1%。

3. 育肥羯羊的管理

羯羊育肥时，在组成肥育群后，应立即进行预防注射和体内、外寄生虫驱虫。在北方地区羯羊的育肥期通常是在深秋、冬季进行，所以要注意防寒保温，应保证圈内温度在10℃以上，以减少维持需要，以利于肥育羊增重。

【资料卡】

开司米

山羊绒亦称开司米(Cashmere)，最早产自喜马拉雅山的克什米尔及其附近地区，其最贴切的英文名词为Down，意指着生在长毛下部的绒毛。山羊绒细而柔软，轻而保暖，被誉为纤维中的宝石，是任何天然或人造纤维不能比拟的，具有极高的经济价值。中国是世界上绒山羊数量分布最多、绒纤维产量最高、羊绒品质最好的国家。20世纪70年代以来，由于山羊绒的重要经济价值和山羊的多种用途，引起越来越多国家对绒山羊的关注和重视。澳大利亚、新西兰、苏格兰、美国也相继开始发展绒山羊生产。

【知识拓展】

一、山羊绒的生长

山羊绒是着生在山羊皮肤长毛纤维周围无髓且直径较小的绒毛纤维，它是由绒山羊的次级毛囊生成的。毛囊由位于皮肤内包围于毛根外的毛根鞘和结缔组织鞘构成。绒山羊的毛囊根据发生时间和结构特点，分为初级毛囊和次级毛囊。两种毛囊的直径大小、在皮肤中的着生深度、生长的纤维种类和附属结构都不相同。

(一)初级毛囊

初级毛囊在皮肤中着生的深度大，深入到真皮网状层，直径粗，生长有髓毛、两型毛或无髓毛。伴有一对较大的皮脂腺、汗腺和竖毛肌。初级毛囊以 60°～70°角深入皮内。大多数可穿过乳头层，抵达网状层深度的 60％～80％。毛囊下部多为弯曲，有的弯曲成接近直角，有的弯曲呈鱼钩形。

(二)次级毛囊

次级毛囊在皮肤中着生在真皮乳头层，直径小，生长山羊绒，只伴有小型皮脂腺，无竖毛肌和汗腺。毛囊底部常成为乳头层和网状层的天然界限。

(三)毛囊群

初级毛囊和次级毛囊在皮肤内有规则地分布，周围由结缔组织环绕或部分环绕形成毛囊群，呈椭圆形。毛囊群间的分隔在真皮近表皮处明显，在真皮深层不明显，初级毛囊排列有一定规律，多分布于毛群的同一侧，相邻毛囊群也呈有规则地形成一排，各毛囊群间结缔组织分隔明显。一个毛囊群由一个或几个初级毛囊与若干个次级毛囊组成，由一个初级毛囊与若干个次级毛囊组成的毛囊群叫一毛群，其余以此类推。

(四)次级毛囊的发育和活动周期

绒山羊的次级毛囊在羔羊出生前就已开始生长。次级毛囊的活动周期长达 10～11 个月，毛囊球细胞的有丝分裂在春季时较低，随着日照时间的增加其有丝分裂逐渐加强，夏至前后达到最高峰，而后下降，秋季再次上升，冬季下降，最冷时停止。在上一产绒周期绒毛脱落之前，次级毛囊就开始活动，其进行频繁的有丝分裂是在重建毛囊。新生细胞用于生成新的内外根鞘，增加毛囊长度，而不是生成新绒纤维。

(五)绒纤维生长

受次级毛囊活动周期的影响，绒纤维的生长具有明显的季节性，我国的绒山羊品种一般在每年的 6 月下旬至 8 月初开始长出皮肤表面，此后生长速度逐步加快，到 9 月份时达到最高峰。此后生长速度逐渐趋缓，到翌年的 1 月下旬停止生长，进入休止期。到 4 月中旬后开始脱离皮肤表面，此时梳绒最为适宜。

二、影响山羊绒毛生长的因素

(一)遗传因素

不同绒山羊品种的遗传特性是绒毛生长最主要的影响因素，它在次级毛囊的发育和活动、绒毛生长周期的长度以及生长强度方面起到最重要的决定作用。例如，辽宁绒山羊的羔羊出生时次级毛囊约成熟20%左右，甚至有些品种的羔羊在出生时皮肤上就带有绒毛。而一些国外的绒山羊品种在生后20 d时次级毛囊才开始生长。辽宁绒山羊的长绒周期通常比其他品种长1.5～2个月，新近选育出的常年长绒型新品系，打破了绒山羊季节性长绒的一般规律，绒毛在常年生长，而且有很多个体在一个次级毛囊着生两根绒纤维，在世界众多绒山羊品种中是绝无仅有的，这些差异主要是遗传因素造成的。

(二)生态地理因素

在生态地理因素中，纬度、经度和海拔主要决定地区水热条件的水平地带规律和垂直地带性规律。这三个重要生态因素决定着不同地区的气候环境和水、热、光照和植被类型，在这些因素的长期综合作用下，决定了分布在特定地区绒山羊绒毛生长的环境条件。尤其是温度条件对绒毛生长的影响最为重要。早在1854年威尔逊(Wilson)就指出："动物绒毛含量与温度呈反比，而粗毛含量与温度呈正比"，这就是著名的威尔逊法则。我国北方绒山羊生长密厚绒毛，而南方亚热带的马头山羊只长很短的粗毛。分布在热带广东湛江的雷州山羊只长粗毛不生绒毛。光照对羊绒生长影响的机理是通过对体内生理状况的改变和对内分泌系统的调节而起作用，在非长绒季节，通过人工改变光照环境的手段，也可不同程度地诱发山羊长绒。

(三)营养因素

绒山羊与绵羊相比，营养的供给水平对毛绒生长的影响既有相同之处，又有特异之点。其相同之处在于如营养的供给水平不能满足其维持需要，则将显著地影响羊毛或羊绒的生长；而在满足维持需要的基础上，进一步提高营养水平，对绵羊而言将显著地提高羊毛的产量；对绒山羊而言，供给略高于维持需要的能量和相应的蛋白质，即可满足正常绒毛生长的需要，过高的营养水平并不能显著地增加绒的生长，而只能增加粗毛的生长。此外，绒山羊在胎儿期和育成期，如营养匮乏，会导致次级毛囊发育受阻，将影响终身绒毛生长。

(四)生理因素

性别、年龄和生理状态是影响绒毛生长的主要生理因素。一般而言，成年公羊的绒毛生长要优于成年母羊，去势后的羯羊要优于未经去势的公羊，妊娠母羊要优于空怀母羊，怀单羔的母羊要优于怀双羔的母羊，而周岁的育成母羊和公羊相差不大。育成羊的绒毛生长强度通常是成年羊的65%左右，而2岁的后备羊通常是成年羊的80%左右。3～5岁是绒山羊绒毛生长强度最旺盛的时期，6岁以后逐渐下降。此外，由于疾病、应激、流产、采精过度等因素所造成的生理伤害都能直接影响绒毛的正常生长。

三、山羊绒的分类和分等

(一)山羊绒的分类

山羊绒通常按颜色可分为白、紫、青、红四类,其中白绒易着色,所以最为珍贵,仅占世界羊绒产量的30%。中国的山羊绒中白绒占50%以上,其次是紫绒,最少为青绒和红绒,不到5%。从物理性状来看,紫绒最细,青绒次之,白绒略粗;白绒最长,青绒比紫绒粗而长,但强力不如紫绒。

(二)山羊绒的分等

山羊绒纤维直径(即细度)是反映其品质的主要指标,是衡量山羊绒价值的重要性状。中国纤维检验局于2000年制定了中国山羊绒国家标准GB 18267—2000,规定的检测项目中列入了商品原绒检测要求,并规定了按纤维直径定型,在纤维直径内按长度定等的具体分类分级办法,并以品质特点为参考指标。中国山羊原绒等级见表8-1-1。

表8-1-1　中国山羊原绒等级

<table>
<tr><th>型号</th><th>平均直径
/μm</th><th>等级</th><th>手扯度
/mm</th><th>品质特征</th></tr>
<tr><td rowspan="2">特细型</td><td rowspan="2">≤14.5</td><td>一</td><td>≥40</td><td rowspan="2">自然颜色,光泽明亮而柔和,手感光滑细腻。纤维强力和弹性好,含有微量易于脱落的皮屑</td></tr>
<tr><td>二</td><td><40</td></tr>
<tr><td rowspan="4">细型</td><td rowspan="4">>14.5
<16.0</td><td>一</td><td>≥43</td><td rowspan="4">自然颜色,光泽明亮,手感柔软。纤维强力和弹性好。含有少量易于脱落的皮屑</td></tr>
<tr><td>二</td><td>≥40</td></tr>
<tr><td>三</td><td>≥33</td></tr>
<tr><td>四</td><td><33</td></tr>
<tr><td rowspan="2">粗型</td><td rowspan="2">≥16.0</td><td>一</td><td>≥45</td><td rowspan="2">自然颜色,光泽好,手感好。纤维有弹性,强力较好,含有少量易于脱落的皮屑</td></tr>
<tr><td>二</td><td><45</td></tr>
</table>

总而言之,对山羊绒总的质量要求是,颜色洁白、绒细而长、富有弹性、强力好、手感柔软细腻、净绒率或含绒率高。

四、影响山羊绒毛品质的因素

(一)杂交改良

由于不同品种绒毛品质的遗传特性的差异,在进行品种间杂交的过程中,尤其是在绒毛品质差异较大的品种间进行杂交改良时,往往会导致杂交后代绒毛品质的改变。例如用高产的白绒山羊品种改良杂色的低产绒山羊品种,改良二代的白羔可达80%以上,绒长可提高1～2 cm,净绒率可提高8%～15%。同时绒纤维直径也相应地增加0.5～1.0 μm。

(二)生态环境

与所有家畜相比,山羊对各种生态环境具有更为广泛的适应能力。在多种生态环境中,对绒山羊绒毛细度长度以及光泽、弹性、白度的影响主要是通过气候因子和植被类型的变化而发生作用。同一品种长期饲养在不同的地域生态条件下,绒毛品质也在逐渐地发生改变。大量的研究观察表明,将原始培育在半湿润半干旱地区的高产品种迁移到干旱地区,在同样的营养水平和饲养管理制度下,绒毛的纤维直径有逐渐降低的趋势。将原始培育在温暖地区的品种引进到寒冷地区,绒毛长度逐代增长。

(三)饲养制度

饲养制度直接关系到绒山羊的营养水平和生存环境。一般而言,与放牧制度相比,在舍饲和半舍饲条件下,由于绒山羊的营养供应比较均衡,生存环境比较舒适,致使绒毛长度增加,同根羊绒纤维细度比较均匀,但是绒的直径也略有增粗。

(四)性别和年龄

我国的绒山羊品种公、母羊的绒纤维直径都存在差异,这种差异基本上是来自营养和环境的共同影响。越是培育程度高,营养条件好的品种公羊羊绒直径和长度略高于母羊;选育程度低、补饲条件差的品种母羊的羊绒直径略大于公羊,但羊绒长度基本相似。我国的大部分绒山羊品种的羊绒直径和长度在不同的年龄间存在较大差异,其中成年羊的羊绒直径通常比 2 岁羊粗 1.0～1.5 μm,比周岁羊粗 1.5～2.0 μm,但绒纤维长度也随之相应地增加 1～2 cm。成年羊在 5～6 岁后,绒纤维直径和长度略有下降,初步认为与其生理代谢机能减弱有关。

(五)性状间的相关

大量的统计分析结果表明,几乎所有的绒山羊品种绒毛品质性状间存在显著的正相关关系。内蒙古绒山羊绒长与绒细的表型相关系数为 0.17,遗传相关系数为 0.56;辽宁绒山羊绒长与绒细的表型相关系数为 0.19,遗传相关系数为 0.67。通过对全国十个品种所有绒山羊母羊的羊绒长度和直径的相关性分析,二者的相关系数为 0.274。羊绒长度的增加会使产绒量增加,二者的表型相关系数为 0.26,遗传相关为 0.91。所以在我国绒山羊发展中,对于羊绒纤维直径、长度和产绒量必须科学认识和正确对待产量和品质之间的相关关系。

任务 2 绒山羊精养舍饲技术规范

【任务描述】

实现绒山羊生产、繁殖和育种工作的标准化,按照绒山羊精养舍饲工程技术要求,在建筑环境、羊舍建筑、绒山羊的选择及改良、饲养管理、卫生防疫、疫病监测与检疫、档案记录等方面进行技术规范操作。

【任务分析】

通过本任务的学习，使学生了解绒山羊的饲养方式，掌握舍饲精养条件下种公羊，种母羊和后备公母羊饲养管理技术规范。应结合校外绒山羊生产实训基地，在教师的指导下，调查我国绒山羊生产状况。并比较不同饲养方式绒山羊生产效益。

【任务实施】

一、种公羊饲养管理

1. 种公羊的选择

应用绒山羊精养舍饲工程技术的饲养户，饲养的种公羊必须达到国家绒山羊一级或特级种公羊以上水平，方可进行本交改良。

2. 种公羊健康检查

通过检查配种预备期的种公羊是否健康，选留体格健壮，膘情好的种公羊备用；检查种公羊蹄部是否平整，若蹄过长或不平整要进行修蹄，若蹄弱，需适当补钙、维生素和微量元素以达到配种要求；检查种公羊是否患有寄生虫病或其他疾病，并及时治疗；检查种公羊精液品质，每周两次，做好记录，对精液密度差（中等以下）、活力低（0.4 以下）的种公羊应加强运动和营养，若经过 2 周的调养精液品质仍未有提高，则要考虑弃用此羊。

3. 配种期日粮

精料（玉米、豆粕、骨粉等）1.25～1.5 kg/（只・d），精料具体比例为：玉米 73%、饼粕类 25%、骨粉 1%、食盐 1%、微量元素和多种维生素按标准添加，另外可根据具体情况每天补饲鸡蛋 4～6 枚；粗料：种公羊所食粗料要营养丰富，含能量、粗蛋白较多，具体有：苜蓿草、羊草、杂花草、地瓜秧、各种树叶、秸秆等。种公羊每日每只需粗料 1～1.5 kg，其中苜蓿草应占 30%～40%。青绿饲料：枯草期每天每只应补充胡萝卜、萝卜 0.3～0.5 kg，有条件可以补充青贮饲料 0.5～0.75 kg。在青草期应以青草为主，每天每只 3～4 kg。

4. 非配种期种公羊管理

非配种期指的是配种结束后的恢复期。该期要加强饲养管理，尽快恢复体况，达到中上等膘情，保持种公羊的健康，每天要保持上下午各运动 1 次，每次 1 h。每天喂草 3 次，饮水 2 次，喂料 2 次。非配种期日粮为：精料 0.5～0.7 kg，粗料 1～1.5 kg（其中优质牧草如苜蓿草等应占 20%～30%），食盐 10～15 g，矿物质、维生素、微量元素按需要添加。配种结束恢复到配种前状况大约需要 20～30 d，此时仍按配种期日粮要求，逐渐过渡到非配种期日粮。

二、母羊饲养管理

（一）基础母羊的选择

基础母羊应达到国家三级以上水平。即体型外貌基本符合品种特性要求，基础母羊产绒量为 400 g 以上。

(二)绒山羊的改良

应用绒山羊精养舍饲工程技术的饲养户,母羊的配种采用辽宁绒山羊原种场提供的特级种公羊精液,实施同期发情及人工输精。

(三)空怀期的饲养管理

空怀期是指从羔羊断乳至下期配种前的2～3个月时间。饲养任务是恢复母羊体况,增加体重,补偿哺乳期消耗,为下次配种做好准备。加强空怀期的饲养管理对母羊的情期受胎率、双羔率有一定益处。

1. 适时断乳

根据具体情况,尽可能羔羊早断乳、分群,以减轻母羊负担。

2. 加强营养

补偿哺乳消耗,日喂:混合精料0.2～0.3 kg,优质干草0.3～0.5 kg,秸秆等粗料自由采食。对体质较差、体况瘦弱的羊要适当增加混合精料的补给,使母羊在配种前达7～8成膘,要把握好膘情,切忌过肥。

3. 短期优饲

在配种前20～30 d采取短期优饲,增加优质干草、混合精料给量,同时加强运动,促进母羊集中发情,可以提高双羔率5%～10%。

4. 驱虫、防疫

对母羊全群体内、外寄生虫进行驱虫,布氏杆菌检疫,在配种前三周注射口蹄疫疫苗。

(四)妊娠期饲养管理

1. 妊娠前期饲养管理(受胎的前3个月)

实施精养舍饲妊娠前期的绒山羊,日喂0.3～0.5 kg混合精料,优质干草和秸秆各0.5～0.7 kg,钙4～5 g,磷2～3 g,维生素、微量元素适量,自由啖盐。

2. 妊娠后期饲养管理(受胎第4～5个月)

要加强管理,防止顶撞挤压,每日补饲混合精料0.5～0.7 kg,自分娩前10 d停止,优质干草和秸秆各0.5～0.7 kg,青贮料、胡萝卜各0.25 kg,钙8～12 g,磷4～6 g,维生素、微量元素适量,自由啖盐。每天上、下午各驱赶运动1.5 h,2.5 km左右,在圈舍内进行。

(五)分娩期饲养管理

接产和护理是这一时期的主要工作。新生羔羊一定要吃到初乳,因为初乳的营养价值高,蛋白质含量高、维生素种类齐全搭配合理、微量元素含量丰富,其中含有较多的镁盐,具有轻泻的作用,有利于胎便的排出,更重要的是初乳中含有大量的酶和免疫球蛋白,可以增强羔羊的抗病力。产羔母羊单圈饲养,母羊混合精料补饲恢复到妊娠后期水平,另增加苜蓿干草、青贮料各0.25 kg,一直到断奶前,增、减料应逐步进行。

(六)哺乳期的饲养管理

哺乳期为绒山羊产后至断奶这段时间,一般为3～4个月,前2个月为哺乳前期,后2个月为哺乳后期。

1. 哺乳前期

饲养管理主要是恢复产羔母羊体质，满足羔羊哺乳需要。要保证哺乳定时，每天哺乳3～4次。对双羔或一胎多羔母羊应给予单独补饲，保证羔羊哺乳。注意哺乳卫生，防止发生乳腺炎。

2. 哺乳后期

随着羔羊采食量增加，羔羊已逐渐具备采食植物性饲料的能力，母羊泌乳能力下降。日粮中精料标准可调整为哺乳期的70%。

三、后备羊的饲养管理

(一)羔羊饲养管理

羔羊要重视早期培育，羔羊是羊一生中生长发育强度最大而又最难的一个阶段。绒山羊生长羊绒的毛囊有很大一部分是在出生后哺乳期间发育成熟的，若母乳不足或饲养不当，不仅影响发育和体质，而且一部分毛囊停止发育长不出羊绒来，影响其一生的产绒量。因此必须加强羔羊的培育。

羔羊生后10～15 d即可少量采食粉状、小柱状饲料，对羔羊要尽早补饲。

1月龄时每日运动2 h，距离应在2～3 km。2月龄羔羊瘤胃机能已发育到一定程度，采食量增加，要多补些精料和优质干草，但仍需一定的母乳。

羔羊断奶后，因其采食差，必须补充混合精料才能满足其营养需要。羔羊自由饮水和啖盐，但每周至少饮用1～2次0.1%高锰酸钾水。断乳后羔羊按不同经济类型分群饲养，育肥羊按育肥羊标准饲养；种用羊公、母分群，按种用标准饲养。

羔羊3～4个月时，能独立采食即可断奶。断奶应在羔羊80日龄时开始，白天母、子分开，晚上合群。以后可延长2～4 d时间，到120日龄时(4个月)，体重达15 kg以上可单独组群。新组群的羊会造成羊群应激反应，所以应注射二氟沙星或青霉素、病毒灵、安痛定等药物，连用二天，早、晚各一次，用量按说明每千克体重。混合精料参考配方：豆饼27%、玉米65%、盐2%、预混料6%。

(二)育成羊(5～18月龄)饲养管理

1. 育成前期(5～8月龄)

因瘤胃尚不发达，要补充0.2～0.5 kg混合精料，还要给予0.5～1.0 kg优质干草。

2. 育成后期(9～18月龄)

优质干草增加到0.75～1.5 kg，混合精料0.4～0.9 kg。

3. 注意育成羊的运动

运动可增加羊的体质，增加食欲，促进生长发育，对其一生有决定作用，每天运动2 h，距离应在3～4 km。

4. 育成期混合精料配方

玉米45%；豆饼15%；麸皮20%；苜蓿15%；骨粉2%；食盐1%；多维素1%；磷酸钙1%。

四、其他

(1)羔羊出生后三天内补铁、补硒、编号。

(2)测量出生重、断奶重、周岁重和成羊重。

(3)非种用公羊羔,生后1～2周去势(药物、手术)。

(4)修蹄根据情况每月修蹄一次。

(5)梳绒在清明节前后根据绒的起伏情况开始。

(6)剪毛5月下旬到6月上旬进行。

五、卫生防疫

绒山羊精养舍饲场(户)应依照《中华人民共和国动物防疫法》及其配套法规的要求,根据当地动物防疫机构的疫病免疫计划和本场实际,制定具体的免疫方案,定期做好免疫工作。

(1)疫苗的使用和防疫应符合《中华人民共和国动物防疫法》《兽药管理条例》的规定,产品环境消毒应按《畜禽产品消毒规范执行》(GB/T 16569—1996)。并接受动物防疫监督机构的监督管理,取得法律规定的动物防疫证明,轧打免疫标识(塑料耳牌)。

(2)疫苗必须购于合法的供应单位。

(3)免疫时进行无菌操作,免疫用具在免疫前后进行无菌处理。

(4)疫苗开启后,剩余或废弃的疫苗以及使用过的疫苗瓶要做无害化处理,不得乱扔。

(5)动物防疫监督机构定期或不定期进行疫病防疫监督抽查,提出处理意见,并将抽查结果报告当地动物卫生监督管理部门。

(6)每年春秋接种破伤风类毒素、布鲁氏杆菌苗,口蹄疫按辽宁省口蹄疫免疫操作规范执行。对易感地区还要注射羊痘、Ⅱ号炭疽芽孢苗等。

(7)每年春秋所有羊只需做羊四联免疫接种。

(8)及时清除舍内污物,排放按《畜禽养殖业污染物排放标准》(GB 18596)执行,保持舍内清洁卫生,羊舍每月消毒一次。

(9)粪便采用生物热消毒法消毒。将羊粪在堆粪场堆积起来,上面覆盖10 cm厚沙土,堆放发酵30 d后方可运出使用。

(10)每年春季剪毛后1～2周药浴一次,间隔1周再药浴一次。药浴前要给羊充足饮水,驱虫药应符合《兽药管理条例》。

(11)每年春秋两次体内驱虫,对寄生虫病较重的地区,要增加驱虫次数。

六、疫病监测与检疫

(1)绒山羊精养舍饲场(户)应依照《中华人民共和国动物防疫法》及其配套法规的要求,根据动物防疫监督机构的疫病监测计划和本场实际,制定具体的监测方案,定期或不定期委托动物疫病检测机构对羊疫病进行检测。

(2)绒山羊精养舍饲场(户),所有羊只应对口蹄疫、炭疽、蓝舌病、布氏杆菌病、山羊关节炎、脑炎、羊痘及疥癣、副结核实行定期临床检疫和实验室检疫。

(3)绒山羊饲养场(户)发生疑似传染病,应立即报告当地动物防疫部门,由有关部门采集病料,及时诊断,诊断出一二类传染病要严格按照有关法规处理。根据疫病种类,实施严格封锁、隔离、消毒、紧急免疫接种、捕杀、销毁等强制性措施。

(4)病死或淘汰羊尸体按《畜禽病害肉尸及其产品无害化处理规程》(GB 16548)进行无害化处理的规定执行,消毒按《畜禽产品消毒规范》(GB/T 16569—1996)执行。

(5)资料记录:绒山羊场(饲养户)要建立养羊档案,并有专人管理。

【知识拓展】

饲养方式

(一)放牧饲养

该饲养方式的主要特征是以牧草为主要饲料来源,饲养方式以天然放牧为主,饲养规模主要取决于草场面积和草场质量,并在很大的程度上依赖降水量的多寡。我国的内蒙古、青海、甘肃、新疆和西藏等省区的牧区均属于此种类型。该种饲养模式的突出特点是管理比较粗放,生产水平低下,但经营投资少,饲养管理成本低。

(二)半放牧半舍饲饲养

天然牧草和农副产品为主要饲料来源,在青草季节和农田收获后进行放牧采食,饲养方式多以散在的庭养方式为主,生产规模主要取决于天然牧地资源和农副产物资源的多寡。该种类型广泛分布在我国的广大农区。

(三)全舍饲饲养

该种生产方式的主要特征是将绒山羊饲养业作为一种专门化的工厂式的生产,山羊所获得生活和生产物质完全靠人工喂养,吃的大多是加工过的草料,自由饮水,管理水平高,并采用完善的兽医防疫措施,经营者投入大。饲养方式以集中的批量饲养方式为主,生产规模主要取决于饲料的价格和市场的需求。该种生产方式仅适用于以生产和销售优良种羊为目的的绒山羊生产,主要分布在我国绒山羊主产区的良种繁育场。

(四)绒山羊舍饲的必要性

对绒山羊进行舍饲,除了有助于恢复植被,保护环境,促进地方经济长期健康可持续发展外,对绒山羊生产本身而言还具有下述益处。

1. 有利于提高畜群的生产水平

舍饲后,由于饲养方式的转变,通过实施规范化饲养管理制度,可充分发掘羊只个体的生产性能潜力,保证其正常的生长发育,从而可有效地避免由于冬春季节放牧、营养供应不足所导致的掉膘消瘦、生长受阻、绒毛丢失等现象发生。

2. 有利于提高畜群的繁殖力

在舍饲过程中,可方便地根据繁殖母羊的体况,有针对性地实施分群饲养,并可及时观察和掌握母羊的发情、受配、妊娠、产羔、哺乳等具体情况,发现问题可随时解决,由此可保证较大幅度地提高羔羊繁殖成活率。

3. 有利于传染病和寄生虫病防治

舍饲的畜群由于最大限度地减少了与外界环境的接触,从而杜绝了畜群染病机会及相互间疫病传染。因此，可充分保证对畜群常见多发传染病及寄生虫病的有效防治，提高畜群健康水平。

4. 有利于开展杂交改良和育种

在放牧条件下，山羊的繁殖实质上是一种自发的随机行为，生产者很难予以干涉和控制。但在舍饲制度下，饲养者可轻易地把握畜群的繁殖行为，并可方便地进行人工授精或人工辅助交配，从而达到有目标、有计划地开展选种选配，建立完善繁殖和育种记录。

5. 有利于种植业结构调整，提高农副产物利用效率

实行舍饲后，必将有力地推进农村种植业结构的调整，促进退耕还草、还牧．促进专门化的饲草饲料供应基地和效益型、兼用型草地建设。同时，也有助于秸秆等农副产物的加工和利用，提高转化效率和利用效果。

(五)完全舍饲存在的问题

绒山羊舍饲成本要高于自然放牧，特别是以山羊绒和山羊肉为主要商品产出的舍饲经营所带来的收益不能完全或大部分抵顶因舍饲所增加的支出，导致无利或甚至亏损，这就意味着该项措施目前尚不完善，不具有广泛的推广应用价值。

舍饲制度完全改变了山羊采食多样化、善走喜牧、好干恶湿等生物学特性。迄今为止，绒山羊长期完全舍饲后对其生长发育、生产繁殖及生理各项主要指标的影响尚无全面、完整、系统和具有说服力试验结果，而其经济效果更缺乏科学可信的客观评价。

根据著名的威尔逊生态法则。将绒山羊完全改成舍饲，意味着给绒山羊提供了一个饲草饲料基本保证，并且遮风避雨，相对保温的生存生产环境，那么就相当于把绒山羊从寒冷地区引到温暖地区。从短期看，似乎问题不大，但从长期来看，必然导致绒毛生长减慢，密度下降，羊绒产量减少，羊绒细度变粗，绒质将会发生明显的不良变化，不仅羊绒细度增粗，而且羊绒丝光明显减少，弹性下降，缺乏山羊绒所应具有的柔软程度，手感发干、发硬。此外、由于羊只长期完全舍饲，还会因运动减少、采食量下降、营养不均衡、圈舍潮湿等引发羔羊体弱、母羊体质下降、繁殖障碍和肢蹄病。

(六)舍饲饲养需解决的几项关键问题

1. 提高畜群质量

提高羊只个体的单产水平是保证绒山羊舍饲成功最关键的技术措施。提高个体的单产水平最有效的方法是引进优质高效的种羊，通过人工授精、胚胎移植、一胎多产等繁殖技术，提高优秀种羊的利用效率，加大改良力度，为实现绒山羊高效化生产奠定良种基础。

2. 调整畜群结构

及时淘汰老、弱、病、残、低产及患有繁殖机能障碍的羊只，畜群中2～4岁可繁母羊比例应占基础母羊的70%以上，并且加强对繁殖性状的选择，提高畜群的繁殖性能和更新逗率。

3. 实施短期快速育肥

采用先进实用的山羊育肥技术，对计划淘汰的羊只实施短期快速优饲育肥，对当年生的羯羊力争在12个月龄前出栏。对选留后的淘汰母羊也应在短期优饲后及时出栏，以最大限度地减少舍饲饲养量。

4. 加强精粗饲料的调制及加工利用技术的应用

绒山羊舍饲最大的成本在于饲料的支出，合理的饲料搭配可有效地降低饲料消耗。冬春季节舍饲期以粗、精饲料为主，青贮饲料为辅。并因地制宜地结合当地饲草、饲料资源条件，搞好粗饲料的加工调制，以保证舍饲羊所需饲料常年稳定、经济有效的供应。

5. 根据当地饲料资源制定稳妥饲养计划

根据绒山羊营养需要特点，平均每只羊每日需消化能 5.6 MJ、粗蛋白 60～80 g，干物质 0.6～1.2 kg。按此计算，每亩中等肥力耕地的生物学产量仅能饲养两只左右的绒山羊。因此，必须根据当地可能提供的饲料资源来确定绒山羊的饲养数量。否则，大量从外地购入饲料，由于运输成本的增加，必将大幅度增加羊只的饲养成本。

6. 加强科学管理

根据国内外最近研究结果，普遍认为绒山羊产绒的营养需要特点与绵羊产毛截然不同，在满足正常的生长、发育、繁殖或维持需要的前提下，增加更多的营养并不能显著地提高产绒量，而只能使绒细度明显增粗。因此，适量的营养供给水平不仅是科学的，而且是经济的。其次要注重兽医卫生保健，由于常年舍饲所导致的对山羊游走好牧等生活习性的改变，如果饲料、通风、运动及防疫等相应措施不配套，极易使羊只罹患生殖系统、呼吸系统、运动系统、消化系统及寄生虫等疾病。所以必须加强科学管理，防患于未然。

【学习自测】

一、知识自测

(一)填空题

1. 在上一产绒周期绒毛脱落之前，次级毛囊就开始活动，其进行频繁的有丝分裂是在________。

2. 绒山羊每年梳绒一次，当绒毛根部与皮肤脱离时(俗称“起浮”)，梳绒最为适宜，一般在________月份进行。

3. 山羊绒纤维________是反映其品质的主要指标。

4. 山羊绒白绒易着色，所以最为珍贵，仅占世界羊绒产量的________。

5. 修蹄时，注意要是蹄前壁和蹄底保持适合的角度，前蹄________角度，后蹄________角度。

6. 空怀期母羊，在配种前 20～30 d 采取________。

(二)选择题

1. 山羊绒是着生在山羊皮肤长毛纤维周围无髓且直径较小的绒毛纤维，它是由绒山羊的________生成的。

A. 初级毛囊　　B. 次级毛囊　　C. 毛囊群　　D. 再生毛囊

2. 山羊绒通常按颜色可分为________。

A. 白、青两类　　B. 白、紫、青三类

C. 白、紫、青、红四类　　D. 紫、青、红三类

3. 羊只梳绒前要禁食________ h。

A . 6　　B. 12　　C. 24　　D. 36

4. 舍饲精养要求基础母羊应达到国家________级以上水平。

A. 一　　B. 二　　C. 三　　D. 四

5. 羔羊生后________ d 即可少量采食粉状、小柱状饲料，对羔羊要尽早补饲。

A. 10～15　　B. 20～25　　C. 30～35　　D. 40～45

(三)简答题

1. 山羊绒与山羊毛生长的组织学基础是什么？
2. 影响羊绒品质的主要因素有哪些？
3. 我国是采用什么指标对山羊绒进行定级分等的？
4. 我国的绒山羊饲养方式主要有几种，各有什么利弊？

二、技能自测

1. 舍饲条件下种公羊、妊娠期母羊饲养管理的技术要点是什么？

2. 当看到绒山羊什么现象时，梳绒最适合？如果梳绒时间没有掌握好会产生什么后果？

3. 在生产中常采取哪些有效的方法预防和驱除羊的体表寄生虫和疥癣，实施这些方法时应避免出现哪些问题？

【课外学习指南】

一、学习网站

1. 爱课程网(http://www.icourses.cn/home)，《牛羊生产》国家精品资源共享课程网页。
2. 牛羊生产国家精品课程网站(http://58.222.253.142/2007/niuyang/)。

二、规范、标准

1.《中华人民共和国动物防疫法》。
2.《兽药管理条例》。
3. GB/T 16569—1996 畜禽产品消毒规范执行。
4. 18GB/T 4630—1984 辽宁绒山羊。
5. 284GB/T 14593—2008 山羊绒、绵羊毛及其混合纤维定量分析方法 扫描电镜。
6. 282GB/T 14270—2008 毛绒纤维类型含量试验方法。
7. GB 16548 畜禽病害肉尸及其产品无害化处理规程。
8. 342GB 18596—2001 畜禽养殖业污染物排放标准。

三、参考文献

1. 岳炳辉，闫红军. 养羊与羊病防治. 北京：中国农业出版社，2013.
2. 范颖. 宋连喜. 羊生产. 北京：中国农业大学出版社，2008.
3. 田树军. 王宗仪，胡万川. 养羊与羊病防治. 2 版. 北京：中国农业出版社，2006.

项目9

疾病防治

知识目标

- 了解羊病临床诊断的基本方法。
- 理解羊场消毒方式和免疫程序。
- 掌握羊常见传染病、寄生虫病和普通病发病规律和防治措施。

技能目标

- 学会羊病的临床检查、实验室检查、寄生虫病检验。
- 能够对羊场进行常规消毒和免疫接种。
- 能够对羊常见疾病进行诊断与综合防治。

羊场保健工作防重于治,常规的防疫注射、消毒及羊群的疾病监控是控制疾病的最好方法。羊病的种类很多,主要包括传染病、寄生虫病和普通病三大类。掌握羊常见病的诊断与防治,对维护羊群健康和促进畜牧业健康发展具有十分重要的意义。

任务1 卫生防疫

【任务描述】

消毒工作是养羊场生物安全体系的中心内容和保障。同时,也是疫苗免疫和药物防治缺陷的补充,只有环境控制、免疫、药物防治和消毒四者共同作用,才能保持环境清洁卫生,保证羊只健康成长,减少疾病危害,促进生产性能发挥的保证。

【任务分析】

通过本任务的学习,学生将学会羊场场区、羊舍、饮用水、用具、医疗器械等的消毒方法,掌握羊场的免疫程序、常用消毒药和疫苗使用及消毒时注意事项。在教师指导下,对羊场进行常规消毒和羊只免疫接种。

【任务实施】

一、场区消毒

1. 人员消毒

主要指出入生产区人员的体表消毒。进入生产区的人员必须走专用消毒通道。通道出入口应设置紫外线灯或汽化喷雾消毒装置。人员进入通道前先开启消毒装置,人员进入后,应在通道内稍停(一般不超过 3 min),能有效地阻断外来人员携带的各种病原微生物。汽化喷雾可用碘酸 1∶500 稀释或绿力消 1∶800 稀释。

鞋底消毒。人员通道口地面应做成浅池。池中垫入有弹性的室外型塑料地毯,并加入消毒威 1∶500 稀释或烧碱 1%消毒液消毒。每天适量补充水,每周更换一次。

2. 大门消毒池

消毒池的长度为进出车辆车轮的 2 个周长以上。添加 2%烧碱液或其他消毒液,坚持补充水调节浓度,7 d 更换 1 次。

3. 车辆消毒

所有进出羊场的车辆必须严格消毒。经消毒池和用 2%烧碱喷雾消毒。

二、生产区消毒

员工和访客必须经消毒通道更衣、消毒、沐浴或更换一次性工作服,通过脚踏消毒池,才能进入生产区。

1. 生产区环境消毒

(1)生产区入口　消毒池可用消毒威 1∶800 稀释或来苏儿 2%稀释。每天适量添加,每周更换 1 次,1～2 个月互换 1 次。

(2)生产区道路、空地、运动场等消毒　应做好场区环境卫生工作,坚持经常清扫,保持干净,无杂物和污物堆放。对道路必要时采用高压水枪清洗。对空地运动场要定期喷雾消毒。可用 2%的烧碱或来苏儿 1∶300 稀释、百毒净 1∶800 稀释,对场区环境进行消毒。

(3)沟消毒　定期将排污沟中污物、杂物等清除干净,并用高压水枪冲洗。每周至少用百毒净 1∶800 稀释液,消毒 1 次,对蝇蛆繁殖可起到抑制作用。

2. 羊舍及各功能区消毒

(1)产房消毒　主要指产前处理。在产羔前应对产房严格消毒。可用来苏儿 1∶300 稀释或用紫外线消毒设备消毒。应将羊全身擦洗干净,使羊体表保持洁净,对外阴部用消毒液消毒。

(2)产后保护性处理　产后必须清洁、消毒,可用来苏儿稀释液清洗并擦干体表。消毒灭菌后,用消毒过的器械将抗生素药物推入子宫内,预防感染,促进母羊体质恢复。

羔羊断脐及保温处理。羔羊出生断脐后,迅速用毛巾将其擦拭干净,或及时让母羊将羔羊添干。尤其是脐带部位,及时擦干,并用碘酊消毒,这样可使新生羔羊迅速干燥,保持体温,减少体能损失,保证新生羔羊更快、更多地吃上初乳。

(3)保育室消毒　在进新生羔羊前 1 d,对保育室墙壁、地面、保温垫草(或垫板)充分喷雾消毒。同时,让羔羊保育室跟产房气味、温度相一致,降低羔羊对环境变更的应激反应。

(4)后备及怀孕母羊和公羊室的消毒　无论是后备、怀孕母羊以及公羊的生活环境都必须保持干燥、卫生,并严格消毒。

(5)产奶母羊室和挤奶室的消毒　保持良好的产奶母羊生存环境，可降低鲜羊奶的膻味，提高鲜奶卫生，有效预防乳腺炎的发生。因此，产奶羊的圈舍每天要清扫两次，保持干燥、卫生，并定期严格消毒。挤奶室(挤奶厅)，是产奶羊产奶的活动场所，应经常保持清洁、干燥、卫生。在每次挤奶完成后，进行清扫和喷洒消毒。

(6)病羊隔离室消毒　每个生产小区应有单独的病羊隔离室。一旦发现某一只或几只羊出现异常，应该隔离观察治疗，以免传染给其他健康羊只。对隔离室应在病羊恢复后及时进行严格消毒，可用2%烧碱稀释液喷雾消毒。

三、饮水及用具消毒

1. 饮用水消毒

羊饮用水应清洁无毒、无病原菌，符合人的饮水标准，生产用水要用干净的自来水或深井水。对饮用水可坚持用漂白粉消毒，对水槽或其他饮水器具，要经常清洁定期消毒。

2. 药物、饲料等物料外表面消毒

对与不能喷雾消毒的药物、饲料等料表面，可采用全安 1∶800 密闭熏蒸消毒。

3. 饲喂工具、运输工具及其他器具的消毒

对频繁出入羊舍的各种器具，如车、锨、耙、杈、扫帚、笤帚、奶桶等必须定期用来苏儿 1∶300 稀释喷雾或浸泡严格消毒。

四、诊疗器械及手术消毒

1. 医疗器械消毒

手术使用过的各种医疗器械，可先用碘酸 1∶150 稀释液浸泡洗后，再放入来苏儿 1∶500 稀释液中浸泡半天以上，取出用洁净水冲洗、晾干备用。手术前要对金属器械进行高压灭菌处理。对常用器械做到每天常规消毒。

2. 手术(伤口)消毒

手术前，手术创面可用碘酸 1∶200 直接涂抹两次以上进行消毒。

五、病死羊、活疫苗空瓶等处理

活疫苗空瓶应集中放入有盖塑料桶中灭菌处理，以防止病毒扩散，再集中深埋。

病死羊因带有许多病原菌，死因不明羊只不得随意进行解剖术，避免传染病病原菌的扩散，要进行深埋处理。

【知识拓展】

一、消毒操作规程

无论环境和用具器械的消毒，一般要经先打扫、再清洁、最后再消毒才能达到消毒的目的。

1. 打扫

因羊粪和垃圾的污染程度高，又是感染的主要病原来源，所以必须彻底清除。

2. 清洁

任何打扫过程都不能除尽所有具有感染性的污物，因而在打扫后要使用具有去污和杀菌

作用的消毒剂，对墙壁、地面、水槽等进行清洗去污。同时，要注意清洗死角和污物积聚的地方。

3. 消毒

清洗后，病原微生物特别是病毒类的污染程度可能仍然很高，足以对敏感羊构成严重威胁，所以必须进行彻底消毒。

4. 饮水系统设备的清洁与消毒

供水系统一般都存在微生物污染，特别是水池是尘埃和赃物容易堆积的地方，应坚持对水池每天在用前清洁，并对其定期消毒。

5. 羊场和羊舍周围及内部空间环境

对现代集约化养羊场来说非常重要，特别是对羊呼吸道疾病的发生影响较大。因此，对羊舍内部空间要经常开窗换气保证良好的通风，改善舍内空气，必要时进行密闭熏蒸消毒。

二、消毒过程中要注意的事项

(1)准确配制消毒药液。

(2)准确估计药物作用时间的长短。一般情况下，消毒药的效力与作用时间成反比。

(3)消毒时的温度。一般消毒药液的温度增高，杀菌力增强。

(4)针对性消毒时要考虑药品对病原菌的敏感性。大多数消毒药对细菌有作用，但对细菌的芽孢和病毒作用很弱。

(5)进行预防性消毒时，要考虑病原对消毒药的耐药性。交替使用消毒药品可以减少病原微生物耐药性的产生。

三、羊场防疫

(一)建立完善的防疫制度

防疫工作是一项复杂的系统工程，它涉及从生产到销售，从场内到场外，到全场的工作人员，自始至终贯穿整场，与之息息相关。因此，必须把防疫工作纳入正常的管理，由兽医人员监督执行的全体人员参加的全防体系。把防疫原则，制度贯穿于每一个环节，严格规程操作，才可避免疫病的发生，防疫制度才能得到确实的落实。如建立：

(1)科学的程序消毒，这是切断传播途径的重要措施，目的在于杀灭外界环境中存在的各种病原体。

(2)人员进出登记和洗澡更衣记录。

(3)全进全出制。

(二)制定科学的免疫程序，按时进行预防接种

免疫接种是提高机体特异性抵抗力，降低动物易感性的重要措施。但是，如果运用不当，常会收到不满意的效果。为此，要注意：

(1)制定周密的免疫接种计划，接种各种疫苗需经一定时间才能产生坚强的免疫力，故应根据各种传染病的发病季节，做好相应的免疫计划，按规定程序接种。

(2)要有科学的免疫程序。羊在身体状况不良时，不能进行接种。有些母源抗体也可以影

响和干扰抗体的滴度，甚至完全抑制抗体的产生。为了防止此种现象的发生，对某些传染病应进行母源抗体的监测，如无条件，可根据经验确定初次免疫时间。羊的免疫程序见表 9-1-1。

表 9-1-1　羊的免疫程序

疫苗种类	预防疫病	免疫的时间	免疫方法及部位	免疫期
羔羊痢疾氢氧化铝菌苗	羔羊痢疾	怀孕母羊分娩前 20～30 d 和 10～20 d 时各注射 1 次	注射部位分别在两后腿内侧皮下。疫苗用量分别为每只 2 mL 和 3 mL。注射后 10 d 产生免疫力	羔羊通过吃奶获得被动免疫，免疫期 5 个月
羊四联苗或羊五联苗	羊快疫、猝狙、肠毒血症、羔羊痢疾、黑疫	每年春、秋季各免疫一次	不论大小羊，一律皮下或肌肉注射每只 5 mL。14 d 产生免疫力	6 个月
山羊痘鸡胚化弱毒疫苗	山羊痘	每年春、季或秋季免疫一次	不论羊只大小，一律在尾根内侧皮内注射每只 0.5 mL	1 年
破伤风类毒素	破伤风	在怀孕母羊产前 1 个月、羔羊育肥阉割前 1 个月或羊只受伤时	羊颈部中间 1/3 处皮下注射每只 0.5 mL	1 个月后产生免疫力，免疫期 1 年
第Ⅱ号炭疽菌苗	炭疽病	每年春、秋两季各免疫一次	山羊皮内注射 0.2 mL；其他动物一律每只皮内注射 0.2 mL 或皮下注射 1 mL。14 d 后产生免疫力	6 个月
羔羊大肠杆菌疫苗	羔羊大肠杆菌病	每年春、秋两季各免疫一次	皮下注射，3 月龄以下的羔羊 1 mL，3 月龄以上的羔羊 2 mL，14 d 产生免疫力	6 个月
羊流产衣原体油佐剂卵黄灭活苗	衣原体性流产	羊怀孕前或怀孕后 1 个月内	注射前充分摇匀，皮下注射 2 mL	1 年
口疮弱毒细胞冻干苗	羊口疮	每年 3 月、9 月各注射 1 次	不论羊只大小，口腔黏膜内注射 0.2 mL	5 个月
山羊传染性胸膜肺炎氢氧化铝菌苗	山羊传染性胸膜肺炎	每年春、秋两季各免疫一次	皮下或肌肉注射，6 月龄以下每只 3 mL，6 月龄以上每只 5 mL	1 年
羊链球菌氢氧化铝菌苗	羊链球菌病	每年的 3 月、9 月各接种 1 次	接种部位为背部皮下。6 月龄以下的羊接种量为每只 3 mL，6 月龄以上的每只 5 mL	6 个月
羊布氏杆菌病活疫苗(M5)	羊布氏杆菌病	在配种前 1～2 个月进行	皮下注射、室内气雾、滴鼻均为 10 亿活菌，室外气雾免疫 50 亿活菌，口服 250 亿活菌	1.5 年

续表9-1-1

疫苗种类	预防疫病	免疫的时间	免疫方法及部位	免疫期
口蹄疫	口蹄疫	每年春、秋两季各免疫一次	母羊分娩前4周接种一次，羔羊4月龄首免(20～30 d后加强免疫一次)，6个月后二免，以后每6个月免疫一次。母羊的秋季免疫应注意选择在配种前4周进行	6个月
气肿疽灭活苗		每年春、秋两季各免疫一次	皮下注射。气肿疽灭活疫苗常规型，不论年龄大小，每只1 mL；气肿疽灭活疫苗高效浓缩型，不论年龄大小，每只羊0.3 mL	6个月

(三)综合防疫重在预防

传染病虽然由传染源、传播途径、方式和易感动物组成，但影响疫病流行的因素却是多方面的，所以必须采取多方面的综合防疫措施，消灭一切不利因素，坚持自繁自养的原则，既有利于羊的饲养，又可避免购买羊时带进各种传染病，如需要从外单位引种时，应做到不从疫区购买，但买入后要隔离检疫1～2 d，确认健康无病，方可与原来的动物混饲。从国外引进优良品种时，除加强口岸检疫外，入场前还应隔离检疫，发现病羊时，应立即严格处理。

羊群发生传染病后，应立即进行隔离、封锁，逐级上报畜牧兽医部门，由市、县级兽医部门确诊，按国家《动物防疫法》做无毒化处理。

(四)羊寄生虫病程序化防治模式

羊寄生虫病程序化防治模式是一项综合性防治新技术，它改变过去传统的防治方法，使单一寄生虫防治改为主要寄生虫整体的有序防治，使零星间断的治疗改为有组织、连片的预防措施，使羊群中的寄生虫得到全面驱治和预防，提高了综合防治效果。

1. 推荐使用药物

市场上有：害获灭、阿维菌素、阿力佳、阿福丁、克虫星等商品名，其特点是抗虫谱广，对绝大多数线虫，体外寄生虫及其他节肢动物都有很强的驱杀效果(虫卵无效)。另外它还具有高效、低毒、安全等特点。在临床应用中具备以往抗寄生虫药不可替代的优点：其一是通过内服对体内外寄生虫有防治效果；其二是不与其他驱虫药产生交叉抗药性。

2. 使用程序

(1) 每年对全群驱虫2次，晚冬早春(2～3月)采取幼虫驱虫技术。阻止“春季高潮”的出现；秋季(8～9月)驱虫，防止成虫“秋季高潮”出现和减少幼虫的“冬季高潮”。对于寄生虫严重的地区，在5～6月可再增加1次驱虫，避免冬春季发生体表寄生虫病。

(2)羔羊一般在当年8～9月进行首次驱虫，保护羔羊的正常生长发育。另外，由于断奶前后受到营养应激，易受寄生虫侵害。因此，此时要进行保护性驱虫。

(3)母羊在接近分娩时进行产前驱虫，避免产后在4～8周发生粪便蠕虫卵“产后升高”。在寄生虫污染严重地区必须在产后3～4周进行驱虫。

3. 使用剂型与剂量

阿维菌素有针剂、粉剂、片剂等剂型。针剂，皮下注射（切勿肌肉、静脉注射）每 5 kg 体重用 1 mg；粉剂，灌服或拌料，每 5 kg 体重 1.5 mg；片剂，内服每 5 kg 体重用 1.5 mg。

4. 注意事项

(1) 吸虫、绦虫感染时，还需选用丙硫苯咪唑。

(2)在临床应用，孕羊用药应严格控制剂量，按正常剂量的 2/3 给药。

(3)为慎重起见，羊用药后，14 d 方可宰杀食用，且用药 21 d 内羊奶不得人用。

(4)对羊体外寄生虫在 7～10 d 后重复用药一次，以巩固疗效。

(5)一般认为，寄生虫严重感染时应采取针剂疗效更为显著，若选用其他剂型，则操作方便省力。因此使用时应当根据本地实际情况选择适当剂型。

(6)作为程序化防治，必须强调整体性。研究表明同群中亚临床的寄生虫的侵袭也同样引起相应损失。因此，不能只对生长不良、已表现寄生虫病临床症状的动物驱虫。

(7)很少有驱虫药能杀灭蠕虫子宫内、已排在消化道及呼吸道的虫卵，因此，若驱虫后含有崩解虫体的排泄物任意散布，就会严重污染环境。为保证驱虫效果，防止环境中寄生虫卵的重复感染，发挥驱虫药最大经济效益，驱虫时必须注意环境卫生。妥善处理畜群排泄物，若有可能，应对粪便中寄生虫卵定期监测。

羊寄生虫病程序化防治模式采取了最新的抗寄生虫药，安全高效。使用方便，同时根据寄生虫自身繁育特点进行程序化驱虫，因此效果更为明显。具有很高的推广价值。

任务 2　疾病诊断

【任务描述】

羊属于群牧性家畜，对疾病忍受力强，在患病初期症状表现不明显，如果不细心观察，很难发现症状。饲养人员要经常细心观察羊群的健康状况，以便及早发现、及早治疗。通过临床检查和实验室检查，结合羊的传染病、寄生虫病和普通病的流行特点、临床症状，提出综合防治措施。

【任务分析】

通过本任务的学习，学生将学会羊常见病的诊断。学习本任务要密切联系养羊业生产实际，了解羊常见病的发病机理和发病规律，结合羊病的临床检查和实验室检查，在教师的指导下，提出疾病治疗方案。

【任务实施】

临床检查

(一)问诊

问诊是通过询问畜主或饲养员，了解羊发病的有关情况。询问内容包括：发病时间，发病头数、病前和病后的异常表现，以往的病史、治疗情况、免疫接种情况，饲养管理情况以及羊的年龄、性别等。但在听取其回答时，应考虑所谈情况与当事人的利害关系（责任），分析其可靠性。

（二）视诊

视诊是观察病羊的表现。视诊时，最好先从离病羊几步远的地方观察羊的肥瘦、姿势、步态等情况，然后靠近病羊详细察看被毛、皮肤、黏膜、结膜、粪尿等情况。

1. 行为姿势

健康羊只通常表现为自由自在地活动，如静静地站着或卧着，步行活泼而稳定，对轻微的刺激有警觉性等。而患病羊只则表现为离群呆立或掉队缓行，跛行或作圆圈运动，四肢僵直或行动不灵便。

2. 食欲膘情

食欲正常的羊有趋槽、摇尾、采食津津有味等行为，反刍正常；而病羊表现有吃食可能忽多或忽少、喜舔泥土或吃草根、反刍减少或无力或停止等。一般急性病如急性臌胀等，病羊身体仍然肥壮。一般慢性病如寄生虫病等，病羊身体多为逐渐消瘦。

3. 头部观察

健康山羊：眼睛有神，对外界反应灵敏；鼻镜湿润，很少有鼻液。

发病山羊：对外界反应迟钝，不愿抬头。有的流眼泪、流鼻液；鼻镜干燥甚至裂开。

4. 皮肤及被毛观察

健康山羊：被毛紧密有光泽，皮肤红润有弹性。

发病山羊：被毛松乱无光泽，易脱落。皮肤干燥增厚，弹性降低或消失；有的皮肤有痂皮或龟裂，流黄水或脓水。

5. 粪尿

正常羊粪呈小球形，硬而不干，没有难闻气味，不含大量未消化的饲料；羊尿应澄清，不带有血、黏液或浓汁等；羊只排粪、排尿都不费力。但在患病时，羊粪可能有特殊臭味（见于各型肠炎）、过于干燥（缺水和肠弛缓）、过于稀薄（肠机能亢进），或带有大量黏液（肠卡他性炎症）、混有完整谷粒（消化不良）、混有纤维素膜（纤维素肠炎）或呈黑褐色（前部肠管出血）、鲜红色（后部肠管出血）等病理表现；羊只可能排尿次数和尿量过多或过少，排尿痛苦、失禁等，都是有病的症候。

6. 可视黏膜观察

健康山羊：眼结膜和鼻腔黏膜呈粉红色、湿润，表面无异常分泌物；口腔和舌黏膜红润，表面光滑，口内无异臭。

发病山羊：眼结膜苍白，或呈黄色、紫蓝色，鼻腔中流出脓性分泌物；口腔较干燥，口内有异味，舌苔呈黄色或黑、赤色，舌表面有溃烂等现象。

（三）嗅诊

诊断羊病时，嗅闻分泌物、排泄物、呼出气体及口腔气味也很重要。如肺坏疽时，鼻液带有腐败性恶臭；胃肠炎时，粪便腥臭或恶臭；消化不良时，可从呼气中闻到酸臭味。

(四)触诊

1. 皮肤检查

主要检查皮肤的弹性、温度、有无肿胀和伤口等。羊的营养不好,或得过皮肤病,皮肤就没有弹性。发高烧时,皮温会升高。

2. 体温检查

一般用手摸羊耳朵或把手插进羊嘴里去握住舌头,可以知道病羊是否发烧。但是准确的方法,是用体温表测量。在给病羊量体温时,先把体温表的水银柱甩下去,涂上油或水以后,再慢慢插入肛门里,体温表的1/3留在肛门外面,插入后滞留的时间一般为2～5 min。羊的体温,一般幼羊比成年羊高一些,热天比冷天高一些,运动后比运动前高一些,这都是正常的生理现象。

健康山羊:体温为38.0～40.0℃。

发病山羊:

体温升高——中暑、急性传染病及炎症。

体温下降——神经系统和血液循环障碍、大失血,衰竭症及某些中毒病。

皮温分布不均匀——表示血液循环及神经支配有障碍。

3. 脉搏检查

检查时,注意每分钟跳动次数和强弱等。检查羊脉搏的部位,是用手指摸后肢股部内侧的动脉。健康羊每分钟脉搏跳动70～80次。羊有病时,脉搏的跳动次数和强弱都和正常羊不同。

4. 体表淋巴结检查

主要检查颌下、肩前、膝上和乳房上淋巴结。当羊发生结核病、伪结核病、羊链球菌病时,体表淋巴结往往肿大,其形状、硬度、温度、敏感性及活动性等也会发生变化。

5. 人工诱咳

检查者立在羊的左侧,用右手捏压气管前3个软骨环。羊有病时,就容易引起咳嗽。羊发生肺炎、胸膜炎、结核时,咳嗽低弱,发生喉炎及支气管炎时,则咳嗽强而有力。

(五)听诊

听诊是利用听觉来判断羊体内正常的和有病的声音。最常用的听诊部位为胸部(心、肺)和腹部(胃、肠),听诊的方法有两种:一种是直接听诊,即将一块布铺在被检查的部位,然后把耳朵紧贴其上,直接听羊体内的声音;另一种是间接听诊,即用听诊器听诊。不论用哪种方法听诊,都应当把病羊牵到清静的地方,以免受外界杂音的干扰。

(六)叩诊

叩诊是用手指或叩诊锤来叩打羊体表部分或体表的垫着物(如手指或垫板),借助所发声音来判断内脏的活动状态。叩诊的音响有:清音、浊音、半浊音、鼓音。清音,为叩诊健康羊的胸廓所发出的持续、高而清亮的声音。浊音,为健康状态下,叩打臀及肩部肌肉时发出的声音;在病理状态下,当羊胸腔积聚大量渗出液时,叩打胸壁出现水平浊音界。半浊音,为介于浊音和清音之间的一种声音,叩打含少量气体的组织,如肺部,可发出这种声音;羊患支气管肺炎时，肺泡含气量减少，叩诊呈半浊音。鼓音，如叩打左侧瘤胃处，发鼓响音；若瘤胃鼓气，则发出鼓音。

【知识连接】

一、实验室检查

(一) 细菌学检验

1. 涂片镜检

将病料涂于清洁无油污的载玻片上，干燥后在酒精灯火焰上固定，选用单染色法（如美蓝染色法）、革兰氏染色法、抗酸染色法或其他特殊染色法染色镜检，根据所观察到的细菌形态特征，做出初步诊断或确定进一步检验的步骤。

2. 分离培养

根据所怀疑传染病病原菌的特点，将病料接种于适宜的细菌培养基上，在一定温度（常为37℃）下进行培养，获得纯培养菌后，再用特殊的培养基培养，进行细菌的形态学、培养特征、生化特性、致病力和抗原特性鉴定。

3. 动物实验

用灭菌生理盐水将病料做成1∶10悬液，后利用分离培养获得的细菌液感染实验动物，如小白鼠、大白鼠、豚鼠、家兔等。感染方法可用皮下、肌内、腹腔、静脉或脑内注射。感染后按常规隔离饲养管理，注意观察，有时还须对某种实验动物测量体温；如有死亡，应立即进行剖检及细菌学检查。

(二)病毒学检验

1. 样品处理

检验病毒的样品，要先除去其中的组织和可能污染的杂菌。其方法是以无菌手段取出病料组织，用磷酸缓冲液反复洗涤3次，然后将组织剪碎、研细，加磷酸缓冲液制成1∶10悬液（血液或渗出液可直接制成1∶10悬液）以2 000～3 000 r/min的速度离心沉淀15 min，取出上清液，每毫升加入青霉素和链霉素各1 000 U，置冰箱中备用。

2. 分离培养

病毒不能在无生命的细菌培养基上生长，因此，要把样品接种到鸡胚或细胞培养物上进行培养。对分离到的病毒液，用电子显微镜检查、血清学试验及动物实验等方法进行理化学和生物学特性的鉴定。

3. 动物实验

将上述方法处理过的待检样品或经分离培养得到的病毒液，接种易感动物，其方法与细菌学检验中的动物学实验相同。

(三)免疫学检验

在羊传染病检验中，经常使用免疫学检验法。常用的方法有凝集反应、沉淀反应、补体结合反应。中和试验等血清学检验方法，以及用于某些传染病生前诊断的变态反应方法等。近年又研究出许多新的方法，如免疫扩散、荧光抗体技术、酶标记技术、单克隆抗体技术等。

二、寄生虫病检验

（一）粪便检查

1. 直接涂片法

在洁净无油污的载玻片上滴1～2滴清水，用火柴棒蘸取少量粪便放入其中，涂匀，剔去粗渣，盖上盖玻片，置于显微镜下检查。此法快速简便，但检出率很低，最好多检查几个标本。

2. 漂浮法

取羊粪10 g，加少量饱和盐水，用小棒将粪球捣碎，再加10倍量的饱和盐水搅匀，以60目铜筛过滤，静量30 min，用直径5～10 mm的铁丝圈，与液面平行接触，蘸取表面液膜，抖落于载玻片上并覆盖盖玻片，置于显微镜下检查。该法能查出多数种类的线虫卵和一些绦虫卵，但对相对密度大于饱和盐水的吸虫卵和棘头虫卵，效果不大。

3. 沉淀法

取羊粪5～10 g，放在200 mL容量的烧杯内，加入少量清水，用小玻璃棒将粪球捣碎，再加5倍量的清水调制成糊状，用60目铜筛过滤，静置45 min，弃去上清液，保留沉渣。再加满清水，静置15 min，弃去上清液，保留沉渣。如此反复3～4次，最后将沉渣涂于载玻片上，置显微镜下检查。此法主要用于诊断虫卵相对密度大的羊吸虫病。

（二）虫体检查

1. 蠕虫虫体检查

将羊粪数克盛于盆内，加10倍量生理盐水，搅拌均匀，静置沉淀20 min，弃去上清液。再于沉淀物中重新加入生理盐水，搅匀，静置后弃去上清液；如此反复2～3次，最后取少量沉淀物置于黑色背景上，用放大镜寻找虫体。

2. 蠕虫幼虫检查法

取羊粪球3～10个，放在平皿内，加入适量40℃的温水，10～15 min后取出粪球，将留下的液体放在低倍显微镜下检查。蠕虫幼虫常集中于羊粪球表面，因而易于从粪球表面转移到温水中而被检查出来。

3. 螨检查法

在羊体患部，先去掉干硬痂皮，然后用小刀刮取一些皮屑，放在烧杯内，加适量的10%氢氧化钾溶液，微微加热，20 min后待皮屑溶解，取沉渣镜检。

【知识拓展】

一、传染病

（一）羊炭疽

炭疽是由炭疽杆菌所引起的人畜共患的传染病。在临床上表现为急性、热性、败血性症状。病理变化的特点是天然孔出血、血液凝固不全、脾脏显著肿大、皮下及浆膜下组织呈出血性胶样浸润。

【流行特点】各种动物及人对该病都有易感性,羊的易感性高,病羊是主要传染源,濒死病羊体内及其排泄物中常有大量菌体,当尸体处理不当,炭疽杆菌形成芽孢并污染土壤、水源、牧地,则可成为长久的疫源地。羊吃了污染的饲料和饮水而感染,也可经呼吸道和由吸血昆虫叮咬而感染;多发于夏季,呈散发或地方性流行。

【临床症状】本病自然感染的潜伏期为1～3 d,最长可达14 d。本病的临床症状为高热(41.0℃以上),严重精神沉郁,口腔和眼黏膜深红色甚至紫色。病羊食欲消失,舌、喉、两肋以及肛门和外阴周围表现肿胀。常见突然倒地,全身痉挛,瞳孔散大,磨牙,天然孔出血,约数分钟内死亡,且尸僵不全。炭疽病多数为最急性型,2～6 h内死亡。山羊比绵羊易感。

【诊断要点】对原因不明而突然死亡或临床上出现肿胀、腹痛、高热、病程急、死后天然孔出血的羊,应首先怀疑为炭疽,并进行必要的流行病学调查。

【防治措施】

(1)每年定期预防注射是防止本病发生的根本措施。

(2)如发现病羊或可疑羊应立即隔离,同时划定和封锁疫区。病羊用抗炭疽病血清、青霉素等抗生素药物治疗。对未表现症状的其他羊,每千克体重1万U青霉素,每日注射两次,连续3 d。

(3)在指定地点深埋或焚烧病羊的尸体、排泄物和污物(褥草、饲料、表层土等)。用20%漂白粉,10%热火碱水或0.1%升汞溶液对圈舍用具进行消毒。

(4)加强工作人员的防护工作,防止感染本病。

(二)羊布氏杆菌病

布氏杆菌病是由布氏杆菌引起的人畜共患的一种慢性传染病。

【流行特点】自然病例主要见于牛、山羊、绵羊和猪。母畜较公畜易感,成年家畜较幼畜易感。病畜是本病的主要传染来源,该菌存在于流产胎儿、胎衣、羊水、流产母畜的阴道分泌物及公畜的精液内,多经接触流产时的排出物及乳汁或交配而传播。本病呈地方性流行。新疫区常使大批妊娠母牛流产;老疫区流产减少,但关节炎、子宫内膜炎、胎衣不下、屡配不孕、睾丸炎等逐渐增多。

【临床症状】多数病例为隐性感染。流产可发生于怀孕的任何时期,但多发生于怀孕3～4个月。母羊流产前,食欲减退、喜卧、口渴、阴道流出黄色液体。流产胎儿多为死胎,弱胎不久死亡。流产后常排出污灰至棕色恶露,常发生胎衣不下及子宫内膜炎,甚至不育。严重时山羊群体流产可达50%～90%,绵羊可达40%。其他可能出现的症状有乳腺炎、关节炎、跛行、公羊睾丸炎和附睾炎。羊食入被污染的饲料或舔食来自生殖道的感染物而受到感染。经常接触患羊的人最容易感染本病。

【诊断要点】

(1)现场诊断　流行病学资料,流产胎儿、胎衣的病理损坏,胎衣滞留以及不孕等都有助于布氏杆菌的诊断。

(2)实验室诊断　布氏杆菌的实验室检查方法很多,除流产材料的细菌学检查外,以平板凝集反应简便易行。绵羊和山羊的大群检疫也可用血清凝集试验和变态反应检查。

【防治措施】定期进行血清学检查,对阳性羊捕杀淘汰。对疫区定期进行预防接种。最好的方法是自繁自养。如需引进羊的必须严格检疫。

(三)羊快疫

羊快疫是由腐败梭菌经消化道感染引起的，主要发生于绵羊的一种急性传染病。本病以突然发病，病程短促，真胃出血性炎性损害为特征。

【流行特点】发病羊多为 6～18 月龄、营养较好的绵羊，山羊较少发病。主要经消化道感染。腐败梭菌通常以芽孢体形式散布于自然界，特别是潮湿、低洼或沼泽地带。羊只采食污染的饲草或饮水，芽孢体随之进入消化道，但并不一定引起发病。当存在诱发因素时，特别是秋冬或早春季节气候骤变、阴雨连绵之际，羊寒冷饥饿或采食了冰冻带霜的草料时，机体抵抗力下降，腐败梭菌即大量繁殖，产生外毒素，使消化道黏膜发炎、坏死并引起中毒性休克，使患羊迅速死亡。本病以散发性流行为主，发病率低而病死率高。

【临床症状】患羊往往不出现临床症状即突然死亡，常见在放牧时死于牧场或早晨发现死于圈舍内。病程稍缓者，表现为不愿行走，运动失调，腹痛、腹泻，磨牙抽搐，最后衰弱昏迷，口流带血泡沫，多于数分钟或几小时内死亡，病程极为短促。

【诊断要点】

(1)实验室诊断　病死羊肝脏被膜触片，用瑞特氏或美蓝染色液染片镜检，除见到两端钝圆、单个或短链状的粗大菌体外，还可观察长丝状菌体链。

(2)鉴别诊断要注意与类似症状的羊炭疽、羊肠毒血症和羊黑疫等相区别。

【防治措施】

(1)常发病地区，每年定期接种“羊快疫、肠毒血症、猝狙三联苗”或“羊快疫、肠毒血症、猝狙、羔羊痢疾、黑疫五联苗”。

(2)加强饲养管理，防止严寒袭击。有霜期早晨出牧不要过早，避免采食霜冻饲草。

(3)发病时及时隔离病羊，并将羊群转移至高燥牧地或草场，可收到减少或停止发病的效果。

(4)本病病程短促，往往来不及治疗。病程稍拖长者，可肌肉注射青霉素，每次 80 万～100 万 U，1 d 2 次，连用 2～3 d；内服磺胺嘧啶，1 次 5～6 g，连服 3～4 次；在使用上述抗菌药物的同时应及时配合强心、输液等对症治疗措施。

(四)羊猝狙

羊猝狙是由 C 型魏氏梭菌引起的一种肠毒血症。

【流行特点】幼龄和成年羊均可发生，以 1～2 岁绵羊发病较多，山羊也可感染。临床上以急性死亡、腹膜炎和溃疡性肠炎为特征。本病呈地方流行性，多见于低洼、潮湿地区和冬春季节，主要经消化道感染。

【临床症状】病菌随污染的饲料或饮水进入羊只消化道，在小肠特别是十二指肠和空肠内繁殖，主要产生毒素，引起羊只发病。病程短促，多来不及见到症状即突然死亡。有时发现病羊掉群、卧地，表现不安，衰弱或痉挛，于数小时内死亡。剖检可见十二指肠和空肠黏膜严重充血糜烂，个别区段可见大小不等的溃疡灶。体腔多有积液，暴露于空气易形成纤维素絮块。浆膜上有小点出血。死后 8 h，骨骼肌间积聚有血样液体，肌肉出血，有气性裂孔，这种变化与黑腿病的病变十分相似。

【诊断要点】

(1)现场诊断　根据发病特点、临床症状和病理变化,可作初步诊断。

(2)实验室诊断　采集体腔渗出液、脾脏等病料进行细菌学检查;取小肠内容物进行毒素检查以确定菌型。

【防治措施】羊猝狙的防治措施可参照羊快疫、羊肠毒血症的措施进行。

(五)羊肠毒血症

羊肠毒血症又称“软肾病”或“类快疫”,是由D型魏氏梭菌在羊肠道内大量繁殖产生毒素引起的,主要发生于绵羊的一种急性毒血症。本病以急性死亡、死后肾组织易于软化为特征。

【流行特点】发病以绵羊为多,山羊较少。通常以2～12月龄、膘情较好的羊为主。魏氏梭菌为土壤常在菌,也存在于污水中,通常羊只采食被芽孢污染的饲草或饮水,芽孢随之进入消化道,一般情况下并不引起发病。当饲料突然改变,特别是从吃干草改为采食大量谷类或青嫩多汁和富含蛋白质的草料之后,导致羊的抵抗力下降和消化功能紊乱,D型魏氏梭菌在肠道迅速繁殖,产生大量毒素,毒素进入血液,引起全身毒血症,发生休克而死。本病的发生常表现一定的季节性,牧区以春夏之交抢青时和秋季牧草结籽后的一段时间发病为多,农区则多见于收割抢茬季节或采食大量富含蛋白质饲料时。一般呈散发性流行。

【临床症状】本病发生突然,病羊呈腹痛、肚胀症状。患羊常离群呆立、卧地不起或独自奔跑。濒死期发生肠鸣或腹泻,拉黄褐色水样稀粪。病羊全身颤抖、磨牙,头颈后仰,口鼻流沫,于昏迷中死去。体温一般不高,血、尿常规检查有血糖、尿糖升高现象。

【诊断要点】

(1)现场诊断　根据流行特点(散发、突发、死亡快、多发生雨季和青草生长旺季),结合剖检病变及急性病例尿中含糖量明显增加,可作初步诊断。

(2)实验室诊断采集体腔渗出液、脾脏等病料进行细菌学检查;取小肠内容物进行毒素检查以确定菌型。

【防治措施】

(1)常发病地区,每年定期接种“羊快疫、肠毒血症、猝狙三联苗”或“羊快疫、肠毒血症、猝狙、羔羊痢疾、黑疫五联苗”。

(2)加强饲养管理,农区、牧区春夏之际少抢青、抢茬,秋季避免采食过量结籽牧草。发病时及时转移至高燥牧地草场。

(3)本病病程短促,往往来不及治疗。羊群出现病例多时,对未发病羊只可内服10%～20%石灰乳500～1 000 mL进行预防。

(六)羊黑疫

羊黑疫又称“传染性坏死性肝炎”,是由B型诺维氏梭菌引起的绵羊、山羊的一种急性高度致死性毒血症。本病以肝实质发生坏死性病灶为特征。

【流行特点】本菌能使1岁以上的绵羊发病,以2～4岁、营养好的绵羊多发,山羊也可患病。本病主要发生于低洼、潮湿地区,以春、夏季节多发,发病常与肝片吸虫的感染侵袭密切相关。

【临床症状】本病临床表现与羊快疫、羊肠毒血症等疾病极为相似。病程短促,大多数发病羊只表现为突然死亡，临床症状不明显。部分病例可拖延 1～2 d，病羊放牧时掉群，食欲废绝，精神沉郁，反刍停止，呼吸急促，体温 41.5℃，常昏睡俯卧而死。

【诊断要点】在肝片吸虫病流行的地区发现急性或昏睡状态下死亡的病羊，剖检见特殊的肝脏坏死变化，有助于诊断。必要时可作细菌学检查和毒素检查。

【防治措施】

(1)流行本病的地区应搞好控制肝片吸虫感染的工作。

(2)常发病地区定期接种“羊快疫、肠毒血症、猝狙、羔羊痢疾、黑疫五联苗”。

(3)本病发生、流行时，将羊群移牧于高燥地区。可用抗诺维氏梭菌血清进行早期预防，每只羊皮下或肌内注射 10～15 mL，必要时重复 1 次。

(4)病程稍缓的羊只，肌肉注射青霉素 80 万～160 万 U，每日 2 次；连用 3 d；或者发病早期静脉或肌肉注射抗诺维氏梭菌血清 50～80 mL，必要时重复用药 1 次。

(七)口蹄疫

口蹄疫是由口蹄疫病毒引起的偶蹄动物的一种急性、热性、高度接触性传染病。特征为口腔黏膜、蹄部和乳房皮肤形成水疱和烂斑，故有“口疮”、“蹄癀”之称。

【流行特点】本病的传染源很广，患病动物的各种组织，分泌物和排泄物都有传染性。传播方式复杂，直接或间接均可传播。流行方式多为蔓延式，间有跳跃式流行。一年四季均可发生，以春、秋季多发。

【临床症状】潜伏期 2～4 d，有的 1 周左右。常通过污染的饲料及饮水侵入羊体内，也可经损伤的黏膜、皮肤和呼吸道感染。病羊体温升高达 40～41℃，食欲减退，咀嚼困难，精神沉郁，产奶量下降。口腔黏膜发红、发热，黏膜出现水泡，初为淡黄色透明液，后变混浊，破溃后留下浅表鲜红色湿润烂斑。同时，可见病羊跛行，蹄部出现水疱，继而水疱破溃、糜烂，而后愈合。一些羊由于未及时治疗，可出现化脓或坏死，蹄匣脱落，甚至发生死亡。羊的乳房、乳头皮肤和鼻端等部位亦可发生水泡及糜烂。山羊患病比绵羊严重，死亡率也高。羔羊发生出血性胃肠炎，常因心肌炎造成大批死亡，孕羊可发生流产。

【防治措施】

(1)在发病地区要定期注射口蹄疫疫苗。加强检疫，防止本病从异地传入。

(2)一旦发现本病，应划定和封锁疫区。被病畜污染的场所和用具应立即进行消毒。一般用 2%火碱或 10%石灰水消毒。病畜的粪便和污物应通过生物热消毒(30℃以上)处理。

(3)药物治疗　无特效药；只能对症治疗并防止继发感染。用清水、1%温食盐水、0.1%高锰酸钾溶液、2%硼酸洗漱口腔。用 5%碘甘油或冰硼散涂抹溃烂面。用 3%来苏儿冲洗蹄部，擦干后再涂抹鱼石脂软膏。用 0.1%高锰酸钾溶液或肥皂水等冲洗乳房，再涂以青霉素软膏等。根据病羊出现的全身症状，采用抗生素及磺胺类药物等进行对症治疗。

(八)羔羊痢疾

羔羊梭菌性痢疾简称羔羊痢疾，是由 B 型魏氏梭菌所引起初生羔羊的一种毒血症，以剧烈腹泻和小肠发生溃疡为特征。

【流行特点】本病主要发生于 7 日龄以内的羔羊，尤以 2～5 日龄羔羊发病为多。羔羊生后数日，B 型魏氏梭菌可通过吮乳、羊粪或饲养人员手指进入消化道，也可通过脐带或创伤感染。

在不良因素的作用下，病菌在小肠大量繁殖，产生毒素，引起发病。

【临床症状】潜伏期 1～2 d。病初羔羊精神委顿，食欲低下，不久即下痢，粪便恶臭，有的稠如面糊，有的稀薄如水，颜色黄绿、黄白甚至灰白，部分病羔后期粪便带血，成为血便。病羔虚弱，卧地不起，常于 1～2 d 内死亡。个别病羔腹胀而不下痢，或只排少量稀粪(也可能粪便带血或成血便)，主要表现为神经症状，四肢瘫软，卧地不起，呼吸急促，口流白沫，最终昏迷；体温降至常温以下，多在数小时或十几小时内死亡。

【防治措施】

(1)加强饲养管理，增强孕羊体质；产羔季节注意保暖，防止羔羊受冻；合理哺乳，避免饥饱不均；产前产后或接羔过程中都要注意清洁卫生。

(2)每年产前定期接种“羊快疫、肠毒血症、猝狙、羔羊痢疾、黑疫五联苗”。也可接种羔羊痢疾灭活疫苗，怀孕母羊分娩前 20～30 d 皮下注射 2 mL，再于分娩前 10～20 d 第二次注苗 3 mL，第二次接种后 10 d 产生免疫力，经初乳可使羔羊获得被动免疫力。

(3)发病时，对病羔要做到及早发现，及早治疗，仔细护理。治疗羔痢的方法很多，可结合当地实际，因地制宜，合理选用。

(九)羊传染性脓疱病

传染性脓疱病俗称“羊口疮”，是由羊口疮病毒引起的绵羊和山羊的一种传染病。本病以患羊口唇等部位皮肤、黏膜形成丘疹、脓疱、溃疡以及疣状厚痂为特征。

【流行特点】病羊和带毒羊是该病的传染源。病毒存在于脓疱和痂皮内。健康的羊主要是通过接触传染，被传染的圈舍、饲草、用具等可间接传染，多为群发。由于病毒的抵抗力较强，只要发生一次，可连续发生多年。在草料缺乏、羊只瘦弱、羔羊缺奶，抗病力降低的情况下，容易发病且病情严重。该病的发生无明显季节性，但以秋季多发。

【临床症状】该病在临床上分为唇型、蹄型和外阴型，也见混合型感染病例。

(1)唇型　病羊先在口角、上唇或鼻镜上出现散在的小红斑，逐渐变为丘疹和小结节，继而成为水疱、脓疱；破溃后，结成黄色或棕色的疣状硬痂。如为良性经过，则经 1～2 周，痂皮干燥、脱落而康复。严重病例，患部继续发生丘疹、水疱、脓疱、痂垢，并互相融合，波及整个口唇周围及眼睑和耳廓等部位，形成大面积痂垢。痂垢不断增厚，痂垢下伴有肉芽组织增生，整个嘴唇肿大外翻呈桑葚状隆起，影响采食，病羊日趋衰弱而死。

(2)蹄型　于蹄叉、蹄冠或系部皮肤上形成水疱、脓疱，破裂后形成由脓液覆盖的溃疡。如继发感染则发生化脓、坏死，常波及基部、蹄骨，甚至肌腱和关节。病羊跛行，长期卧地，衰竭而死。

(3)外阴型　表现为黏性和脓性阴道分泌物，在肿胀的阴唇及附近皮肤上发生溃疡，乳房和乳头的皮肤上发生脓疱、烂斑和痂垢；公羊表现为阴鞘肿胀，出现脓疱和溃疡。

【诊断要点】根据本病的流行特点，尤其是典型的临床症状，如口角周围的增生性桑葚状痂垢，结合实验室检验，诊断为羊传染性脓疱病。

【防治措施】

(1)当发现有本病发生时，应特别注意饲喂柔软的饲草，防止灌木类饲料刺伤羊的口腔、鼻黏膜等，以减少感染本病的机会。

(2)药物治疗　无特效药，只能对症治疗。迅速隔离病羊，用 0.1%高锰酸钾溶液冲洗患部，用碘甘油或5%碘酒涂抹患部，每日1～2次。

(十)羊痘

羊痘是由羊痘病毒引起的一种急性、热性、接触性传染病。其特征是具有典型的病程，在病羊皮肤和黏膜上发生特殊的痘疹。

【流行特点】羊痘可全年发生，但以春秋两季较多发。传染源主要是病羊和病愈带毒的羊，病毒存在于痘疹、水疱液、痘痂上皮和黏膜的分泌物内，随脱落的痂皮和分泌物污染环境和饮水，羊通过呼吸道、消化道或受伤的皮肤、黏膜而传染。病毒易被石炭酸、火碱、石灰水、福尔马林杀灭。潜伏期一般为6～8 d(短可达2～3 d，长可达15～20 d)。

【临床症状】本病可造成母羊流产，丧失生产力和死亡。目前危害最大的是绵羊痘。病羊发痘前体温升高到41～42℃，食欲减少，精神不振，从鼻孔流出黏性或脓性鼻液，呼吸和脉搏加快，经1～4 d后开始发痘。绵羊痘疹多发于皮肤无毛或少毛部位。山羊痘疹多发生在乳房皮肤或乳头上。开始为红斑，1～2 d后形成丘疹，丘疹逐渐增大，变成灰白色水泡。水泡液逐渐变混浊而成脓疱，随后破裂或内容物干涸，形成棕色痂皮，脱痂后痊愈。病程一般约3～4周。

【防治措施】

(1)保持羊舍环境干燥、卫生，搞好羊的饲养管理。

(2)在羊痘发病区，每年定期预防注射羊痘鸡胚弱毒疫苗。

(3)药物治疗 无特效药，只能对症治疗。用清水或0.1%高锰酸钾溶液清洗后涂以5%碘甘油或紫药水。对细毛羊、羔羊可用抗生素或磺胺类药物治疗，防止发生继发感染。用痊愈血清治疗，大羊为10～20 mL，小羊为5～10 mL，皮下注射。

二、寄生虫病

(一)螨病

羊螨病是由疥螨和痒螨寄生于羊体表而引起的慢性寄生性皮肤病。螨病又叫疥癣、疥虫病、疥疮等，具有高度传染性，往往在短期内可引起羊群严重感染，危害十分严重。

【临床症状】病羊表现剧痒，皮肤变厚、脱毛和消瘦等症状。严重感染时，常可导致生产性能降低，甚至发生大批死亡。由于患羊的摩擦和啃咬，患部皮肤出现丘疹、结节、水疱甚至脓疱，渗出液很多，而后凝结成浅黄色脂肪样痂皮。绵羊患疥螨病时，因病变主要局限于头部，病变皮肤如干涸的石灰，故有“石灰头”之称。绵羊感染痒螨后，可见患部有大片被毛脱落；皮肤裸露，贫血，严重衰竭，寒冷冬季可造成大批死亡。

【防治措施】

(1)保持羊舍干燥卫生 可用10%～20%生石灰乳或20%草木灰水对圈舍及其用具进行消毒。

(2)常用治疗药物

①0.5%～1.0%敌百虫液喷洒或擦洗羊体，隔周后再重复擦洗一次。②0.025%～0.05%蝇毒灵乳剂溶液喷雾或药浴。③取煤焦油10～20份、凡士林100份混合，涂搽患部。④0.01%～0.05%双甲脒涂擦患部，7～10 d后再重复一次。

(二)肝片吸虫病

肝片吸虫病是由肝片吸虫寄生于羊的肝脏、胆管所致。本病能引起急性或慢性肝炎和胆管炎,并伴发全身性中毒现象和营养障碍。幼畜及绵羊常因此病导致大批死亡。

【临床症状】急性型症状多发生于夏末秋初,是因短时间内遭受严重感染所致。慢性型症状较多见于患羊耐过急性期或轻度感染后,在冬春转为慢性。急性型病羊,初期发热,衰弱,易疲劳,离群落后;叩诊肝区半浊音界扩大,压痛明显,很快出现贫血、黏膜苍白,红细胞及血红素显著降低,严重者多在几天内死亡。慢性型病羊,主要表现消瘦,贫血,黏膜苍白,食欲不振,异嗜,被毛粗乱无光泽,且易脱落,步行缓慢;眼睑、颌下、胸前及腹下出现水肿;便秘与下痢交替发生,病情逐渐恶化,最终可因极度衰竭而死亡。

【诊断要点】

(1)现场诊断　应根据临床症状、流行特点和病理变化做出现场诊断。

(2)实验室诊断　检查虫卵可采用直接涂片或水洗沉淀法进行。

【防治措施】

(1)定期驱虫　在进行预防性驱虫时,驱虫的次数和时间必须与当地的具体情况及条件相结合。通常情况下,每年如进行1次驱虫,可在秋末冬初进行;如进行两次驱虫,另一次驱虫可在翌年的春季进行。

(2)粪便处理　及时对畜舍内的粪便进行堆肥发酵,以便利用生物热杀死虫卵。尽可能避免在沼泽、低洼地区放牧,以免感染囊蚴。

(3)饮水最好用自来水、井水或流动的河水,保持水源清洁卫生;有条件的地区可采用轮牧方式,以减少感染机会。

(4)消灭中间宿主　肝片吸虫的中间宿主椎实螺,生活在低洼阴湿地,可结合水土改造,破坏椎实螺的生活条件。流行地区应用药物灭螺时,可选用1∶50 000的硫酸铜溶液或2.5 mL/L的血防67对椎实螺进行浸杀或喷杀。

(5)药物治疗　驱除片形吸虫的药物,常用的有下列几种:丙硫咪唑(抗蠕敏)为广谱驱虫药,对驱除片形吸虫的成虫有良效,剂量5～15 mg/kg体重,一次口服。蛭得净(溴酚磷)剂量16 mg/kg体重,一次口服。硝氯酚(拜耳9015)剂量4～5 mg/kg体重,一次口服。肝蛭净(三氯苯咪唑)剂量10 mg/kg体重,一次口服。

(三)绦虫病

绦虫病是由莫尼茨绦虫、曲子宫绦虫及无卵黄腺绦虫寄生于绵羊、山羊和牛的小肠所引起。其中莫尼茨绦虫危害最为严重,特别是羔羊、犊牛感染时,不仅影响生长发育,甚至可引起死亡。3种绦虫既可单独感染,也可混合感染。该病在全国广泛分布,但在三北牧区流行更为普遍。

【临床症状】患羊症状表现的轻重通常与感染虫体的强度及体质、年龄等因素密切相关。一般可表现为食欲减退,出现贫血与水肿,羔羊腹泻时,粪中混有虫体节片,有时还可见虫体的一段吊在肛门处。被毛粗乱无光,喜躺卧,起立困难,体重迅速减轻。若虫体阻塞肠管时,则出现肠臌胀和腹痛表现,甚至因肠破裂而死亡。有时病羊亦可出现转圈、肌肉痉挛或头向后仰等神经症状。后期,患畜仰头倒地,经常作咀嚼运动,口周围有泡沫,对外界反应几乎丧失,直至全身衰竭而死。

【诊断要点】查找可疑羊的粪便中是否排出有虫体的节片，必要时亦可用饱和盐水漂浮法进行虫卵检查。

【防治措施】

(1)预防　在虫体成熟前，即羊放牧后 30 d 内进行第一次驱虫，再经 10～15 d 后进行第二次驱虫，此法不仅可驱除寄生的绦虫，还可防止牧场或外界环境遭受污染。有条件的地区可实行科学轮牧。尽可能避免雨后、清晨和黄昏放牧，以减少羊吃入中间宿主——地螨的机会。结合牧场改良，进行深耕，种植优良牧草或农牧轮作，不仅能大量减少地螨，还可提高牧草质量。

(2)治疗

①丙硫咪唑：剂量按 5～20 mg/kg 体重，做成 1% 的水悬液，口服。②氯硝柳胺：剂量按 100 mg/kg 体重，配成 10% 水悬液，口服。③硫双二氯酚：剂量按 75～100 mg/kg 体重，包在菜叶里口服，亦可灌服。④砷制剂：包括砷酸亚锡、砷酸铅及砷酸钙、各药剂量均按羔羊每只 0.5 g，成年羊每只 1 g，装入胶囊口服。

(四)弓形虫病

弓形虫病是由孢子虫纲的原生动物——龚地弓形虫所引起的一种人畜共患寄生虫病。本病在全世界广泛存在和流行。在我国，羊的弓形虫病亦不同程度地存在，不仅直接危害养羊业，而且对整个畜牧业的发展及人类的健康都构成一定的威胁。

【临床症状】大多数成年羊呈隐性感染，主要表现为妊娠羊常于正常分娩前 4～6 周出现流产。流产时，大约一半的胎膜有病变，绒毛叶呈暗红色，在绒毛中间有许多直径为 2 mm 的白色坏死灶。产出的死羔皮下水肿，体腔内有过多的液体，肠内充血；脑尤其是小脑前部有广泛性炎症性小坏死点。此外，在流产组织内可发现弓形虫。少数病例可出现神经系统和呼吸系统症状，表现呼吸困难，咳嗽，流泪，流涎，有鼻液，走路摇摆，运动失调，视力障碍，心跳加快，体温 41℃以上，呈稽留热，腹泻等。剖检可见淋巴结肿大，边缘有小结节，肺表面有散在的小出血点，胸、腹腔有积液。此时肝、肺、脾、淋巴结涂片检查可见弓形虫速殖子。

【防治措施】

(1)治疗　对急性病例可应用磺胺类药物，与抗菌增效剂联合使用效果更好，亦可考虑使用四环素族抗生素和螺旋霉素等。上述药物通常不能杀灭包囊内的慢殖子。常用药物如下：

①磺胺嘧啶＋甲氧苄胺嘧啶　前者剂量为 70 m/kg 体重，后者按 14 mg/kg 体重，每日 2 次，口服，连用 3～4 d。

②磺胺甲氧吡嗪＋甲氧苄胺嘧啶　前者剂量为 30 mg/kg 体重，后者剂量为 10 mg/kg 体重，每日 1 次，口服。连用 3～4 d。

③磺胺-6-甲氧嘧啶　剂量按 60～100 mg/kg 体重；或配合甲氧苄胺嘧啶(14 mg/kg 体重)，每日 1 次，口服，连用 4 次。可迅速改善临床症状，并有效地阻抑速殖子在体内形成包囊。

(2)预防　应做好畜舍卫生工作，定期消毒；饲草、饲料和饮水严禁被猫的排泄物污染；对羊的流产胎儿及其他排泄物要进行无害化处理，流产的场地亦应严格消毒；死于本病或疑为本病的畜尸，要严格处理，以防污染环境或被猫及其他动物吞食。

(五)羊消化道线虫病

【临床症状】病羊感染各种消化道线虫的主要症状表现为消化紊乱，胃肠道发炎，腹泻，消瘦，眼结膜苍白，贫血。少数病例体温升高，呼吸、脉搏频数，心音减弱，最终病羊可因身体极度衰竭而死亡。

【诊断要点】通常对症状可疑的羊应进行粪便虫卵检查。常用的方法为饱和盐水漂浮法，也可直接涂片法镜检虫卵。镜检时，各种线虫虫卵一般不易区分；因为各线虫病的防治方法基本相同，一般情况下亦无必要对虫卵的种类加以鉴别。粪检时，羊每克粪便中含有 1 000 个虫卵时即应驱虫，羔羊每克粪便中含 2 000～6 000 个虫卵则被认为是重感染。

【防治措施】

(1)治疗

①丙硫咪唑：剂量按 5～20 mg/kg 体重，口服。②左旋咪唑：剂量按 10～15 mg/kg 体重，混饲喂给或肌肉注射。③硫化二苯胺：剂量按 600 mg/kg 体重，用面汤做成悬浮液，灌服。④精制敌百虫：剂量按绵羊 80～100 mg/kg 体重，山羊 50～70 mg/kg 体重；口服。⑤甲苯咪唑：剂量按 10～15 mg/kg 体重；口服。⑥硫酸铜：用蒸馏水配成 1%溶液，剂量按大羊100 mL、中羊 80 mL，小羊 50 mL；山羊用量不得超过 60 mL，灌服。

(2)预防 应在晚秋转入舍后和春季放牧前各进行 1 次计划性驱虫，因地区不同，选择驱虫的时间和次数可根据具体情况酌定；羊应饮用干净的流水或井水；尽可能避免吃露水草和在低湿处放牧，以减少感染机会；粪便可进行堆肥发酵，以杀死虫卵；加强饲养管理，提高羊的抗病能力。

三、普通病

(一)前胃弛缓

羊前胃弛缓是由各种原因导致的前胃兴奋性降低、收缩力减弱，瘤胃内容物运转缓慢，菌群失调，产生大量腐解和酵解的有毒物质，引起消化障碍，食欲、反刍减退以及全身机能紊乱现象的一种疾病。病因比较复杂，一般可分为原发性和继发性两种。

【临床症状】前胃弛缓按其病情发展过程，可分为急性和慢性两种类型。急性前胃弛缓表现食欲废绝，反刍和瘤胃蠕动次数减少或消失，瘤胃内容物腐败发酵，产生多量气体，左腹增大，叩触不坚实。慢性前胃弛缓表现精神沉郁，倦怠无力，喜卧地；被毛粗乱，体温、呼吸、脉搏无变化，食欲减退，反刍缓慢；瘤胃蠕动力量减弱，次数减少。有时便秘与下痢交替发生，并常附着有未消化的饲料颗粒。若为继发性前胃弛缓，常伴有原发病的特征性症状，在诊断时应加以区别。

【诊断要点】根据病因、症状等综合判定。检测瘤胃内容物性状变化，可作为诊疗之依据。瘤胃液 pH 降至 5.5 以下，纤毛虫数量减少、活力降低，纤维素消化试验时间延长，瘤胃液沉淀活性试验时间延长。但须注意与如下疾病鉴别诊断：创伤性网胃腹膜炎，泌乳量下降，姿势异常，体温升高，触摸网胃区腹壁有疼痛反应。瘤胃积食，瘤胃内容物充实、坚硬。

【防治措施】首先应消除病因，加强饲养管理，因过食引起者，可采用饥饿疗法，禁食 2～3 次，然后供给易消化的饲料，使之恢复正常。药物疗法，应先投给泻剂，清理胃肠，再投给兴奋瘤胃蠕动和防腐止酵剂。成年羊可用硫酸镁或人工盐 20～30 g、石蜡油 100～1 200 mL，番木别酊 2 mL、大黄酊 10 mL，加水 500 mL，1 次内服。10％氯化钠 20 mL、10％氯化钙 10 mL、10％安钠咖 2 mL，混合后，1 次静脉注射。

（二）瘤胃积食

【病因】该病主要是吃了过多的喜爱采食的饲料，如苜蓿、青饲、豆科牧草等；或养分不足的粗饲料，如干玉米秸秆等；采食干料，饮水不足，也可引起该病的发生。此外，因过食或偷食谷物精料，引起急性消化不良，使碳水化合物在瘤胃中形成大量乳酸，导致机体酸中毒，亦可显示瘤胃积食的病理过程。该病还可继发于前胃弛缓、瓣胃阻塞、创伤性网胃炎、腹膜炎、皱胃炎及皱胃阻塞等疾病过程。

【临床症状】发病较快，采食、反刍停止，病初不断嗳气，随后嗳气停止，腹痛摇尾，或后蹄踏地，拱背，咩叫。后期病羊精神萎靡。左侧腹部轻度臌大，肷窝平或稍凸出，触诊硬实。瘤胃蠕动初期增强，以后减弱或停止，呼吸促迫，脉搏增数，黏膜发绀。严重者可见脱水，发生自体酸中毒和胃肠炎。

【防治措施】严格饲养管理制度，加强对羊群检查，建立合理的饲喂和放牧操作程序。治疗应遵循消导下泻，止酵防腐，纠正酸中毒，健胃，补充液体的治疗原则。消导下泻，可用石蜡油 100 mL、人工盐或硫酸镁 50 g，芳香氨酯 10 mL，加水 500 mL，1 次内服。止酵防腐，可用鱼石脂 1～3 g、陈皮酊 20 mL，加水 250 mL，1 次内服。纠正酸中毒，可用 5％碳酸氢钠 100 mL，5％葡萄糖溶液 200 mL，1 次静脉注射；或用 11.2％乳酸钠 30 mL，1 次静脉注射。

种羊发生急性瘤胃积食，若应用药物治疗不能达到目的，宜迅速进行瘤胃切开手术，进行急救。

（三）瘤胃臌气

【病因及症状】羊食入大量发酵青草、豆科植物和精饲料等易发此病。本病多发于夏秋两季。病羊表现为烦躁不安，呆立拱背，腹部急性膨大，左侧大于右侧，拍打时呈鼓音。停止反刍，呼吸困难，心跳快而弱。眼黏膜先变红后变紫，口吐白沫，很快窒息死亡。

【防治措施】

（1）合理搭配日粮，防止羊只偷食精料，给足饮水，逐渐变换草料。

（2）药物治疗：①轻症者，可用一木棍涂上松节油横放在羊的口中，驱赶羊只爬山运动，或使羊前高后低站立，按摩左肷部，以帮助排出气体。②福尔马林 3～5 mL 加水 400 mL，一次灌服。③溴药水 3～4 mL，小苏打 5～7 g，加温水 200 mL 混匀，一次灌服。④病势严重并有窒息死亡危险时，可用 16 号针头或套管针头穿刺瘤胃，缓慢放气，放完后注入樟脑油 5～8 mL，穿刺口用 5％碘液消毒并用胶布贴盖。

（四）胃肠炎

胃肠炎是胃肠黏膜及其深层组织的出血性或坏死性炎症。临床表现以食欲减退或废绝，体温升高，腹泻，脱水，腹痛和不同程度的自体中毒为特征。

【病因】该病多因前胃疾病引起。饲养管理上的不当占重要地位，如采食大量的冰冻、发霉饲料，饲草、饲料中混进具有刺激性的化肥，如过磷酸钙、硝铵等。服用过量的蓖麻油、芦荟、芒硝等，也可致病。圈舍潮湿，卫生不良，春季羊体质弱，营养不良，以及投服驱虫药剂量偏大，也是该病发生的原因之一。该病还可继发于羊副结核、巴氏杆菌病、羊快疫、羊肠毒血症、炭疽、羔羊大肠杆菌病等疾病。

【诊断要点】初期病羊多呈现急性消化不良的症状，其后逐渐或迅速转为胃肠炎。病羊表现食欲减少或废绝，口腔干燥发臭，舌有黄厚苔或薄白苔，伴有腹痛。肠音初期增强，其后减弱或消失，排稀粪或水样便，排泄物腥臭或恶臭，粪中混有血液、粘脓、坏死脱落的组织片。脱水严重，少尿，眼球下陷，皮肤弹性降低，消瘦，腹围紧缩。当虚脱时，病羊卧地，脉搏微细，心力衰竭。体温在整个病程中升高。病至后期，因循环和微循环障碍，病羊四肢冷凉，昏睡，抽搐而死。慢性胃肠炎病程较长，病势缓慢，主要症状同于急性胃肠炎。

【防治措施】消炎可用磺胺脒 4～8 g、小苏打 3～5 g，加水适量，1 次内服。亦可用药用炭 7 g。萨罗尔 2～4 g、次硝酸铋 3 g，加水适量，1 次内服；或用黄连素片 15 片、链霉素片 2 片（每片 0.5 g）、红根草粉 15 g，加水适量，1 次内服；或用青霉素 40 万～80 万 U，链霉素 50 万～100 万 U，蒸馏水 10 mL 溶解，1 次肌肉注射，连用 5 d；或用氯霉素注射液 10 mL，1 次肌肉注射；脱水严重的宜补液，可用 5%葡萄糖溶液 300 mL、生理盐水 200 mL、5%碳酸氢钠溶液 100 mL，混合后 1 次静脉注射，必要时可以重复应用。下泻严重者可用 1%硅酸阿托品注射液 2 mL，皮下注射。心力衰竭时，可用 10%樟脑硝酸钠 3 mL，1 次肌肉注射。

（五）谷物酸中毒

谷物酸中毒是因羊采食或偷食谷物饲料过多，从而引起瘤胃内产生乳酸的异常发酵，使瘤胃内微生物区系和纤毛虫生理活性降低的一种消化不良疾病。临床表现以精神兴奋或沉郁，食欲和瘤胃蠕动废绝，胃液酸度升高，瘤胃积食胀软，脱水等为特征。

【病因】主要为过食富含碳水化合物的谷物如大麦、小麦、玉米、高粱、水稻或麸皮和糟粕等浓厚饲料所引起。本病发生的原因主要是对羊管理不严，致使偷食大量谷物饲料或突然增喂大量谷物饲料，使羊突然发病。

【诊断要点】通常在过食谷物饲料后 4～6 h 内发病，呈急性消化不良，表现精神沉郁，腹胀，喜卧，亦见有腹泻，很快死亡。一般症状为食欲、反刍减少，很快废绝，瘤胃蠕动变弱，很快停止。触诊瘤胃胀软，内容物为液体。体温正常或升高，心律和呼吸增数，眼球下陷，血液黏稠，皮肤丧失弹性，尿量减少，常伴有瘤胃炎。瘤胃液 pH 用石蕊试纸测定在 6 以下，血液碱贮和二氧化碳结合力也降低。在病程中亦见有视觉紊乱，盲目运动者。

【防治措施】加强饲养管理，严防羊偷食谷物饲料及突然增加浓厚精饲料的喂量，应控制喂量，做到逐步增加，使之适应。中和胃液酸度，用 5%碳酸氢钠 1 500 mL 胃管洗胃，或用石灰水洗胃。石灰水制作：生石灰 1 kg，加水 5 L，搅拌均匀，沉淀后用上清液。强心补液可用 5%葡萄糖盐水 500～1 000 mL，10%樟脑磺酸钠 5 mL，混合静脉注射。健胃轻泻用大黄苏打片 15 片、橙皮酊 10 mL、豆蔻酊 5 mL、石蜡油 100 mL，混合加水，1 次内服。

（六）支气管肺炎

【病因及症状】本病主要是吸入了有强烈刺激性的气体（如浓烟、氨气等）损伤了肺小叶，或因气温骤变受寒冷等引起，尤以体弱羊只易发。病羊精神沉郁，食欲减少，呼吸浅表而困难，鼻镜发干，后转成湿性长咳。胸壁叩诊有局部性浊音并有痛感，听诊有罗音。体温升高呈弛张热型。

【防治措施】

(1)加强饲养管理,保持羊舍环境的清洁卫生和防寒保暖。

(2)药物治疗:①青霉素,1 万~1.5 万 U/kg 体重,肌肉注射,1 d 2~3 次。②链霉素,10 mg/kg 体重,1 d 2~3 次,肌肉注射。③临床上以青、链霉素联合应用,7 d 为一个疗程,疗效显著。④卡那霉素,15 mg/kg 体重,每日 2~3 次,肌肉注射,连续 7 d。

【资料卡】

朊毒体(Prion)

1982 年,美国加利福尼亚大学教授斯坦利·普利西纳提出雅克氏病的病原体是一种"蛋白质性质的感染颗粒",并用 prion(普利昂)一词表示这种因子,国内曾译为朊病毒或锯蛋白。但这种蛋白质粒子缺乏核酸,称为病毒并不妥当,故现在称为朊毒体。

疯羊病、疯牛病及人类所患的新型雅克氏症等海绵状脑病,都是由朊毒体发生变异引起的。包括人在内的哺乳动物体内都存在朊毒体,它在正常形态下呈折叠状,但变异时会张开如同锯齿状,在大脑中撑出大量的小洞,引起人或动物患上痴呆型的传染性海绵状脑病。

普利西纳学说公布之初,在学术界曾遭到猛烈反对,多数人持否定态度。人们普遍认为,不存在没有核酸的病原体,这已成为常识,但普利西纳的学说却与这种认识背道而驰。经过 10 多年的研究和争论,大量事实确证了朊毒体的存在,普利西纳的学说最终得到了认可。鉴于这一发现的重大科学价值,普利西纳荣获 1997 年度诺贝尔生理学或医学奖。

【学习自测】

一、知识自测

(一)选择题

1. 在产羔前可用来苏儿________稀释对产房严格消毒。

A. 1∶100　　B. 1∶200　　C. 1∶300　　D. 1∶400

2. 可用碘酸________稀释汽化喷雾消毒。

A. 1∶100　　B. 1∶300　　C. 1∶500　　D. 1∶700

3. 羊的正常体温是________℃

A. 38.0~39.0　　B. 39.0~40.0　　C. 40.0~41.0　　D. 41.0~42.0

4. 弓形虫病大多数成年羊呈隐性感染,主要表现为妊娠羊常于正常分娩前________周出现流产。

A. 4~6　　B. 7~8　　C. 9~10　　D. 11~12

5. 口蹄疫是由口蹄疫病毒引起的________动物的一种急性、热性、高度接触性传染病

A. 偶蹄　　B. 单蹄　　C. 哺乳　　D. 家养

(二)填空题

1. 针对性消毒时要考虑药品对病原菌的敏感性。大多数消毒药对细菌有作用,

但________作用很弱。

2. 进行预防性消毒时，要考虑病原对消毒药的________。

3. 羊传染病免疫学检验常用的方法有________。

4. 羊肠毒血症又称________，是由________菌在羊肠道内大量繁殖产生毒素引起的，主要发生于绵羊的一种急性毒血症。

5. 羊黑疫又称“传染性坏死性肝炎”，是由________菌引起的绵羊、山羊的一种急性高度致死性毒血症。

(三)简答题

1. 羊病临床诊断最常用的方法有哪些？并说明各种临床诊断法如何检查羊的症状表现及异常变化。

2. 羊传染病的实验室检查常用哪些方法？并说明羊传染病检验的一般程序。

3. 说明羊寄生性病诊断常用的方法及步骤。

4. 说明羊场如何对环境进行消毒？

5. 怎样制定羊场的免疫程序？

6. 简述羊常见传染病的流行特点、临床症状、诊断要点及防治措施。

7. 简述羊常见寄生虫病的临床症状、诊断要点及防治措施。

8. 简述羊常见普通病的发病原因、临床症状、诊断要点及防治措施。

二、技能自测

1. 羊大量食用玉米粉等精料会发出哪些症状，并提出防治措施。

2. 每年五六月份，当羊采食过多的幼嫩青草时，在胃内迅速发酵，产生大量气体而又不易排出体外，引起胀肚，俗称“青草胀”，即瘤胃臌气。提出防治措施。

3. 夏季羊舍内潮湿、闷热、拥挤、狭小，或车船运输时通风不良，热在体内蓄积。会使羊产生哪些不良反应？如何预防和治疗？

【课外学习指南】

一、学习网站

1. 爱课程网(http://www.icourses.cn/home)。

2. 牛羊生产国家精品课程网站(http://58.222.253.142/2007/niuyang/)。

3. 中国养殖网(www.chinabreed.com)。

4. 中国羊网(http://www.chinasheep.com/ywscShow.asp? sid=11)。

5. 中国农业推广网(http://www.farmers.org.cn/)。

6. 中国农业信息网(http://www.agri.gov.cn/)。

二、规范、标准

1. 347NY/T 1167—2006 畜禽场环境质量及卫生控制规范。

2. 348NY/T 1168—2006 畜禽粪便无害化处理技术规范。

3.349NY/T 1169—2006 畜禽场环境污染控制技术规范。

4.469NY 5149—2002 无公害食品 肉羊饲养兽医防疫准则。

5.460NY 5030—2006 无公害食品 畜禽饲养兽药使用准则。

三、参考文献

1. 范颖．宋连喜．羊生产．北京:中国农业大学出版社,2008.

2. 岳炳辉,闫红军．养羊与羊病防治．北京:中国农业出版社,2013.

3. 田树军,王宗仪,胡万川．养羊与羊病防治．2 版．北京:中国农业出版社,2006.

项目10

羊场经营管理

知识目标

- 熟悉规模羊场的组织机构设置。
- 熟悉羊场生产定额及生产计划管理。
- 了解专业化规模养羊的生产组织与实施。
- 了解羊场的成本核算与效益分析的方法。

技能目标

- 能够编制羊场生产计划。
- 能够制定羊场的岗位责任管理制度。
- 初步具备羊场规范化经营管理的能力。

随着养羊业规模化和专业化程度的不断提高，使专业化养羊生产不仅具有相当大的规模和饲养管理的高水平，实现养羊产品的标准化和规范化，而且毛、肉、奶、皮等产品逐步实现生产、加工、销售一体化的龙形经济。最终以较低的生产成本、优良的产品质量和较高的劳动生产率将会得到较大程度的提高，养羊的经济效益就会越来越显著。

任务1 规模养羊的制度管理

【任务描述】

规章制度是规模羊场生产部门加强和巩固劳动纪律的基本方法。规模羊场主要的劳动管理制度有岗位制、考勤制、基本劳动日制、作息制、质量检查制、安全生产制、技术操作规程等。羊场由于劳动对象的特殊性，特别应注意根据羊的生物学特性及不同生长发育阶段的消化吸收规律，建立合理的饲喂制度，做到定时、定量、定次数、定顺序，并应根据季节、年龄进行适当调整，以保证羊的正常消化吸收，避免造成饲料浪费。

【任务分析】

制度管理是羊场做好劳动管理不可缺少的手段。主要包括考勤制度、劳动纪律、生产责任制、劳动保护、劳动定额、奖惩制度等。制度的建立，一是要符合羊场的劳动特点和生产实际；二是内容具体化，简明扼要，质和量的概念必须明确；三是要经全场职工认真讨论通过，并经场领导批准后公布执行；四是必须具有的严肃性，一经公布，全场干部职工必须认真执行，不搞特殊化；五是必须具备连续性，应长期坚持，并在生产中不断完整。

【任务实施】

一、建立健全严格的岗位责任制

在羊场的生产管理中，要使每一项生产工作都有人去做，并按期做好，使每个职工各尽其能，能够充分发挥主观能动性和聪明才智，需要建立联产计酬的岗位责任制。技术人员、饲养管理人员应签订和执行责任承包合同，实行定额管理，责任到人，赏罚分明；同时，技术人员、技术工人要相对稳定，一般中途不要调整和更换人员。联产计酬岗位责任制的制订要领是责、权、利分明。内容包括：应承担的工作责任、生产任务或饲养定额；必须完成的工作项目或生产量（包括质量指标）；授予的权利及权限；明确规定超产奖励、欠产受罚的数量。建立岗位责任制，还要通过各项记录资料的统计分析，不断进行检查，用计分方法科学计算出每一职工、每个部门、每一生产环节的工作成绩和完成任务的情况，并以此作为考核成绩及计算奖罚的依据，从而充分调动每个人的积极性。推行岗位责任制，有利于纠正管理过分集中、经营方式过于单一和分配上存在的平均主义。

二、劳动职责

1. 场长职责

(1)认真贯彻执行国家有关发展养羊业的法规和政策。

(2)决定羊场的经营计划和投资方案。

(3)确定羊场年度预算方案、决算方案、利润分配方案及工资制度。

(4)确定羊场的基本管理制度。

(5)决定羊场内部管理机构的设置、聘任或者解雇员工。

(6)决定羊产品价格和收费标准。

(7)订立合同，申请专利，注册商标，对外签订经济合同。

(8)牵头决定羊场合并、变更、经营形式、解散等重大事情。

(9)遵守国家法律、法规和政策，依法纳税，服从国家有关机关的监督管理。

2. 养殖主管的职责

(1)按照本场的自然资源、生产条件及市场需求，组织羊场技术人员制定全场生产年度计划和长远计划，审查生产基本建设和投资计划，掌握生产进度，提出增产措施和育种方案。

(2)制定各项养殖技术操作规程，并检查其执行情况，对于违反技术操作规程和不符合技术的事项有权利制止和纠正。

(3)负责拟订全场各类饲料采购、贮备和调配计划，并检查其使用情况。

(4)组织养殖技术经验交流、技术培训和科学实验等工作。

(5)对于养殖技术中的重大事故,要负责做出结论,并承担应负的责任。

(6)对全场技术人员的任免、调动、升级、奖惩提出意见和建议。

3. 兽医主管的职责

(1)制定本场消毒、防疫检疫制度和制定免疫程序,并进行监督。

(2)负责拟订全场兽医药械的分配调配计划,并检查其使用情况,在发生传染病时,根据有关规定封锁或者捕杀病羊。

(3)组织进行技术经验交流、技术培训和科学实验工作。

(4)及时组织会诊疑难病例。

(5)对于兽医技术中的重大事故,要负责做出结论,并承担应负的责任。

(6)对全场兽医技术人员的任免、调动、升级、奖惩提出意见和建议。

4. 畜牧技术人员职责

(1)根据本场生产任务和饲料条件,拟订生产计划。

(2)根据畜牧技术规程,拟订饲料配方和饲喂定额。

(3)制定育种、选种、选配方案。

(4)负责羊场的饲养任务、畜牧技术操作和畜群生产管理。

(5)配合场部制定、督促、检查各种生产操作规程和岗位责任制贯彻执行情况。

(6)总结本场的畜牧技术经验,传播科技知识,填写各项技术记录,并进行统计管理。

(7)对于本场畜牧技术中的事故,及时报告,并承担责任。

5. 兽医技术人员的职责

(1)负责畜群卫生保健、疾病监控和治疗,贯彻防疫制度,制定药械购置计划,填写病历和有关报表,实行兽医记录电脑管理。

(2)认真细致地进行疾病诊治,充分利用化验室提供的科学数据,遇疑难病例及时汇报。

(3)每天巡视畜群,发现问题及时处理。

(4)普及卫生保健知识,提高员工素质。

(5)兽医应配合畜牧技术人员,共同搞好畜群饲养管理,减少羊群发病。

(6)掌握科技信息,开展科研工作,推广应用先进技术。

6. 饲养人员职责

(1)按照不同畜群饲料定额,定时、定量按顺序饲喂,少喂勤添,确保质量。

(2)熟悉羊群情况、体况,不同的应区别对待。

(3)细心观察羊群的食欲、精神和粪便情况,发现异常及时汇报。

(4)节约饲料,减少浪费,根据实际情况,对饲料的配方、定额及饲料质量向技术人员提出意见和建议。

(5)每次饲喂前应保证饲槽清洁卫生,保证饲料新鲜,提高饲喂质量。

(6)保管、使用喂料车和工具,节约水电,并做好交接班工作。

7. 配种员职责

(1)每年年末制定下一年的每月配种繁殖计划,参与制定选种选配计划。

(2)负责发情鉴定、人工授精、胚胎移植、妊娠诊断、生殖道疾病诊断、治疗。

(3)及时填写发情记录、配种记录、妊娠检查记录、流产记录、产羔记录、生殖道疾病记录、繁殖卡片等。

(4)按时整理分析各种繁殖技术资料并及时如实上报。

(5)普及羊繁殖知识,掌握科技信息,推广先进技术和经验。

(6)经常注意液氮存量,做好精液的保管和采购工作。

任务2 生产定额管理

【任务描述】

生产定额种类很多,按用途分主要有人员配备定额、劳动定额、饲料贮备定额、机械设备定额、物资储备定额、产品定额和财务定额(包括资金占用定额、成本定额和费用定额)等。在生产管理中,制定科学合理的生产定额可有效提高经济效益。

【任务分析】

定额是生产管理的基础,是羊场科学管理的前提。为了增强生产管理的科学性,提高规模羊场经营管理水平,取得预期效果,应当在生产管理的全过程中搞好定额工作,充分发挥定额管理在生产管理中的作用。

【任务实施】

一、人员配备定额

完成一定任务应配备的生产人员、技术人员和服务人员标准。大中型羊场一般包括场长、副场长、总畜牧兽医师、科长、班组长等组织领导结构及场职能机构如生产技术科、销售科、财务科、后勤保障科,并根据生产工艺流程将生产劳动组织细化为种公羊组、配种组、母羊组(1、2、3、…)、羔羊组、育肥(育成)组、饲料组、清粪组等。对各部门各班组人员的配备要依各人的劳动态度、技术专长、体力和文化程度等具体条件,合理进行搭配,科学组织,并尽量保持人员和从事工作的相对稳定。以规模 10 000 只的全舍饲羊场为例,其人员配备可为:管理人员 3 人(其中场长 1 人,生产主管 2 人),财务人员 2 人(会计 1 人,出纳 1 人),技术人员 7 人(畜牧技术人员 2 人,兽医 2 人,人工授精员 2 人,统计员、资料员 1 人),生产人员 51((饲养员 21 人,清洁工 7 人,接产员 2 人,轮休 2 人,饲料加工及运送 5 人,夜班 2 人,机修 2 人,仓库管理 1 人,锅炉工 2 人,洗涤员 5 人,保安 2 人)。

二、劳动定额

劳动定额是在一定生产技术和组织条件下,为生产一定的合格产品或完成一定的工作量,所规定的必要劳动消耗量,是计算产量成本、劳动生产率等各项经济指标和编制生产、成本和劳动等计划的基础依据。劳动定额是科学组织劳动的重要依据,是羊场计算劳动消耗和核算产品成本的尺度,也是制订劳动力利用计划定员定编的依据。制订劳动定额必须遵循以下原则。

(一)劳动定额应先进合理,符合实际,切实可行

劳动定额的制订,必须依据以往的经验和目前的生产技术及设施设备等具体条件,以本场中等水平的劳动力所能达到的数量和质量为标准,不可过高,也不能太低。应使具有一般水平的劳动者经过努力能够达到,先进水平的劳动者经过努力能够超产。只有这样的劳动定额才是科学合理的,才能起到鼓励与促进劳动者的作用。

(二)劳动定额的指标应达到数量和质量标准的统一

如确定一个饲养员养羊数量的同时,还要确定羊的成活率、生长速度、饲料报酬、药品费用等指标。

(三)各劳动定额间应平衡

不论是养种公羊还是种母羊或者清粪,各种劳动定额应公平化。

(四)劳动定额应简单明了便于应用

养羊生产可以队、班组或畜舍为单位进行饲养管理。但是羊群种类不同所确定的劳动定额也不同,所制定的劳动定额也有所不同。在制定劳动定额时应根据生产条件、职工技术状况和工作要求,并参照历年统计资料,综合分析确定。

1. 饲养工

饲养工负责羊群的饲养管理工作,按羊群生产阶段进行专门管理。主要工作为:根据羊场生产情况饲喂精料、全价饲料或粗饲料;按照规定的工作日程,进行羊群护理工作;经常观察羊群的食欲、健康、粪便、发情和生长发育等情况。羊场的饲养定额一般是每人负责成年母羊100～200头,羔羊50～100头,育成羊400～500头。

2. 饲料工

每人每日送草5 000 kg或者粉碎精料1 000 kg,或者全价颗粒饲料3 000 kg,送料送草过程中应清除饲料中的杂质。

3. 技术员

技术员包括畜牧技术人员和兽医技术人员,每300～500头羊配备畜牧兽医技术人员各一人,主要任务是落实饲养管理规程和疾病防治工作。

4. 配种员

每1 000只羊配备一个人工授精员和一名兽医,负责羊保健、配种和孕检等工作,要求总繁殖率在80%以上,情期受胎率大于90%。

5. 产房工

负责围产期母羊的饲养管理,做好兽医技术人员的助手,每人饲养羊50～100头。要求管理仔细,不发生人为的事故。

6. 清洁工

负责羊体、羊床、羊舍以及周围环境的卫生。每人可管理各类羊500只。

7. 场长

组织协调各部门工作,监督落实羊场各项规章制度,搞好羊场的发展工作,制定年度计划。

8. 销售员

负责产品销售，及时向主管领导汇报市场信息，协助监督产品质量。销售员根据销售路线的远近决定销售量，负责将羊群按时送给用户。

三、饲料消耗定额

按生产需要来确定饲料的生产量，包括各种精饲料、粗饲料、矿物质及预混合饲料储备和供应量。羊群维持和生产产品需要从饲料中摄取营养物质。羊群种类的不同，同种羊的年龄、性别上的不同，生长发育阶段的不同及生产用途不同，其饲料的种类和需要量也不同。因此制定不同羊群的饲料消费定额所遵循的方法，首先应该查找其饲养标准中对各种营养成分的需要量，参照不同饲料的营养价值确定日粮的配给量；再以给定日粮配给作为基础，计算不同饲料在日粮中的占有量；最后再根据占有量和家畜的年饲养日即可计算出年饲料的消耗定额。计算定额时应加上饲喂过程中的损耗量。饲料消耗定额是生产单位产量的产品所规定的饲料消费标准，是确定饲料需要量，合理利用饲料，节约饲料和实行经济核算的重要依据。以成年母羊为例。如成母羊每天每只平均需要 0.5 kg 优质干草，青贮玉米 5 kg；育成羊每天每只平均需干草 1 kg，青贮玉米 3 kg。成年母羊按每天 0.25 kg 精料。

四、成本定额

成本定额是羊场财务定额的组成部分，羊场成本分为两大块，即产品总成本和产品单位成本。成本定额通常指的是成本控制指标，主要是生产某种产品或某种作业所消耗的生产资料和所付劳动报酬的总和。成本项目包括工资和福利费、饲料费、燃料费和动力费、医药费、固定资产折旧费、固定资产修理费、低值易耗品费、其他直接费用和企业管理费等。

五、定额的修订

修订定额是搞好计划的一项很重要内容。定额是在一定条件下制定的，反映了一定时期的技术水平和管理水平。生产的客观条件不断发生变化，因此定额也应及时修订。在编制计划前，必须对定额进行一次全面的调查、整理、分析，对不符合新情况、新条件的定额进行修订，并补充齐全的定额和制定新的定额标准，使计划的编制有理有据。

【知识拓展】

羊场的成本核算与效益分析

一、成本与费用的构成

(一)产品成本

1. 直接材料

指构成产品实体或有助于产品形成的原料及材料。包括养羊生产中实际消耗的精饲料、粗饲料、矿物质饲料等饲料费用（如需外购，在采购中的运杂费用也列入饲料费），以及粉碎和调制饲料等耗用的燃料动力费等。

2. 直接工资

包括饲养员、放牧员、挤奶员等人的工资、奖金、津贴、补贴和福利费等。如果专业户参与人员全是家庭成员，也应该根据具体情况做出估计费用。

3. 其他直接支出

包括医药费、防疫费、羊舍折旧费、专用机器设备折旧费、种羊摊销费等。医药费指所有羊只耗用的药品费和能直接记入的医疗费。种羊摊销费指自繁羔羊应负担的种羊摊销费，包括种公羊和种母羊，即种羊的折旧费用。公羊从能授配开始计算摊销，母羊从产羔开始计算摊销。其计算公式为：

$$种羊摊销费(元/年)=\frac{种羊原值-种羊残值}{使用年限}$$

4. 制造费用

指养羊专业户为组织和管理生产所发生的各项费用。包括生产人员的工资，办公费，差旅费，保险费，低值易耗品，修理费，租赁费，取暖费，水电费，运输费，试验检验费，劳动保护费，以及其他制造费用。

(二)期间费用

期间费用是指在生产经营过程中发生的，与产品生产活动没有直接联系，属于某一时期耗用的费用。期间费用不计入产品成本，直接计入当期损益，期末从销售收入中全部扣除。期间费用包括管理费用、财务费用和销售费用。

1. 管理费用

指管理人员的工资、福利费、差旅费、办公费、折旧费、物料消耗费用等，以及劳动保险费，技术转让费，无形资产摊销，招待费，坏账损失及其他管理费用等。

2. 财务费用

包括生产经营期间发生的利息支出，汇兑净损失，金融机构手续费，及其他财务费用等。

3. 销售费用

指在销售畜产品或其他产品、自制半成品和提供劳务等过程中发生的各项费用。包括运输费、装卸费、包装费、保险费、代销手续费、广告费、展览费等，或者还包括专业销售人员的费用。

二、成本核算

养羊专业户的成本核算，可以是一年计算一次成本，也可以是一批计算一次成本。成本核算必须要有详细的收入与支出记录，主要内容有：

(一)支出部分

包括前已述及的内容。

(二)收入部分

包括羊毛、羊肉、羊奶、羊皮、羊绒等产品的销售收入，出售种羊、肉羊的收入，产品加工增值的收入，羊粪尿及加工副产品的收入等。

在做好以上记录的基础上，一般小规模养羊专业户均可按下列公式计算总成本。

养羊生产总成本＝工资（劳动力）支出＋草料消耗支出＋固定资产折旧费＋羊群防疫医疗费＋各项税费等。

规模较大的专业户和专业联合户除计算总成本外，为了仔细分析某项产品经营成果的好坏，还可以计算单项成本。现举以下公式说明：

$$每千克羊奶生产成本=\frac{全群奶山羊生产总成本-副产品收入}{全年总产奶量}$$

$$每千克羊毛生产成本=\frac{全群生产总成本-副产品收入}{全群年总产毛量}$$

$$每只育成公羊生产成本=\frac{断奶羔羊生产成本+育成期生产成本-副产品收入}{全年出育成公羊总数}$$

$$每只肉羊生产成本=\frac{肉羊群生产总成本-副产品收入}{全年出栏肉羊总数}$$

上式中副产品收入是指除主产品以外的其他养羊收入，如淘汰死亡收入、粪尿收入等。

三、经济效益分析

专业户养羊生产的经济效益，用投入产出进行比较，分析的指标有总产值、净产值、盈利、利润等。

（一）总产值

指各项养羊生产的总收入，包括销售产品（毛、肉、奶、皮、绒）的收入，自食自用产品的收入，出售种羊肉羊收入，淘汰死亡收入，羊群存栏折价收入等。

（二）净产值

指专业户通过养羊生产创造的价值，计算的原则是用总产值减去养羊人工费用、草料消耗费用、医疗费用等。

（三）盈利额

指专业户养羊生产创造的剩余价值，是总产值中扣除生产成本后的剩余部分，公式为：

盈利额＝总产值－养羊生产总成本

（四）利润额

专业户生产创造的剩余价值（盈利）并不是专业户应得的全部利润，还必须尽一定义务，向国家缴纳一定比例的税金和向地方（乡或村）缴纳有关生产管理和公益事业建设费用，余下的才是专业户为自身创造的经济价值。

养羊生产利润＝养羊生产盈利－税金－其他费用

任务3 生产计划管理

【任务描述】

生产计划是关于企业生产运作系统总体方面的计划，是企业在计划期应达到的产品品种、质量、产量和产值等生产任务的计划和对产品生产进度的安排。是指导企业计划期生产活动的纲领性方案。为了提高效益，减少浪费，各羊场均应有年度生产计划。羊场年度生产计划主要包括：产品销售计划、羔羊生产计划、羊群周转计划、饲料供应计划、资金使用计划、疫病防治计划等。

【任务分析】

年度生产计划的制定是羊场经营管理中的一项重要任务。做好羊场生产计划管理工作，可以合理有效地分配使用资金，减少不必要的开支，科学预测羊场的经济效益与投入产出。年度生产计划的编制一般分为三个阶段：一是准备阶段，成立计划编制领导小组，分析上年度生产计划完成情况，总结经验，查找问题，调查研究市场，分析各种有利和不利的因素，提出增产措施，审定各项技术经济指标和定额；二是草案拟定阶段，根据上年度生产任务完成情况和羊群的生产实际，结合市场变化，拟定本年度生产计划草案；三是修订完善定稿阶段，计划草案编制以后，要经过反复商讨，并进行综合平衡。

【任务实施】

一、编制计划的原则

羊场要编制科学合理、切实可行的生产经营计划，必须遵循以下原则。

(一)整体性原则

编制的羊场经营计划一定要服从和适应国家的养羊业计划，满足社会对羊产品的要求。因此，在编制计划时，必须在国家计划指导下，根据市场需要，围绕羊场经营目标，处理好国家、企业、劳动者三者的利益关系，统筹兼顾，合理安排。作为行动方案，不能仅提出和规定一些方向性的问题，而且应当规定详尽的经营步骤、措施和行为等内容。

(二)适应性原则

养羊生产是自然再生产和经济再生产、植物第一性生产和动物第二性生产交织在一起的复杂生产过程，生产经营范围广泛，其不可控影响因素较多。因此，计划要有一定弹性，以适应内部条件和外部环境条件的变化。

(三)科学性原则

编制羊场生产经营计划要有科学态度，一切从实际出发，深入调查分析有利条件和不利因素,进行科学的预测和决策,使计划尽可能地符合客观实际,符合经济规律。编制计划使用的数据资料要准确,计划指标要科学,不能太高,也不能太低。要注重市场,以销定产,即要根据市场需求倾向和容量来安排组织羊场的经营活动,充分考虑消费者需求以及潜在的竞争对手,以避免供过于求,造成经济损失。

(四)平衡性原则

羊场安排计划要统筹兼顾,综合平衡。羊场生产经营活动与各项计划、各个生产环节、各种生产要素以及各个指标之间,应相互联系,相互衔接,相互补充。所以,应当把它们看作是一个整体,各个计划指标要平衡一致,使羊场各个方面、各个阶段的生产经营活动协调一致,使之能够充分发挥羊场优势,达到各项指标和完成各项任务。因此,要注重两个方面:一是加强调查研究,广泛收集资料数据,进行深入分析,确定可行的、最优的指标方案。二是计划指标要综合平衡,要留有余地,不能破坏羊场的长期协调发展,也不能满打满算,使羊场生产处于经常性的被动局面。

二、编制计划的方法

养羊业计划编制的常用方法是平衡法,是通过对指导计划任务和完成计划任务所必须具备的条件进行分析、比较,以求得两者的相互平衡。畜牧业企业在编制计划的过程中,重点要做好草原(土地)、劳力、机具、饲草饲料、资金、产销等平衡工作。

利用平衡法编制计划主要是通过一系列的平衡表来实现的,平衡表的基本内容包括需要量、供应量、余缺三项。具体运算时一般采用下列平衡公式:

期初结存数+本期计划增加数-本期需要数=结余数

上式三部分,即供应量(期初结存数+本期增加数)、需要量(本期需要量)和结余数构成平衡关系,进行分析比较,揭露矛盾,采取措施,调整计划指标,以实现平衡。

编制经营计划必须按照一定程序进行,其基本程序如下。

(一)做好各项准备工作

主要是总结上一计划期计划的完成情况,调查市场的需要情况,分析本计划期内的利弊情况,即做好总结、收集资料、分析形势、核实目标、核定计划量等工作。

(二)编制计划草案

主要是编制各种平衡表,试算平衡,调整余额,提出计划大纲,组织修改补充,形成计划草案。

(三)确定计划方案

组织讨论计划草案,并由有关部门审批,形成正式计划方案。

一套完整的企业计划,通常由文字说明的计划报告和一系列计划指标组成的计划表两部分构成。计划报告也叫计划纲要,是计划方案的文字说明部分,是整个计划的概括性描述。一般包括以下内容:

(1)分析企业上期养羊生产发展情况,概括总结上期计划执行中的经验和教训。

(2)对当前养羊生产和市场环境进行分析。

(3)对计划期养羊生产和畜产品市场进行预测。

(4)提出计划期企业的生产任务、目标和计划的具体内容,分析实现计划的有利和不利因素。

(5)提出完成计划所要采取的组织管理措施和技术措施。计划表是通过一系列计划指标反映计划报告规定的任务、目标和具体内容的形式,是计划方案的重要部分。

三、分类计划

(一)产品销售计划

市场经济条件下产品销售计划是一切计划之首,其他计划都必须依据销售计划来制定。所有羊场都必须坚持“以销定产”,产销结合。制定销售计划既要根据市场和可能出现的各种风险因素,科学合理地进行,也要大胆地开拓市场,千方百计扩销促产品。扩大销售的途径很多,关键在于要树立市场观念,走“人无我有,人有我新,人新我优,人优我转”的路子。销售计划包括销售量、销售渠道、销售收入、销售时间及销售方针策略等。

养羊场销售计划种类有种羊销售计划、商品肉羊销售计划、羔羊销售计划、羊粪销售计划等。销售计划中的产品销售量原则上不应大于羊场生产能力。

(二)成本利润计划

市场销售计划有了,但产品卖出去能否赚钱,赚多少钱,也就是利润高低,这是经营一个羊场最重要的问题,如果产品售出去赔钱,销售再多也没有意义。所以这就需要根据市场羔羊(种羊)、饲料、劳动力、饲养技术水平、劳动生产力水平等各种成本构成因素,对单位成本及总体生产成本等支出进行测算,做出计划,并根据市场预测价格计算出相应的计划收入,进而用收入减支出即是计划生产利润。新建场,成本利润计划需要经过一段时间,或一个生产周期的试运行后,根据本场生产实际进行调整。此计划制定后,通过羊场的各项责任制和经济管理制度得以落实,从而实现成本控制,并不断降低生产成本提高羊场经济效益。要避免经营活动的盲目性,做到经济计划管理。

(三)产品生产计划

1. 羔羊生产计划

主要是指配种分娩计划和羊群周转计划。分娩时间的安排既要考虑气候条件,又要考虑牧草生长情况,最常见的是产冬羔(即在 11～12 月份分娩)和产春羔(即在 3～4 月份分娩)。产冬羔的优点是母羊体质好,受胎率和产羔率高,流产和疾病减少;羔羊可以避免春季气候多变的影响,断奶后能够充分用青草季节,到枯草期时已达到肥育标准,可当年屠宰。产春羔的优点是,由于气温转暖,母羊可以在羊圈中分娩,在剪毛时已分娩完毕,随后进入夏季草场,对喂养羔羊有利。但春季气候变化剧烈,特别是北方时常有风雨和降雪,易使体弱羔羊死亡。当年羔羊如屠宰利用时需要进行强度肥育,方可达到育肥标准。母羊的分娩一般应在 40～50 d 内结束,故配种也应集中在 40～50 d 内完成。分娩集中有利于安排育肥计划。在编制羊群配种分娩计划和羊群周转计划时需要掌握以下材料：计划年初羊群各组羊的实有只数；去年交配今年分娩的母羊数；计划年生产任务的各项主要措施；本场确定的母羊受胎率、产羔率和繁殖成活率等。

2. 产量计划

计划经济条件下传统产量计划，是依据羊群周转计划而制定。而市场经济条件下必须反过来计算，即以销定产，以产量计划倒推羊群周转计划。根据羊场不同产品产量计划可以细分为种羊供种计划、肉羊出栏计划、羊毛(绒)产量计划等。

3. 羊群周转计划

羊群周转计划是制定饲料计划、劳动用工计划、资金使用计划、生产资料及设备利用计划依据。羊群周转计划必须根据产量计划的需要来制定。羊群周转计划的制定应依据不同的饲养方式、生产工艺流程、羊舍的设施设备条件、生产技术水平，最大限度地提高设施设备利用率和生产技术水平，以获得最佳经济效益为目标进行编制。首先要确定羊场年初、年终的羊群结构及各月各类羊的饲养只数，并计算出“全年平均饲养只数”和“全年饲养只日数”。同时还要确定羊(种)群淘汰、补充的数量，并根据生产指标确定各月淘汰率和数量。具体推算程序为：根据全年肉(种)羊产品产量分月计划，倒推出相应的肉(种)羊饲养计划，并以此推算出羔羊生产与饲养计划、繁殖公、母羊饲养计划，从而完成周转计划的编制(表10-3-1)。

表10-3-1　羊群周转计划表

只

羊群类型		上年末结存数	月份												计划年度末结存数量
			1	2	3	4	5	6	7	8	9	10	11	12	
哺乳羔羊															
育成羊															
后备母羊	月初只数														
	转入														
	转出														
	淘汰														
后备公羊	月初只数														
	转入														
	转出														
	陶汰														
基础母羊	月初只数														
	转入														
	淘汰														
基础公羊	月初只数														
	转入														
	淘汰														

续表 10-3-1

羊群类型		上年末结存数	月份												计划年度末结存数量
			1	2	3	4	5	6	7	8	9	10	11	12	
育肥羊	4月龄以下														
	5—6月龄														
	7月龄以上														
月末结存															
出售种羊															
出售肥羔															
出售育肥羊															

四、配种分娩计划

配种分娩计划是肉羊生产计划的重要环节。该计划的制定主要是依据羊群周转计划、种母羊的繁殖规律、饲养管理条件、配种方式、饲养的品种、技术水平等进行倒推，首先，确定年内各月份生产羔羊数量计划；第二，确定年内各月份经产及初产母羊分娩数量计划；第三，确定年内各月份经产和初配母羊的配种数量计划，从而完成了配种分娩计划的制定（表 10-3-2）。

表 10-3-2　年度羊群配种分娩计划表

交配					分娩							育成羊
年份 / 计划年度	月份	交配母羊数			计划年月份	分娩胎次			产活羔数			
		基础母羊	检定母羊	合计		基础母羊	检定母羊	合计	基础母羊	检定母羊	合计	
上年度	9											
	10											
	11											
	12											
计划年度	1				1							
	2				2							
	3				3							
	4				4							
	5				5							
	6				6							
	7				7							
	8				8							
	9				9							
	10				10							
	11				11							
	12				12							
全年				全年								

五、草料供应计划

草料是养羊生产的物质保证。生产中既要保证及时充足的供应又要避免积压。因此，必须做好计划。草料供应计划是依据羊场生产周转计划及饲养消耗定额来制定的。饲草饲料费用占生产总成本的60％～70％，所以在制定饲料计划时既要注意饲料价格，同时又要保证饲料质量。

不同饲养方式、品种和日龄的羊所需草料量是不同的。各场可根据当地草料资源的不同条件和不同羊群的营养需要，首先制定出各羊群科学合理的草料日粮配方，并根据不同羊群的饲养数量和每只每天平均消耗草料量，推算出整个羊场每天、每周、每月及全年各种草料的需要量，并依市场价格情况和羊场资金实际，做好所需原料的订购、贮备和生产供应。对于放牧和半放牧方式饲养的羊群，还要根据放牧草地的载畜量，科学合理的安排饲草、饲料生产(表10-3-3)。

表10-3-3　年度饲料计划

项目类别	平均饲养头数	年饲养头日数	精饲料		粗饲料		青绿料		青贮料		食盐		骨粉		石粉	
			定额	小计	定额	小计	定额	小计	定额	小计	定额	小计	定额	小计	定额	小计

六、疫病防治计划

羊场疫病防治计划是指一个年度内对羊群疫病防治所做的预先安排。羊场的疫病防治是保证其生产效益的重要条件，也是实现生产计划的基本保证。羊场实行“预防为主，防治结合”的方针，建立一套综合性的防疫措施和制度。其内容包括羊群的定期检查、羊舍消毒、各种疫苗的定期注射、病羊的资料与隔离等。对各项防疫制度要严格执行，定期检查。

七、资金使用计划

有了生产销售计划、草料供应计划等计划后，资金使用计划也就必不可少了。资金使用计划是经营管理计划中非常关键的一项工作，做好计划并顺利实施，是保证企业健康发展的关键。资金使用计划的制定应依据有关生产等计划，本着节省开支，并最大限度提高资金使用效率的原则，精打细算，合理安排，科学使用。既不能让资金长时间闲置，造成资金资源浪费，还要保证生产所需资金及时足额到位。在制定资金计划中，对羊场自有资金要统筹考虑，尽量盘活资金，不要造成自有资金沉淀。对企业发展所需贷款，经可行性研究，认为有效益、项目可行，就要大胆贷款，破除企业不管发展快慢，只要没有贷款就是好企业的传统思想，要敢于并善于科学合理地运用银行贷款，加快规模羊场的发展。一个企业只要其资产负债率保持在合理的范围内，都是可行的。

任务4 规模养羊的生产组织

【任务描述】

羊场为了充分合理的利用劳动力，不断提高劳动生产率，就必须建立健全生产劳动组织。并根据当地的自然生态条件、饲养管理基础设施和商品市场对养羊产品的需求，确定经营方向和羊群规模 。对饲草和草场资源进行合理的利用。

【任务分析】

由于羊场经营范围和规模的不同，各羊场建立组织的形式和结构也有所不同。一般应确定生产组织的形式及规模，充分发挥劳动分工与协作的优越性，建立劳动组织的协同作用。规模养羊的生产组织按照经营的方向可分为毛用、奶用及肉用羊的生产组织。

【任务实施】

一、细毛羊、半细毛羊的生产组织

1. 北方地区和高原牧区

母羊具有明显的季节性繁殖的特性，多集中在7～10月份发情配种，12月至次年4月份产羔，产羔后哺乳4个月断奶，每年5～6月份剪毛。剪毛前进行羊群品质鉴定，确定整群方案；剪毛后羊群进行药浴驱虫，经过羊群调整进入夏季，牧场实行全天放牧。10～11月份以后牧草逐渐枯萎，转入冬春草场，根据牧草质量，除搞好放牧外，适当补饲干草、秸秆和多汁饲料。

2. 半农半牧区和南方绵羊饲养新区

母羊在秋季(7～9月)配种后，冬末春初产羔。3月份进行羊群鉴定，确定整群淘汰方案。4月份剪毛后进行药浴。5月份整群后，夏秋季以放牧为主，冬春进行适当补饲。

二、奶山羊的生产组织

每年产羔一次的，秋季于8～10月份配种，第二年1～3月份产羔，泌乳期正处于气温适宜和牧草茂盛的夏秋季，有利于提高产奶量。羔羊随母羊哺食1周初乳后隔离，实行人工哺乳，母羊开始挤奶出售，直至干乳期。挤奶期长短视母羊产奶量变化而定，泌乳期长的一般在产羔前1个月左右应停止挤奶。

两年产羔三次的南方省、区，气候温暖，饲草丰富，母羊可常年发情。为了增加产奶量，可以实行两年产羔三次：第一胎于2～3份月配种，7～8月产羔，进入泌乳期；11～12月份第二次配种，次年4～5月份产羔；第三次于9～10月份配种，次年2～3月产羔。如此循环，平均每8个月产羔一次，每胎挤奶5～6个月，可以显著提高母羊年产奶量，增加商品奶供应。但是，必须保证母羊有充足的营养供应和精细的管理，才能取得良好的效果。

三、肉用羊的生产组织

1. 一年出栏肉羊一次

北方省、区和高寒牧区，牧草生长具有明显的季节性，母羊每年只能繁殖一胎，因此利用牧草生长旺季，实行季节性肉羊生产，成本低，效益好。母羊于秋季配种，春季产羔后哺乳 2 个月，断奶后进入夏秋草场实行放牧肥育，入冬前肉羊出栏或屠宰，母羊在秋季再次配种繁殖。

2. 两年出栏肉羊三次

按每 8 个月出栏肉羊一批计算母羊怀孕期 5 个月，哺乳 2 个月，断奶后 1 个月再次配种。配种时期一般安排在春秋两季。羔羊断奶后进行放牧肥育或补饲与放牧相结合肥育，6～8 月龄出栏。

3. 一年出栏肉羊两次

母羊每年春秋两季配种，羔羊产出后仅吃初乳 1 周，然后用人工乳或代乳品培育，出栏前进行肥育饲养，6～8 月龄出栏。春季母羊发情不多时，可用激素催情配种。

【知识拓展】

规模养羊的实施

一、规模养羊的经营形式

1. 独立自营养羊专业户

由一个家庭用自己的资金、贷款引进种羊，或利用自家原有羊群，在自家草场上放牧或以农副产品进行舍饲。由于养羊数量较少，产品量不大，自身经济实力较薄弱，技术力量不足，因此经营的风险较大。随着资金的积累和经营规模的扩大，一部分独立自营养羊专业户将发展成养羊专业大户，养羊数量由几十只增加到几百只，上千只。并且有初步加工和向外运销养羊产品的条件和能力，商品率增加，经济效益也随之提高。

独立自营养羊专业户由于是同一个家庭成员组织起来的，家庭内部比较和谐协调，利益基本一致，因此家庭成员都能积极劳动。在一个较长的时期内，我国养羊生产中这种独立自营养羊专业户将占相当大的比例，而且将发挥较大的作用。

2. 合股经营养羊专业联户

合股经营养羊专业联户由多个家庭自愿联合组成，各家羊群折价入股或集资入股购买羊群，共同经营养羊生产。羊群按种公羊、繁殖母羊、后备羊、商品羊分别组群，由各个家庭承包饲养，养羊产品集中运销或加工。年终统一核算，除缴纳税费和提留一定份额扩大再生产外，实行按劳分配为主，结合投股分红。

养羊专业联户可以弥补个体养羊专业户的某些不足，经营规模大，产品数量多，便于批量加工与运销，从而降低生产成本，充分发挥规模效益。

3. 产业化养羊联合企业

产业化养羊联合企业是农村规模养羊的高级组织形式，是集养羊生产、产品初加工、销售经营一体化的联合企业。这种联合企业可以由独立自营养羊专业户发展而成，也可以由养羊专业联户发展而成。独资经营的产业化养羊联合企业可以吸收家庭或个人投资入股，或将私有羊群按质折价入股。羊群和其他生产资料、饲料基地、工具设备和一切产品均属企业所有，由企业招聘技术人员和工人承担生产劳动和技术工作。按贡献大小、技术高低和劳动强度给职工计发工资和奖金。

联合企业应养殖高产绵羊、山羊品种，实行科学饲养管理和疾病防治，按国家有关标准和市场需求进行毛、肉、奶、皮的生产与加工，提高产品质量和销售服务，实现种、养、加一体化，产、供、销一条龙，达到社会经济效益和生态效益同步增长，良性循环，使养羊业达到现代化生产水平。

二、规模养羊的专业方向

专业方向是专业户首先应该明确的问题，是养绵羊还是养山羊；是生产羊毛、羊肉还是生产羊奶、羊皮（羔皮、裘皮）。生产方向的确定必须遵循以下原则：

1. 自然生态条件适宜

一定的自然气候条件只适宜饲养某种或某几种生产方向的绵羊和山羊，在适宜的生态下它们才能正常生长发育和繁殖，表现出最高的生产性能，获得最好的产品。我国北方省、区，高原和山区，气候较寒冷，适宜发展细毛羊和绒山羊。炎热潮湿的南方地区，细毛羊适应性差，绒山羊几乎不能生存。但在南方冷凉的高山，夏季气温不太高，冬季也不太寒冷，适合饲养某些品种的细毛羊和半细毛羊。羔皮羊、裘皮羊原产地区范围较小，气候条件和对饲养管理要求较特殊，只有在适合的地方才能表现羔皮裘皮的独特品质，引种时尤应慎重考虑。奶用山羊和肉用山羊的适应性较广，在我国北方和南方能普遍饲养，但一定的品种也要求最适宜的环境温度和湿度，如果差异太大，也不能表现其最高的生产力。

2. 市场对养羊产品的需求

在确定适宜当地生态条件的方向的同时，还应对市场需求进行调查，了解当地需要哪些工业原料，人民生活需要哪些羊产品，市场容量有多大，价格如何，对产品质量有什么具体要求，销售渠道好不好。不仅要考虑近期市场的需要，还要考察长期的要求。不能只顾一时一地某种养羊产品价格的畸形膨胀而盲目发展，而要发展市场面广、需求量大、能长盛不衰的养羊生产方向，确定最适宜的品种类型，生产最畅销的养羊产品。

3. 适合的生产条件和技术水平

在确定养羊生产方向时必须根据自身现有和短期内能达到的生产条件和技术要求的高低，不能只图新图全，盲目追求效益。生产条件还不具备或一时不能解决的技术关键，勉强发展必然适得其反。就目前我国广大农牧区实际情况而言，肉用羊、毛用羊要求的条件不很高，技术不很复杂，较易获得成功。

三、规模养羊的羊群组建

1. 养羊的适度规模

决定养羊数量的多少要根据专业户劳动力、资金、草场、羊舍等条件以及市场销售情况，确定养羊的适度规模。一般来说，饲草资源丰富的牧区，以放牧为主的绵羊、山羊，每户饲养数量可以多些，几百只上千只。半农半牧区和山区，放牧地有限，饲料来源较困难，每户养羊不宜太多，多则一二百只，少则七八十只。专门从事肉羊生产和奶山羊饲养的大户，养羊数可适当多一些，以便充分发挥规模效益。

2. 羊群的结构

(1)种羊繁殖专业户，以出售种羊为经营目的，因此经产母羊应占羊群总数的60%～65%，老年母羊不超过5%，后备母羊(1～1.5岁)占15%左右。采用自然交配时，成年公羊应占3%，后备公羊占1%～2%，羯羊不超过10%。如果实行人工授精，种公羊数量还可减少，繁殖母羊的比例增加。

(2)以产毛、产奶为主的养羊户，繁殖母羊的年龄可稍偏大，以延长利用年限，增加商品生产。毛用绵羊、安哥拉山羊、绒山羊、不作种用的羯羊毛绒产量一般较高，所占比例可适当增大，以增加毛绒生产。高产奶山羊可适当延长淘汰年龄，繁殖母羊的比例应占60%左右，后备母羊占20%左右。

(3)以生产羊肉为主的专业户，为了提高出栏率，加快羊群周转，繁殖母羊的比例应占70%以上，其中壮年母羊应占绝大多数。羔羊产出后经肥育尽快出栏，不要超过1周岁，以生产6～8月龄肥羔为好。提早出栏，母羊可提早发情配种，争取两年产三胎，甚至一年产两胎，提高肉羊出栏率。

(4)以生产羔裘皮为主的养羊户，为了尽可能繁殖较多的羔羊剥制毛皮，繁殖母羊的比例可以增加到80%以上，除保留15%左右的母羔补充繁殖母羊群外，羔羊产后1～3 d屠宰剥皮生产羔皮，或1月龄左右屠宰剥制二毛皮，不必保留羯羊。

四、放牧场地的规划与使用

(一)放牧量的计算

决定放牧量的因素主要有草地类型、牧草产量与品质、生长季节和所饲养羊群的种类等。不同种类羊所需牧地的大小取决于羊只的日采食量。高产细毛羊和半细毛羊采食专心，游走少，在良好草场上需要的牧地面积就小，如草场质量差需要的面积就大。不同季节羊只的采食量也有差异，通常成年羊夏秋季日需青草约5～8 kg，冬春季日需干草2～2.5 kg(约相当于10～11 kg青草)。一只成年羊全年需要上等草场面积约为10亩，中等草场约20亩，下等草场约30亩。

确定放牧量，既可凭借经验估计，亦可根据羊群的组成和健康状况进行估计。更加精确的方法是用放牧试验法测算。也可以按草地实际产草量和羊群对草地的利用率等因素，利用下面公式进行估计。

$$\text{放牧量}=\frac{\text{饲草贮藏量(kg/亩)}\times\text{利用率}}{\text{羊采食量[kg/(d·头)]}\times\text{放牧天数}\times\text{放牧时间}}$$

(二)补饲饲料的用量

补饲量取决于羊群的种类、放牧条件及补饲用料种类等。对当年断奶越冬羔羊应重点补饲。对种公羊和核心母羊群的补饲应多于其他种类羊。一般每只羊日补饲0.5～1.0 kg干草和0.1～0.4 kg混合精料。有条件的应贮备青贮料、秸秆氨化饲料，补饲效果良好。我国西北地区半细毛羊及其高代杂种羊的补饲定额参见表10-4-1。

表 10-4-1 西北地区半细毛羊及其高代杂种羊的补饲定额 kg/(只·年)

羊别	混合精料	多汁饲料	青干草
种公羊	180～360	105～210	180～360
成年母羊	30～45	75～150	75～150
育成公羊	27～45	30～45	38～75
育成母羊	15～30	30～45	38～75
羔羊	5～10		10～20

(三)人工草场建设

(1)改造现有草地为高产优质的人工草地。当现有牧草地出现轻度质量下降时,可采取人工补播、施肥、加强管理等措施使草地再恢复。对破坏严重、恢复困难的草地,首先应进行翻耙整地,再根据当地的气候条件重新按不同比例种植牧草,建设成优质高产稳产的人工草地。

(2)在农区和半农半牧区,利用农闲地种植优质高产牧草,刈割饲喂羊群,或晒制青干草,或制成青贮料,以备过冬越春之用。

(3)在放牧地较少的农区养羊专业户,可利用耕地进行粮草轮作,扩大饲料来源,保证舍饲羊群青绿料的供应,同时也可为羊群准备冬春补饲草料。

人工草地建成的初期,只适宜刈割,待产草量稳定时后实行有计划的分区轮牧,同时加强日常管理,定期施肥和除虫灭害。种好、管好、利用好人工草地,对于提高规模化养羊专业户的经济效益,具有十分重要意义。

【学习自测】

一、知识自测

1. 负责制定羊场的年度预算方案、决算方案、利润分配方案以及弥补亏损方案工作的人员应该是________。

A. 羊场场长　　B. 畜牧主管　　C. 兽医主管　　D. 畜牧技术员

2. 负责制定本场消毒防疫制度和制定免疫程序,并进行监督的人员应该是________。

A. 羊场场长　　B. 畜牧主管　　C. 兽医主管　　D. 兽医

3. 负责制定各类羊只的更新淘汰、产羔和出售以及羊群周转计划的人员应该是________。

A. 羊场场长　　B. 畜牧主管　　C. 兽医主管　　D. 畜牧技术员

4. 负责羊群卫生保健,疾病监控和治疗,贯彻防疫制度,制订药械购置计划的人员是________。

A. 羊场场长　　B. 兽医主管　　C. 兽医　　D. 畜牧技术员

5. 按照本场的自然资源、生产条件以及市场需求,组织技术人员制定全场各项规章制度、技术操作规程、年度生产计划,掌握生产进度,提出增产措施和育种方案的人员是________。

A. 羊场场长　　B. 畜牧主管　　C. 兽医主管　　D. 畜牧技术员

6. 产房工在生产中主要是负责围产期母羊的饲养管理,做好兽医技术人员的助手,每人饲养羊________头。

A. 20～30　　B. 30～50　　C. 50～100　　D. 100～150

二、技能测试

1. 某规模为5 000全舍饲羊场，请问该场各个工作岗位的人员应如何配备？同时，请为其制定出全年的饲料供应计划。

2. 参观一个小型的肉羊场，并详细了解该场的有关生产和繁殖数据，请为其编制下年度的生产计划。

3. 规模养羊有哪些经营形式？如何确定规模养羊的方向？

4. 如何组织季节性养羊生产？

5. 建设高产优质的人工草地，可以采取哪些措施？

6. 养羊专业户的成本核算与效益分析如何进行？

【课外学习指南】

一、行业标准

1. 畜禽标识和养殖档案管理办法(农业部令 第67号·2006年)。

2. NY/T 1569—2007 畜禽养殖场质量管理体系建设通则。

二、参考文献

1. 罗志文. 规模羊场经营管理初探. 广西畜牧兽医，2007(1)：14-16.

2. 闫振富. 适度规模羊场经营管理要点//《2009中国羊业进展》论文集，2009.

3. 魏志杰. 奶山羊舍饲规模养殖生产经营管理重点环节探析. 畜牧兽医杂志，2013(5)：47-49.

4. 徐泽君. 如何经营规模养羊场系列之四——羊场的经营管理. 农家参谋，2002(6)：33.

5. 杨友，赵家平. 羊场生产计划的制订. 养殖技术顾问，2013(7)：22.

6. 黄卫国. 养羊场生产成本的核算分析. 科学种养，2013(5)：38-39.